新时代新理念职业教育教材·铁道机车车辆类
职业教育新形态工作手册式教材

TFDS动态检车员岗位实训指导书

主　编　刘志运　袁　泉　刘丽华
主　审　梁建全

北京交通大学出版社
·北京·

内 容 简 介

本书是高等职业教育铁道车辆技术专业系列教材之一。本书共分 9 个项目，主要内容包括货车运行故障动态图像检测系统、TFDS 动态检查侧架作业、TFDS 动态检查制动梁作业、TFDS 动态检查车钩缓冲部作业、TFDS 动态检查中间部作业、TFDS 动态检查互钩差作业、TFDS 动态检查中间部侧部作业、TFDS 动态检查车体侧面作业、TFDS 动态检查一列作业过程。本书邀请了铁路部门货车车辆段一线资深专业技术人员参与编写，融入了 TFDS 对货车运行过程中不同车型、不同部件进行故障动态图像检测。

本书可作为高等职业教育铁道车辆技术专业、动车组检修技术专业、铁道机车运用与维护专业、城市轨道车辆应用技术专业的教材，也可作为相关专业工程技术人员的培训用书。

图书在版编目（CIP）数据

TFDS 动态检车员岗位实训指导书 / 刘志运，袁泉，刘丽华主编. —北京：北京交通大学出版社，2023.11

新时代新理念职业教育教材. 铁道机车车辆类

ISBN 978-7-5121-5094-2

Ⅰ. ① T…　Ⅱ. ① 刘…　② 袁…　③ 刘…　Ⅲ. ① 铁路车辆–货车–动态检验–岗位培训–自学参考资料　Ⅳ. ① U279.3

中国国家版本馆 CIP 数据核字（2023）第 208334 号

TFDS 动态检车员岗位实训指导书

TFDS DONGTAI JIANCHEYUAN GANGWEI SHIXUN ZHIDAOSHU

策划编辑：张　亮　　责任编辑：陈可亮

出版发行：北京交通大学出版社　　电话：010-51686414　　http://www.bjtup.com.cn

地　　址：北京市海淀区高梁桥斜街 44 号　　邮编：100044

印 刷 者：北京虎彩文化传播有限公司

经　　销：全国新华书店

开　　本：185 mm×260 mm　　印张：12　　字数：300 千字

版 印 次：2023 年 11 月第 1 版　　2023 年 11 月第 1 次印刷

印　　数：1～1 500 册　　定价：49.00 元

本书如有质量问题，请向北京交通大学出版社质监组反映。对您的意见和批评，我们表示欢迎和感谢。

投诉电话：010-51686043，51686008；传真：010-62225406；E-mail：press@bjtu.edu.cn。

前　言

随着我国铁路事业的蓬勃发展，铁路运输安全压力也日益增长，因此保障铁路行车安全势在必行。

本书根据国家高职院校铁道车辆技术专业培养目标，顺应国家铁路职工培训要求展开编写，主要论述 TFDS 动态检车员岗位实训知识。车辆动态检测系统，简称为 5T 系统，主要包括：红外线轴温探测系统（THDS）、货车运行状态地面安全监测系统（TPDS）、货车滚动轴承早期故障轨边声学诊断系统（TADS）、货车运行故障动态图像检测系统（TFDS）、客车运行状态安全监测系统（TCDS）。随着我国高速铁路技术的发展，5T 系统还扩充出动车组运行故障图像检测系统（TEDS）等。本书重点阐述货车运行故障动态图像检测系统、TFDS 动态检查侧架作业、TFDS 动态检查制动梁作业、TFDS 动态检查车钩缓冲部作业、TFDS 动态检查中间部作业、TFDS 动态检查互钩差作业、TFDS 动态检查中间部侧部作业、TFDS 动态检查车体侧面作业、TFDS 动态检查一列作业过程等内容。

本书由广州铁路职业技术学院刘志运、袁泉、刘丽华任主编；广州铁路职业技术学院周少艺、南松，武汉铁路职业技术学院何丽娟，黑龙江交通职业技术学院刘洋任副主编；广州铁路职业技术学院梁建全教授级高级工程师任主审。其中，刘志运编写了项目 1、项目 2、项目 3、项目 6、项目 8、项目 9，袁泉、刘丽华编写了项目 4，周少艺、南松编写了项目 5，何丽娟、刘洋编写了项目 7。本书在编写过程中得到了中国铁路广州局集团有限公司车辆系统 5T 专职技术人员的大力协助，在此表示衷心的感谢。

限于编者的水平及时间仓促，书中难免有疏漏和不妥之处，敬请广大读者批评指正。

编　者

2023 年 8 月

本书数字资源汇总

（扫码可观看相应视频）

项目 1	货车运行故障动态图像检测系统
项目 2	TFDS 动态检查侧架作业
项目 3	TFDS 动态检查制动梁作业
项目 4	TFDS 动态检查车钩缓冲部作业
项目 5	TFDS 动态检查中间部作业
项目 6	TFDS 动态检查互钩差作业
项目 7	TFDS 动态检查中间部侧部作业
项目 8	TFDS 动态检查车体侧面作业
项目 9	TFDS 动态检查一列作业过程

目　　录

项目 1　货车运行故障动态图像检测系统

货车运行故障动态图像检测系统（TFDS），是一套集高速数字图像采集、大容量图像数据实时处理精确定位技术，模式识别技术，智能化、网络化和信息化技术，自动控制技术于一体的智能系统，能对货车隐蔽和常见故障进行动态检测。系统通过布置于钢轨之间的高速相机阵列，拍摄通过列车整车车底、侧下部的图像，并存储于计算机中。通过分析与处理，计算出通过列车的一系列相关信息，包括：过车信息；车辆位置信息；车辆轴距信息；车号信息；图像信息。高速相机阵列拍摄的整车车底和侧下部的所有可视信息，经数字化处理后显示于监视器上，可以实现对整车车底和侧下部的检测。

知识描述

TFDS 系统是一套集高速数字图像采集、大容量图像数据实时处理和精确定位模式识别技术于一体的智能系统，可实现车辆运用技术检查由“人检人修”方式向“机检人修”方式的过渡。

学习目标

1. 知识目标

（1）掌握 TFDS 系统的组成部分；

（2）掌握 TFDS 系统的工作原理；

（3）掌握 TFDS 系统的功能。

2. 技能目标

具备分析 TFDS 系统具体工作流程的能力。

3. 素质目标

培养学生勤于思考的学习态度。

TFDS 系统介绍

TFDS 系统是一套集高速数字图像采集、大容量图像数据实时处理和精确定位模式识别技术于一体的智能系统，可实现车辆运用技术检查由“人检人修”方式向“机检人修”方式的过渡，列车运行质量由“人控”向“机控”的转变，减轻了检车员的劳动强度，为提高运输效率、确保运输安全创造了条件。

1. TFDS 系统功能

TFDS 系统是一套通过高速相机阵列实时动态拍摄货车车底和侧下部的全部可视信息，

实现过车信息、故障及其图像、检修处理信息和车辆部件图像等数据的精确采集和信息管理的系统。系统功能主要如下：

（1）自动拍摄和筛选出车辆转向架、基础制动装置、车钩缓冲装置等车辆关键部位的图像。

（2）通过人机结合的方式，对抓拍后的图像进行分析，判别出有关故障。

（3）自动判别车号、车种、车型并计轴、计辆。

（4）自动测试出列车速度。

（5）能直接读取 AEI 系统中的车号信息。

（6）可自动生成列检所常用报表。

（7）对部分故障可以进行智能识别。

（8）可实现分散检测、集中报警、联网监测、信息共享。

2. TFDS 系统工作原理

TFDS 系统采用高速相机阵列对运行的列车进行图像采集，通过计算机进行分析与处理，计算出列车运行速度，判定出列车车种、车型，读取出系统所需要的车辆关键部位图像并进行存储，以一车一档的方式在窗口计算机中显示，并能按要求进行打印和传输。通过人机结合的方式判别出车辆转向架、制动装置、车钩缓冲装置等部件及零配件有无缺损、断裂、丢失等故障，从而达到动态检测车辆质量的目的。TFDS 系统的工作原理如图 1–1 所示。

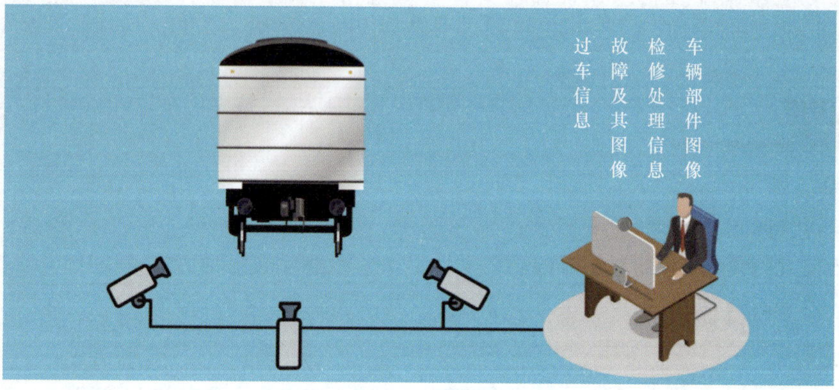

图 1–1　TFDS 系统的工作原理

3. TFDS 三级联网系统工作流程

铁路货车列检所管理系统由列检监测管理站、段数据中心、路局集团公司数据中心、国铁集团数据中心组成。三级数据中心以及段与列检监测管理站之间通过铁路通信网络相连。列检监测管理站安装列检管理系统，实时监测列检所运营状况、列车故障。各级数据中心收集所辖下级系统的上报数据，执行监测、查询、管理、分析等功能。

数据上报采用由下至上、逐层上报的过程。先由各列检所收集列车及故障信息，然后上报到段数据中心，再上报到路局集团公司数据中心，最后汇总到国铁集团数据中心。TFDS 三级联网系统工作流程如图 1–2 所示。

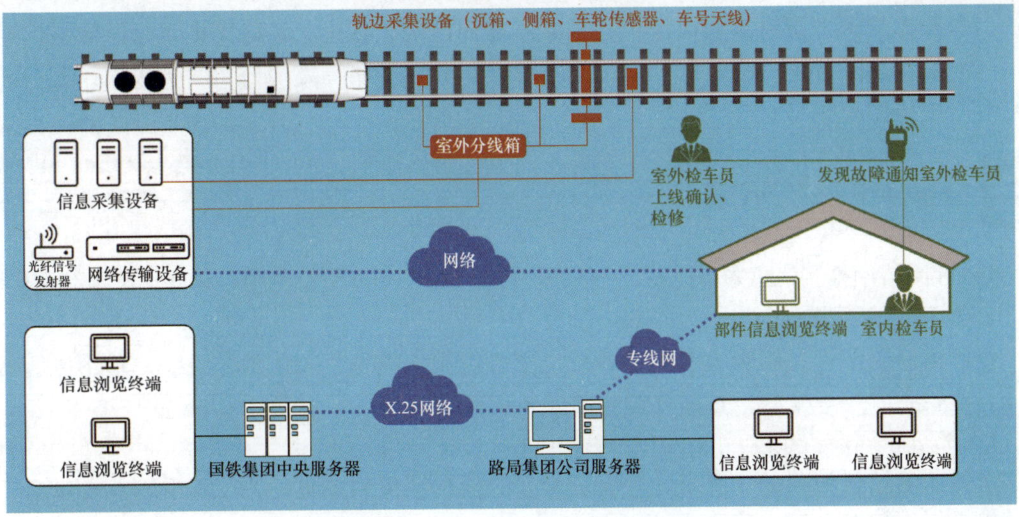

图 1-2　TFDS 三级联网系统工作流程

1）段数据中心功能

每天接收所属各列检所的上传故障数据，将各列检所故障数据上传到路局集团公司数据中心。具体数据流程为：

（1）数据流入。各段存储该段所管辖的各列检所数据信息，即包含各列检所记录列车的信息。

（2）数据流出。段数据中心收到的数据通过铁路通信广域网基层网上报到路局集团公司数据中心。

（3）数据加工。针对列检所输入给段数据中心的数据，在段数据中心对该数据进行对比，检查所传数据是否相符。

2）路局集团公司数据中心功能

每周接收所属各段上传的故障数据，将各段故障数据上传到国铁集团数据中心。具体数据流程为：

（1）数据流入。存储管辖各段及各列检所数据信息。

（2）数据流出。将段数据中心的数据通过铁路通信广域网主干网汇总到国铁集团数据中心。

（3）数据加工。针对段数据中心输入给路局集团公司数据中心的数据，在路局集团公司数据中心对该数据进行对比，检查所传数据是否相符。

3）国铁集团数据中心功能

每月接收一次各路局集团公司上传故障数据；对故障数据进行查阅、统计；根据数据统计，对下属机构进行规划，做出相应管理。

国铁集团数据中心各级管理如下：下属单位数据汇总可以通过国铁集团—路局集团公司—段—所级层次，汇总国铁集团（以其下属路局集团公司为单位汇总）本地数据。或者选择连接到指定路局集团公司或者车辆段数据库，汇总该路局集团公司（以其下属车辆段为单位汇总）或者车辆段（以其下属列检所为单位汇总）本地数据。汇总指标有：列车总列数、列车总辆数、故障总数、大件修总数、典型故障总数、两期车总数、关门车总数、擦伤车总数。

具体数据流程为：

（1）数据流入。国铁集团数据中心存储所有列检所、各段、各路局集团公司数据信息。

（2）数据加工。进行报表统计、报表汇总等，并以各路局集团公司所传数据作为参照，看是否与所传数据相符。

TFDS 系统构成

TFDS 系统由检测信息采集设备、信息处理传输设备、列检所检测中心和其他复示终端构成。

1. 检测信息采集设备

检测信息采集设备即轨边探测设备，主要由沉箱、侧箱、AEI 车号天线、车轮传感器等组成，主要完成过车检测、光源补偿和图像采集任务。

1）沉箱和侧箱

沉箱和侧箱（如图 1-3 所示）主要负责完成货车图像的采集任务，其组成主要包括工业摄像机（简称相机）、补偿光源、除尘风机、电机等。

相机是拍摄运行车辆底部、两侧图像的装置。根据拍摄的需要布置在线路的中间和两侧。沉箱中安装三台相机，侧箱中安装两台相机。沉箱和侧箱具有抗震性、防水和防尘功能，可以对相机和补偿光源进行防护。

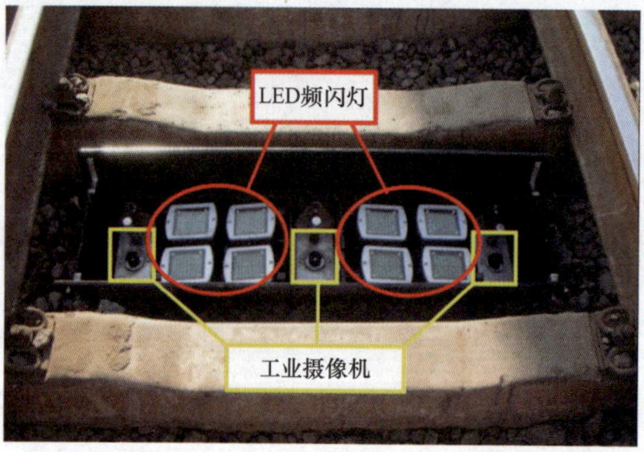

图 1-3　沉箱和侧箱

2）AEI 车号天线

AEI 车号天线（如图 1-4 所示）是车号采集设备的一部分，其功能主要是采集货车底部标签，并通过同轴电缆传输至车号主机，从而达到采集列车的车次及车号信息等数据的目的。

图 1-4　AEI 车号天线

3）车轮传感器

图 1-5　车轮传感器

车轮传感器（如图 1-5 所示）又称磁钢，分为两种：一是无源车轮传感器，二是有源车轮传感器。其作用是相同的，都是用来检测列车的到达和通过，同时采集列车的车速、轴距等信息。

（1）无源车轮传感器。

当车辆轮缘通过传感器时，无源车轮传感器线圈产生相应的磁感应电动势，输出给系统设备，以供系统计轴、计辆、测速等。

（2）有源车轮传感器。

有源车轮传感器传输的磁钢信号为电平信号，区别于无源车轮传感器的正弦信号，可以直接被计算机所识别，免去智能磁钢板处理的过程。

TFDS 系统包含 4 对（1#～8#）车轮传感器，目前应用的 TFDS 系统均采用 1#、2#、3#、4# 2 对车轮传感器，1#、2#负责计轴判辆，为 TFDS 系统是否开机提供依据；3#、4#负责计算车速，为相机拍照速度和频率提供依据。

2. 信息处理传输设备

信息处理传输设备即探测站机房内设备（如图 1-6 所示），主要由图像采集计算机、车辆信息采集计算机、KVM 切换器、控制箱、AEI 车号设备、信号防雷箱、远程管理机、UPS 等组成，主要负责对过车信息处理并控制室外设备的正常工作，将采集到的图像进行处理，并将处理后的图像数据传输到列检所检测中心。

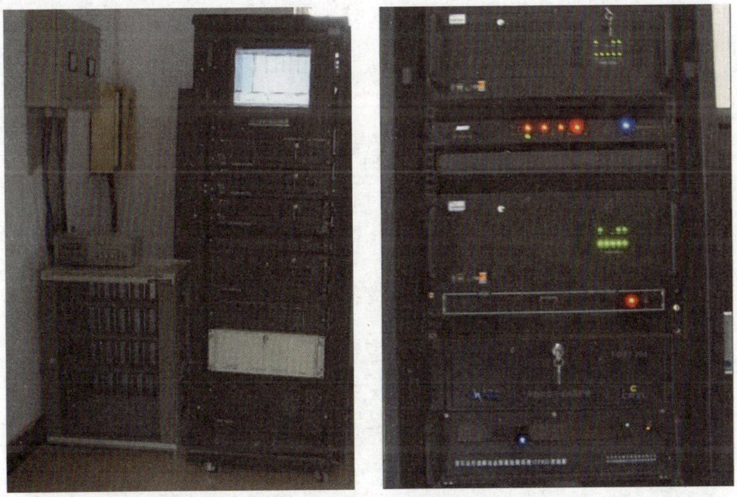

图 1-6　TFDS 系统探测站机房内设备

1）图像采集计算机

图像采集计算机主要用来准确获取高速运行过程中列车部件图像，并通过网络设备传输至列检所检测中心服务器。图像采集计算机共 4 台，均为高性能工业控制计算机。

2）车辆信息采集计算机

车辆信息采集计算机主要用于接收车轮传感器的信号，控制补偿光源和保护门的开启和关闭，由一台高性能工业控制计算机配备一块多功能数据采集卡构成，完成图像信息的采集控制、计轴、计辆、测速等功能。

3）KVM 切换器

KVM 是 Keyboard（键盘）、Video（显示器）、Mouse（鼠标）的缩写。KVM 切换器的正式名称为多计算机切换器或 KVM Switch。简单来说，KVM 切换器就是让系统管理员可以通过一组键盘、显示器和鼠标，控制多台服务器或计算机主机的外围设备。

4）控制箱

控制箱主要为轨边设备提供稳定电源输出，接收磁钢信号，控制室外防护设备、探测设备的开关动作，以及高速相机阵列的频率输出。

5）AEI 车号设备

AEI 车号设备是车号采集设备的另一部分，其功能主要是读取 AEI 车号天线采集的列车车次及车号信息，完成运行中的货车底部车号标签信息的采集。

6）UPS

UPS 即不间断电源，是一种含有储能装置，以整流器、逆变器为主要组成部分的稳压稳频的交流电源，主要利用电池等储能装置在停电时给计算机/服务器、存储设备、网络设备、通信网络系统等提供不间断的电力供应。当市电输入正常时，UPS 将市电稳压后供应给负载使用，此时的 UPS 就是一台交流式稳压器，同时它还向储能装置如电池组充电；当市电中断（事故停电）时，UPS 立即将储能装置（如电池组）的电能，通过逆变转换的方式向负载继续供应交流电，使负载维持正常工作并保护负载软、硬件不受损坏。UPS 通常对电压过大和电压太低都提供保护。

3. 列检所检测中心

列检所检测中心（如图 1-7 所示）由服务器和检测中心室内设备组成。服务器主要完成车辆和图像信息的接收、存储和管理；检测中心主要完成图像信息的显示、故障信息的收集及工作信息的记录。

图 1-7　列检所检测中心

TFDS 系统运用与管理

1. TFDS 系统检查范围及质量标准

TFDS 系统动态检车检查范围及质量标准以 C_{70} 型货车为例进行讲解。

1）侧架工位

侧架工位采用“凹”字检查法对整幅图像进行浏览，重点检查 A、B、C 部位的易发故障。其中红色框部位需要放大重点检查，如图 1-8 所示。

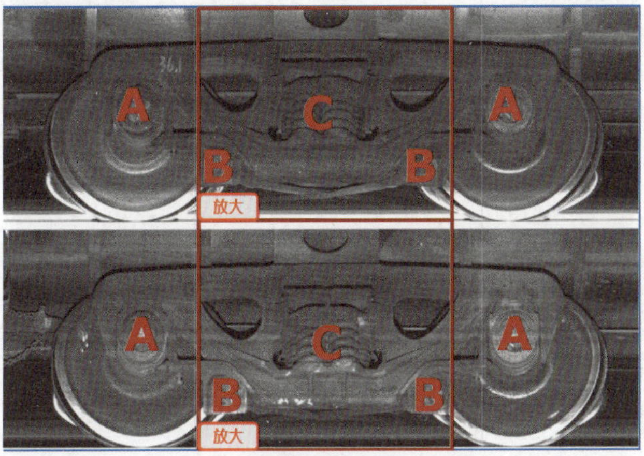

图 1-8　侧架工位

A 部位：以轴承、承载鞍为中心的区域。

易发故障：轴承甩油，轴端螺栓折断、丢失，承载鞍错位等。

B 部位：以交叉杆端部紧固螺栓为中心的区域。

易发故障：端部紧固螺栓松动、丢失，锁紧板变形；闸瓦折断、丢失、脱落等。

C 部位：以摇枕弹簧为中心的区域。

易发故障：摇枕弹簧折断、丢失、窜出，侧架立柱磨耗板折断、丢失、窜出等。

侧架工位“凹”字检查法作业流程，如图 1-9 所示，具体如下。

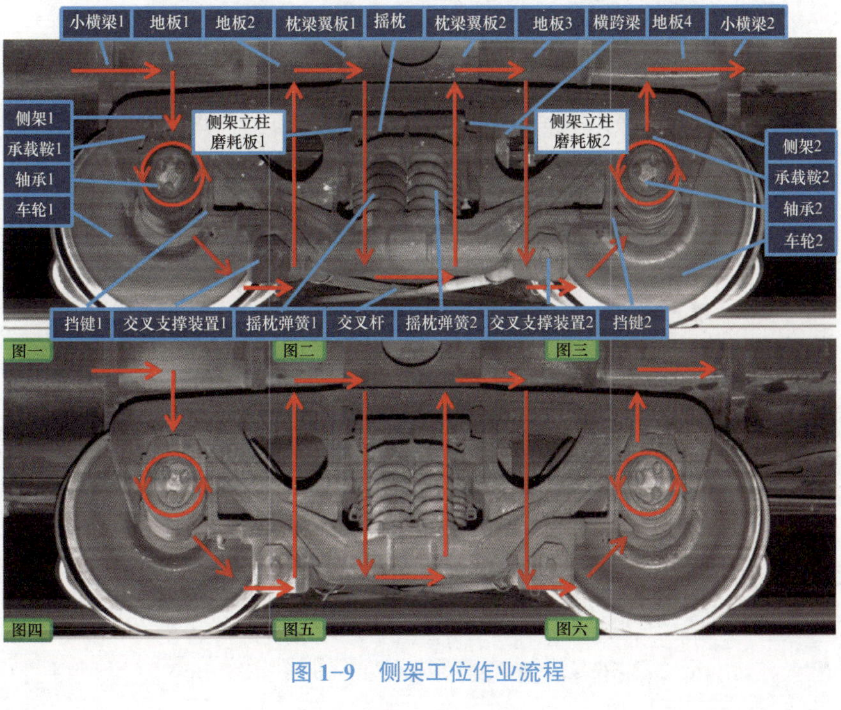

图 1-9　侧架工位作业流程

图一：地板 1—侧架 1—承载鞍 1—轴承 1—挡键 1—车轮 1—闸瓦 1。

图二：地板 2—枕梁翼板 1—侧架立柱磨耗板 1—摇枕—摇枕弹簧 1—弹簧托板—摇枕弹簧 2—侧架立柱磨耗板 2—枕梁翼板 2。

图三：地板 3—横跨梁—闸瓦 2—车轮 2—挡键 2—轴承 2—承载鞍 2—侧架 2—地板 4。

图四、图五、图六同上。

2）转向架底部工位

采用“8”“Z”字检查法对整幅图像进行浏览，重点检查 D、E、F、G 部位的易发故障。其中红色框部位需要放大重点检查，如图 1-10 所示。

D 部位：以闸瓦托为中心的区域。

易发故障：制动梁端部梁架折断，闸瓦及闸瓦插销故障，脱轨自动制动装置拉环丢失、变形等。

E 部位：以固定杠杆和移动杠杆为中心的区域。

易发故障：上拉杆、中拉杆、下拉杆、固定杠杆支点、固定杠杆支点座、制动梁支柱圆销及开口销折断、丢失，心盘螺栓丢失等。

F 部位：以摇枕弹簧为中心的区域。

易发故障：摇枕弹簧窜出、丢失等。

G 部位：以两交叉杆交叉点为中心的区域。

易发故障：交叉杆折断、夹板螺栓丢失、交叉杆盖板裂损、交叉杆弯曲变形等。

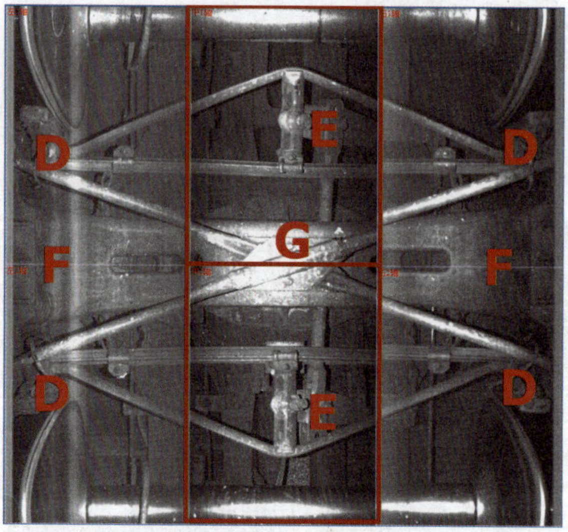

图 1-10　转向架底部工位

转向架底部工位“8”字检查法作业流程，如图 1-11 所示，具体如下。

图一：摇枕—交叉杆—摇枕弹簧—安全链—安全索—制动梁端轴—闸瓦托—闸瓦—车轮踏面—防脱拉环—安全链—制动梁梁体。

图二：制动梁支柱及圆销、开口销—制动梁夹扣—心盘螺栓—移动杠杆—中拉杆及圆销、开口销—上拉杆及圆销、开口销—制动梁梁体。

图三：安全链—车轮踏面—闸瓦—闸瓦托—制动梁端轴—安全索—摇枕弹簧—交叉杆—交叉杆夹板。

图四：交叉杆—摇枕弹簧—安全索—制动梁端轴—闸瓦托—闸瓦—车轮踏面—安全链—防脱拉环—制动梁梁体。

图五：制动梁支柱及圆销、开口销—制动梁夹扣—心盘螺栓—移动杠杆—中拉杆及圆销、开口销—固定杠杆支点圆销、开口销—制动梁梁体。

图六：安全链—车轮踏面—闸瓦—闸瓦托—制动梁端轴—安全索—摇枕弹簧—交叉杆。

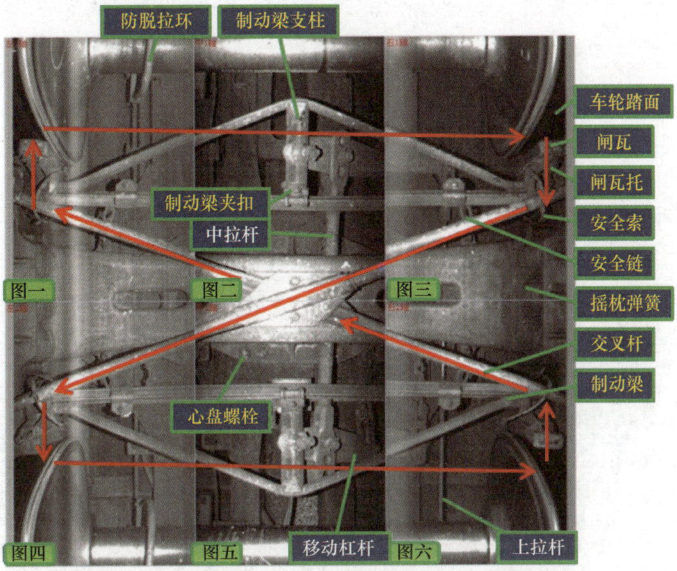

图 1-11　转向架底部工位作业流程

3）钩缓工位和互钩差工位

根据 TFDS 系统拍摄角度不同，钩缓相关工位包括钩缓工位和互钩差工位。

（1）钩缓工位。

钩缓工位采用“e”字检查法对整幅图像进行浏览，重点检查 H 部位的易发故障。其中黄色框部分须放大检查，如图 1-12 所示。

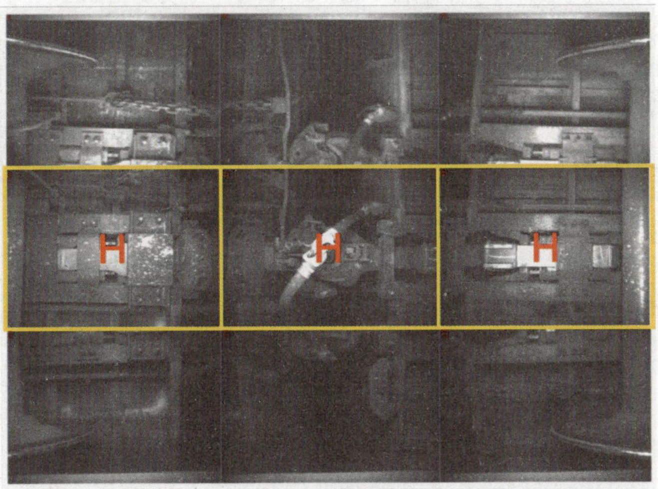

图 1-12　钩缓工位

H 部位：以中间三幅图像为中心的区域。

易发故障：钩尾框折断，从板折断，缓冲器破损，钩尾销（托板）螺栓丢失，钩尾框托板螺栓丢失，车钩托梁裂损及螺栓丢失，折角塞门手把关闭、不正位及丢失，钩舌推铁丢失，钩锁折断，防跳插销脱落、丢失等，人力制动机轴链折断、丢失，滑轮丢失。

钩缓工位“e”字检查法作业流程，如图 1-13 所示，具体如下。

图四：钩尾框托板—缓冲器—钩尾框—钩尾框托板—牵引梁—从板—安全托板—钩托梁。

图五：17 号车钩—下锁销—钩舌销—制动软管—13 号车钩—钩舌销—钩锁铁。

图六：钩托梁—钩尾销—从板—牵引梁—钩尾框托板—钩尾框—缓冲器—从板座。

图三：车轮—车地板—端梁。

图二：折角塞门—钩提杆—复位弹簧—端梁。

图一：人力制动机轴链—人力制动机滑轮—人力制动机拉杆—车地板—车轮—防脱拉环。

图七：车轮—车地板—端梁。

图八：折角塞门—钩提杆—人力制动机轴。

图九：端梁—人力制动机轴链—人力制动机拉杆—车地板—车轮。

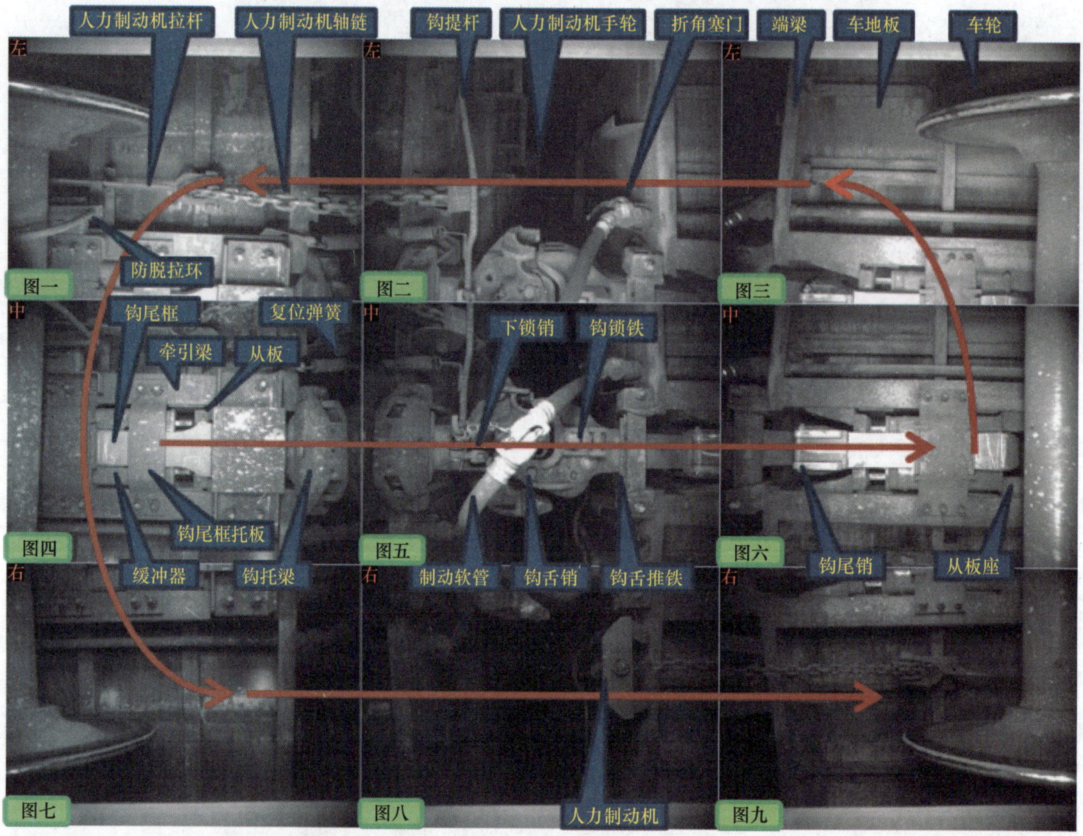

图 1-13　钩缓工位作业流程

（2）互钩差工位。

互钩差工位采用“V”字检查法对整幅图像进行浏览，重点检查 I 部位的易发故障，如图 1-14 所示。

I 部位：以车钩为中心的区域。

易发故障：折角塞门手把关闭、丢失，人力制动机轴链脱落、折断，钩提杆链折断，钩提杆变形、脱落等。

图 1-14　互钩差工位

互钩差工位作业流程，如图 1-15 所示，具体如下。

图一：端梁（端墙板）—钩提杆—钩提杆链—人力制动机踏板—人力制动机轴链—人力制动机轴—制动软管—软管连接器—制动软管—折角塞门—制动软管—端梁（端墙板）。

图二：端梁（端墙板）—脚蹬—钩提杆—钩提杆座—复位弹簧—防跳插销—制动软管—软管连接器—制动软管—折角塞门—车钩提杆—钩提杆链—端梁（端墙板）。

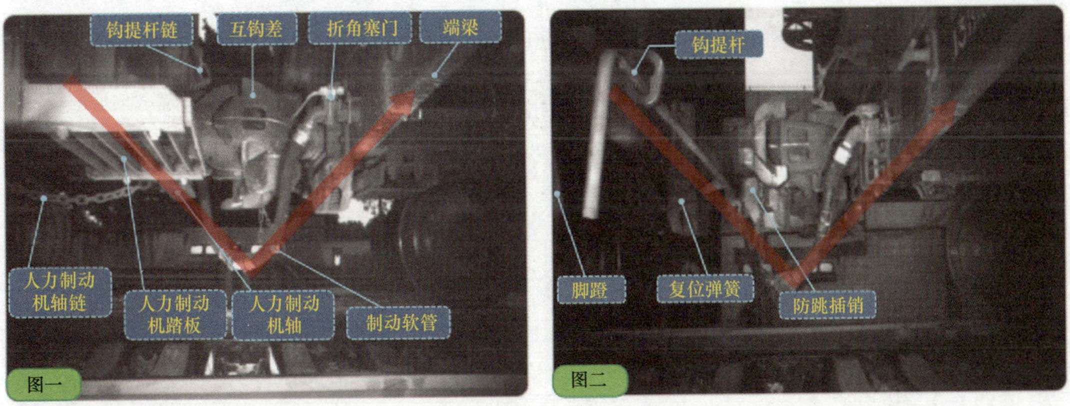

图 1-15　互钩差工位作业流程

4）中间部工位

中间部工位采用"三"字检查法对整幅图像进行浏览，重点检查 J、K、L 部位的易发故障。其中黄圈部分须放大检查，如图 1-16 所示。

J 部位：以制动缸前杠杆为中心的区域。

易发故障：上拉杆、闸调器连接杆、制动缸活塞推杆及圆销、开口销丢失等。

K 部位：以制动缸后杠杆为中心的区域。

易发故障：上拉杆、闸调器连接杆圆销、开口销丢失等。

L 部位：以制动缸闸调器为中心的区域。

易发故障：闸调器控制杠杆圆销、闸调器连接杆折断、破损，制动缸吊架及螺母丢失等。

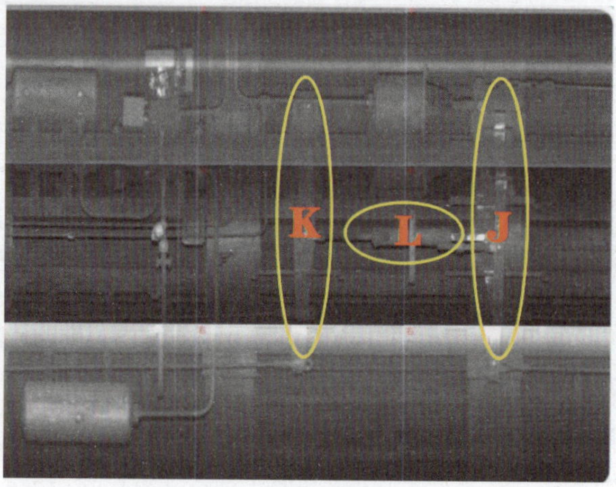

图 1-16　中间部工位

中间部 I “三”字检查法作业流程，如图 1-17 所示，具体如下。

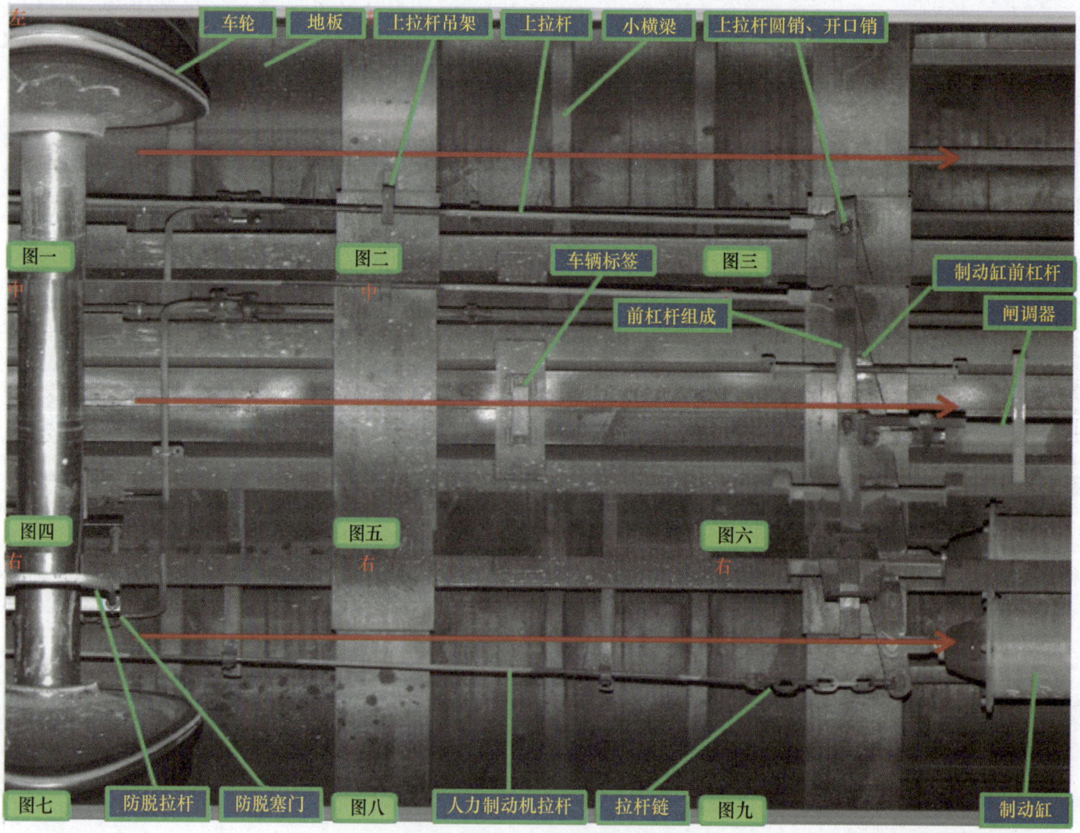

图 1-17　中间部 I 作业流程

图一：车轮—地板。
图二：上拉杆吊架—上拉杆—地板—小横梁。
图三：上拉杆圆销及开口销—地板。
图四：地板。
图五：车号自动识别标签。
图六：制动缸前杠杆组成—闸调器。
图七：防脱拉环—车轮—地板—人力制动机拉杆及吊架。
图八：地板—人力制动机拉杆及吊架。
图九：人力制动机拉杆及链—制动缸活塞推杆—制动缸。
中间部Ⅱ“三”字检查法作业流程，如图 1-18 所示，具体如下。
图一：地板—上拉杆圆销及开口销。
图二：地板—缓解阀拉杆—连接管、法兰、螺母—副风缸。
图三：上拉杆及吊架—地板—车轮。
图四：闸调器连接杆圆销及开口销—制动缸后杠杆组成。
图五：制动主管支管连接管—截断塞门—集尘器。
图六：制动支管卡子螺母。
图七：地板—调整阀。
图八：120 型控制阀—缓解阀拉杆及开口销—防盗罩—双室风缸—风缸吊架。
图九：地板—车轮—防脱拉环。

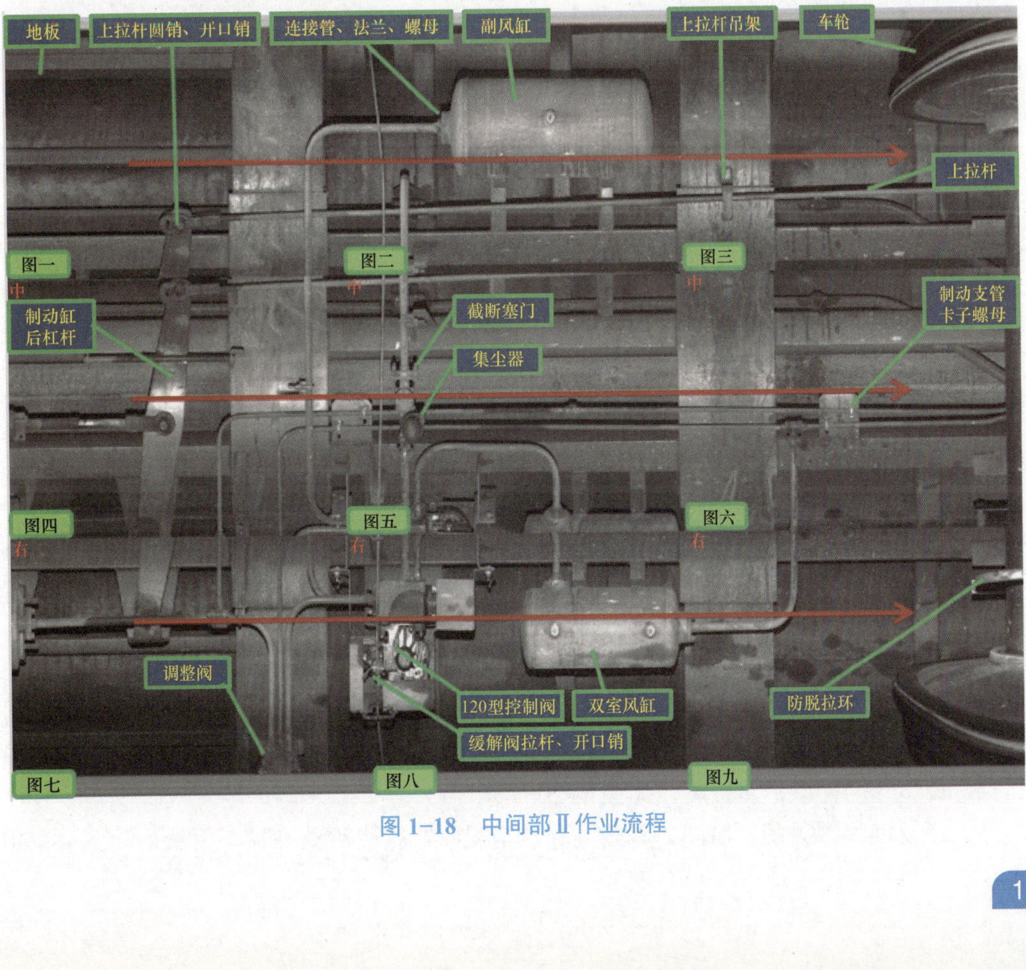

图 1-18　中间部Ⅱ作业流程

2. TFDS 动态检查一列作业标准

1）过车提示

（1）动态检车组长实时查询列车运行图监控软件，及时准确掌握作业列车开行计划。

（2）动态检车组长根据列车运行图实时监控软件显示的列车运行情况，在 TFDS 集中作业平台“TF 工长管理”菜单下的“列车信息”栏，确定作业列车，双击进入修改车次、编组类型信息界面。

（3）动态检车组长在 TFDS 集中作业平台“TF 工长管理”菜单下的“智能分车”栏，选定作业列车，并划分作业组别。

2）开始作业

（1）动态检车组长下达“×组×行×次，编组×辆，准备作业”口令，并提示各工位核对列车车次和编组辆数。

（2）各工位检车员等待接车，接到动态检车组长发布的准备作业口令后，打开“过车详细信息”界面，核对列车车次和编组辆数，如图 1-19 所示，确认准确无误后，依次回答“×号准备完毕”。

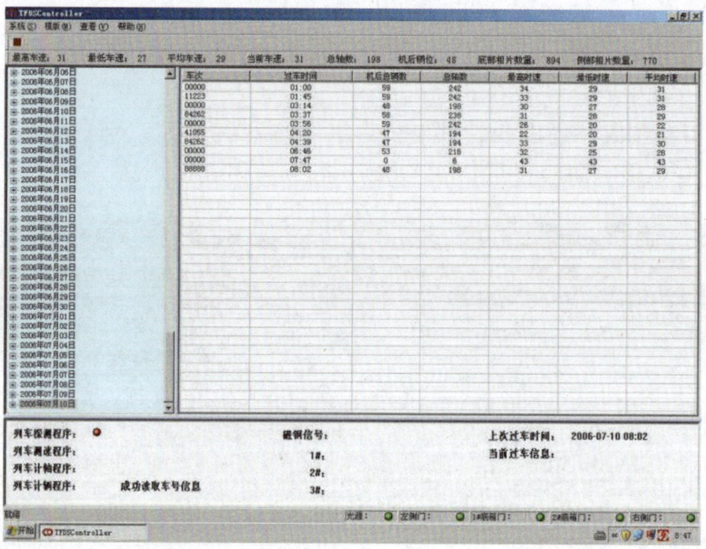

图 1-19　智能分车与等待接车

（3）待各工位核对完毕并回复准备完毕后，动态检车组长下达“××（探测站），××次，开始作业”指令，根据作业列车来车方向、编组及装载等情况，对易发车辆故障进行重点提示，并将作业状态显示屏操作至“作业中”显示位置。

（4）各工位接到动态检车组长发布的开始作业口令后，单击“过车详细信息”界面下方“确定”按钮，进入作业界面。执行同步开始作业要求，全组作业开始时间相差不得超过 1 min，每列车技术作业时间原则上为 50 辆/10 min。

3）浏览图

（1）动态检车员确认显示图清晰、拼接完整、无异常，单击“后一幅”逐辆进行分析。

（2）浏览图过程中，发现图不清晰影响分析时，单击客户端主界面左边的“图像调整”工具栏，调整图的亮度、对比度，如图 1-20 所示。

（3）当发现局部丢图、窜图、曝光等异常情况时，报告给动态检车组长，动态检车组长应在《TFDS 设备运行状态记录》中做好信息记录，并及时通知列检值班员，由列检值班员通知故障专修检车员对到达解体作业列车的相应车辆、部位进行人工检查，故障专修检车员在检查后将确认结果反馈至室内作业组。

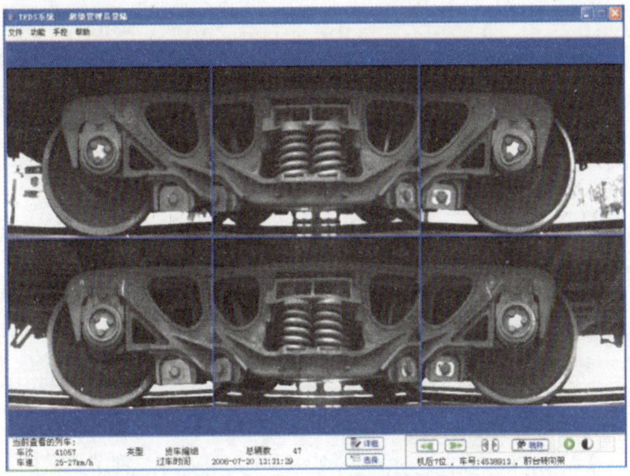

图 1–20 “图像调整”工具栏

安全风险点：图像无法正常分析时，通知列检值班员要求现场检车员进行人工检查。

（4）当 TFDS 设备发生故障、停电、设备检修等情况造成无法进行检测时，动态检车组长应立即通知动态检车工长启动非正常情况下作业预案，同时向动态检测车间反馈报修。

安全风险点：设备发生故障时，未按报修流程及时通知动态检测车间维修人员进行故障处理，延误 TFDS 正常作业。

4）分析图

按照动态检查一列作业程序及标准进行分析。

5）故障加载

（1）动态检车员接车作业浏览图，发现车辆故障时，双击该图，放大进行分析，确认故障后用鼠标左键拖动，在故障部位处画上红框，如图 1–21 所示。

（2）动态检车员在故障图上单击鼠标右键，弹出“提交故障”对话框，如图 1–22 所示。

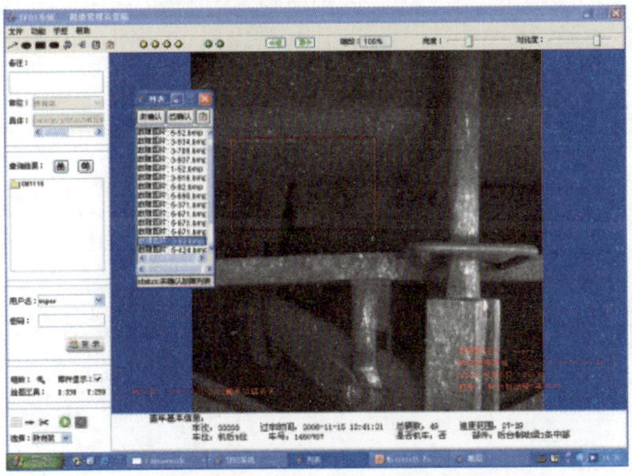

图 1–21 故障加载

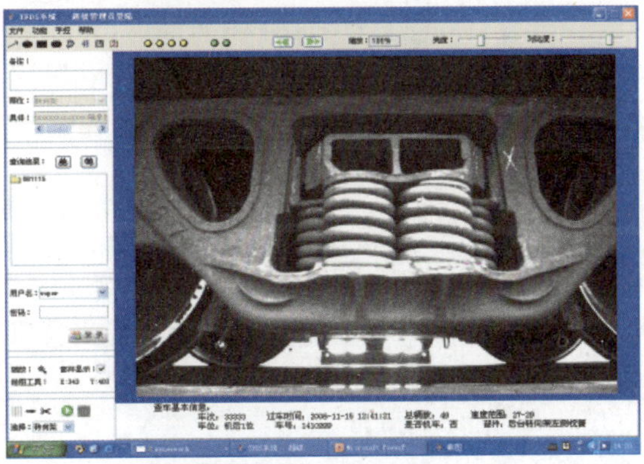

图 1–22 提交故障

（3）动态检车员在“提交故障”对话框中，正确选择故障部位、具体故障名称、严重程度，有需要时调节右上角“亮度”和“对比度”按钮，使显示图清晰，单击“提交”按钮，将发现的故障信息保存到系统故障数据库中。

（4）动态检车员发现系统故障数据库中无故障名称的故障时，应按《TFDS 动态检查预报范围及质量标准细化措施》的故障加载规则，加载故障。

（5）分析作业中，动态检车员检查发现符合 TFDS 重点预报及拦停范围内的故障时，立即口头通知动态检车组长车次、机次位数、车号、故障部位及名称，然后加载故障；动态检车组长接到信息快速判断确认后，立即启动 TFDS 拦停故障应急处置预案。

安全风险点：动态检车员在作业过程中，对于拦停故障，未执行“先报告后提交”的规定，易造成事故。

（6）TFDS 动态检查发现进入国铁运行的非提速货车，动态检车员要及时汇报动态检车组长，动态检车组长要核实该非提速货车进入国铁运行是否经过批准，未批准的按以下要求办理：

① 对停车且有人工技术检查作业的列车，动态检车组长及时通知列检值班员。

② 对不停车或无人工技术检查作业的列车，动态检车组长要立即使用直通电话将非提速货车所在列车的车次、非提速货车编挂位置和车种、车型、车号等信息通知路局集团公司监测站红外线调度员。

6）故障确认

（1）动态检车组长通过作业平台“TF 组长管理”菜单下的“故障确认上传”栏，选定作业列车，可实时查看动态检车员提报的车辆故障信息，如图 1–23 所示。

（2）动态检车组长发现各工位误上报故障后，在故障确认上传界面下，单击“删除”按钮，完成对误报故障的删除。

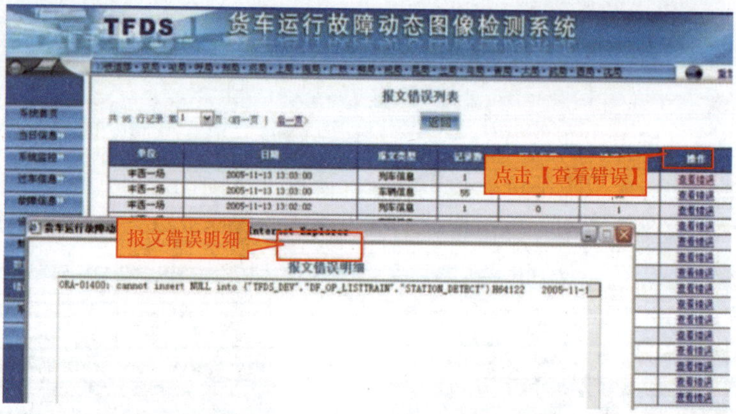

图 1–23　故障确认上传

7）图像分析完毕

动态检车员在图像分析完毕后，使用标准用语依次汇报作业完毕，等待动态检车组长指示。标准用语为“×号作业完毕”。

8）列车信息填报

待全组各工位对本列车作业完毕后，动态检车组长应在 5T 技术作业管理系统中“TFDS 作业信息管理系统”的“TFDS 通过列车信息”页面录入相关作业列车信息。

9）故障信息预报

（1）对于实行室外故障专修组故障确认作业方式的列车，动态检车组长应将检查范围内的故障全数下发。在 TFDS 集中作业平台“TF 组长管理”菜单下的“故障确认上传”栏，选定作业列车，勾选全部应下发故障，单击“下发故障”按钮。

（2）故障下发完毕后，电话通知列检值班员“××次故障已下发”。

10）故障信息检查确认处理反馈

当 TFDS 预报故障下发后，列检值班员向现场检车员做出提示，由现场检车员负责对 TFDS 预报故障的现车确认及处理，并在作业完毕后及时反馈相应信息。

11）故障信息收集上传

现场检车员对 TFDS 预报故障反馈完毕后，通知列检值班员进行复核，并由列检值班员负责通知动态检车组长，由动态检车组长勾选符合上传要求的全部故障，单击“确认上报”按钮，将故障上传至三级联网。

12）作业完毕

待本组各工位动态检车员报告作业完毕后，动态检车组长应将作业状态显示屏操作至“待检中”显示位置；监视作业列车预报情况，组织动态检车员进行质量互检、班中待检等活动。

3. TFDS 作业人员工作标准

1）交接班工作标准

动态检车员在交接班时，交班人员应认真填写《货车安全防范系统动态检车组交接班记录簿》；接班人员应确认设备状态是否良好，向交班人员了解设备使用情况及探测网络运行情况，检查记录台账；交接班人员共同在交接班记录簿上签字。

2）动态检车组长工作标准

动态检车组长负责监测 TFDS 系统运行状态，并负责传输通道故障的监测，要将 TFDS 故障情况及时上报车辆段进行处理。当 TFDS 客户端计算机无法正常工作时或由于光线干扰及其他因素造成图像不清晰、动态检车员无法判断时，要立即向列检值班员报告，由列检值班员通知该班现场检车工长，由现场检车员按技检标准对列车进行人工检查。

动态检车组长在接车完成后，要对通过列车的编组情况和每辆车的图像进行浏览检查，消除不正常现象，确保图像清晰、正确，满足动态检车员检车要求，并发布作业口令，对动态检车员发现的货车故障，要认真进行判定，确保准确无误。

3）动态检车员工作标准

动态检车员接到动态检车组长的准备接车口令后，要立即做好接车准备工作。动态检车员要按照职责分工和检查的范围进行作业，在收到列车图像后 6 min 内完成对显示图像的分析和故障判断。发现故障后，须立即通知动态检车组长进行确认，并详细做好记录。检查完毕后，要向动态检车组长汇报检查完毕。

4. 预报反馈

动态检车员负责将系统预报故障向列检值班员报告；列检值班员负责将系统所有预报故障以辆为单位向现场检车人员进行预报；现场检车人员负责对系统预报故障进行全面检查确认，并将检查确认结果向列检值班员报告，向动态检车组长进行反馈，由动态检车员将检查确认结果录入各系统中。动态检车员发现货车故障并由动态检车组长确认后，由动态检车组长将车次、车号、辆序、故障方位、部位、名称等情况向列检值班员报告，由列检值班员通知现场检车员，由现场检车员对预报故障进行检查确认，并将检查确认情况向动态检车组长进行反馈，由动态检车员录入 TFDS 系统。

5. 拦停程序

动态检车员发现货车摇枕，侧架裂损，轴承冒烟，制动梁、下拉杆脱落，车钩托板裂损及直接危及行车安全的其他车辆故障，经动态检车组长确认后，由动态检车组长将车次、车号、辆序、故障情况通过录音电话通知车辆运行安全检测站 TFDS 值班员，由 TFDS 值班员通过录音电话通知行车调度员和车辆调度员，并填写“货车安全防范系统拦停用车通知卡”送至行车调度员处，双方签字确认，由行车调度员安排立即拦停，由车辆调度员通知车辆段启动车辆故障调查程序，派人前往处理，并安排专人将处理情况在 24 h 内录入 TFDS 系统。

6. 日常维修和定期检修

TFDS 系统的检修分为日常维修和定期检修。设备检修工作必须坚持日常维修和定期检修相结合的原则，做好日常维修工作，提高定期检修质量，保证设备正常使用。

1）日常维修

包括：日检、周检、临时故障处理。

（1）日检。

日检的重点是检查外部设备、设施的紧固、清洁等，以及对设备的使用、运行状态进行确认，对摄像机镜头进行校验，并向列检室内检车员了解设备及网络的工作状态。

（2）周检。

周检的重点是检查外部设备、设施的紧固，进行各项技术指标的测试、校验、调整。

（3）临时故障处理。

临时故障处理是当设备出现临时性的故障、遭到人为或其他破坏时，对设备的各项指标进行检测，通知维修人员进行紧急抢修。如无法排除故障，应通知厂家进行维修。

2）定期检修

包括：小修、中修、大修三级修程。如表 1–1 所示。

表 1–1　定期检修修程

修程	小修	中修	大修
周期	1 年	3 年	6 年

（1）当多种修程重叠时，以高级修程为主。各级修程可以提前或错后进行，提前或错后时间为：小修 15 天，中修一个月，大修两个月。

（2）定期检修工作应遵循以下原则：小修以全面检测为主；中修以保持状态为主；大修以恢复为主，第二个大修以更新为主。

TFDS 系统设备检修

以 TFDS–3 型设备检修为例，作业过程具体如下。

1. 班前预想

（1）值班主任或工长负责组织预想会，班组人员按照劳动保护规定着装，参加班组预想会。按规定穿戴好劳保服装、工作帽、防护马甲，证件、臂章、防护用具携带齐全，防护用具状态一一确认。

（2）由值班主任或工长负责传达当日文件电报精神和车间工作安排，并抽查有关规章、命令、电报、活动、安全风险卡及技术业务掌握情况，记载在班组日志内。

（3）工长布置当班工作及安全作业注意事项，按照设备状态，对作业做出有针对性的检修计划安排，要求职工严格执行“双通知、双确认、三方控”及现场安全作业制度的落实，严格按照批复的施工（维修）计划内容组织实施（包括天窗点外维修计划）。

（4）组织分析当日天气，大风、雨、雪、霾、大雾或其他特殊天气情况下，以及道路湿滑、视野不清，容易发生交通事故情况下，要根据实际情况严格按照相关文件规定申请调整作业时间，减少特殊天气外出作业。

（5）工长负责对作业人员进行作业前的安全卡控教育，对作业人员精神状态进行检查、确认，指定作业组组长、现场防护员、驻站防护员。进行施工等较大作业时，车间须设现场监控人。

2. 检修前的准备

（1）维修人员携带检修作业包（内含防护服、对讲机、手机、防护喇叭等）、检修所需配件、仪器仪表。

（2）汽车出发前由车间主任、车间副主任或值班主任、工长、作业负责人会同司机对汽车运用保养状态进行检查、确认，杜绝带病出车。同时对司机行车关键点进行研判，结合当日作业地点、路线，制定控制措施。

（3）乘坐汽车时，副驾驶位监控人负责监控司机驾驶状态，有权制止司机违章驾驶行为。

（4）乘坐火车时，执行同出同归，严格遵守站车秩序，杜绝违章、违纪及破坏路风事件。

3. 上线前的准备及作业要求

（1）作业前，必须逐人检查上线作业人员劳动保护服装及安全防护用具的使用情况，发现异常，立即停止作业，同时将维修人员手机统一存放管理。

（2）上线作业必须按规定设置驻站防护员和现场防护员，驻站防护员提前到达车站值班室登记、确认作业命令。

（3）现场防护员在得到驻站防护员“可以开始作业”通知后，通知动态车间复示值班员设定检修标记，1 min 后再次确认检修标记是否设定。

（4）现场防护员、驻站联络员、现场负责人做好沟通与联控，及时准确向复示值班员传递现场作业信息。动态车间复示值班员提示上线人员作业安全注意事项，检查安全防护用具是否齐全、完好。

（5）严格执行“双通知、双确认、三方控”及现场安全作业制度，接到驻站防护员“可以上道”命令后，现场作业人员统一回答“命令已下，可以上道，天窗时间××时××分”。

（6）横越线路严格执行“一站、二看、三确认、四通过”制度，同时执行肢体语言动作，听从现场负责人指挥。

4. 沉箱检修

（1）用棉纱、镜头纸擦拭摄像机镜头防护玻璃及补偿光源防护玻璃。

（2）直接观察箱体有无破损、异物及保护门工作状态是否良好。

（3）检查各连接、转动部工作状态，如动作不灵活须加注润滑油，摩擦联轴器须除油垢后并加注适量润滑油。

5. 侧箱检修

（1）用棉纱、镜头纸擦拭摄像机镜头防护玻璃及补偿光源防护玻璃。

（2）直接观察箱体有无破损、异物及保护门工作状态是否良好。

（3）检查各连接、转动部工作状态，如动作不灵活须加注润滑油，摩擦联轴器须除油垢后并加注适量润滑油。

6. 车号天线检修

（1）清洁天线。

（2）检查天线固定是否良好。

（3）检查天线外壳有无裂损。

7. 磁钢及卡具检修

（1）清洁磁钢及卡具。

（2）直接观察磁钢及卡具有无松动、破损。

（3）用安装标准计量尺测量磁钢安装尺寸，做好记录。

8. 分线箱检修

（1）清洁分线箱。

（2）直观检查各接线端端子有无松动。

（3）检查激光发射器工作是否正常。

（4）检查风机运行是否正常。

9. 监控摄像机检修

直观检查、测试监控摄像机功能是否正常。

10. 设备外观检查

用毛刷、除尘器清洁设备外观。

11. 工控机检修

（1）检查工控机软、硬件运行状态是否正常，拍照程序是否正常启动。

（2）检查相机拍照图像是否正常。

（3）检查网络是否畅通。

12. KVM 检修

手动检查 KVM 显示、操作功能、转换是否正常。

13. 车辆、图像信息采集设备检修

使用专用防病毒软件进行查杀。

14. 控制箱检修

过车观察，确认控制保护门、补偿光源工作正常。

15. 列检服务器检修

（1）对主、备服务器进行清洁。

（2）检查主、备服务器系统运行是否正常。

16. 压缩服务器检修

（1）对压缩服务器进行清洁。

（2）检查服务器系统运行是否正常。

17. 电源检修

（1）直接观察不间断电源运行是否正常。

（2）每月手动转换测量双路切换电源箱，查看有无异常。

（3）用万用表测量输入、输出电压，做好记录。

18. 检查系统网络

（1）直观检查光纤收发器、交换机指示灯显示是否正常。

（2）用“ping”命令测试网络是否畅通。

19. 各接口电路插件、显示器检修

（1）直观检查各接口接插件有无脱落、松动。

（2）检查显示器显示是否正常。

20. 设备防雷检修

用防雷模块测试仪检测模块工作状态（每月一次）。

21. 车号信息采集设备检修

（1）直观检查指示灯工作是否正常。

（2）用已知标签检测车次、车号读取是否正确。

22. 检修完毕

（1）现场防护员用语“人员、机具已下道，现场作业完毕”。驻站防护员用语“人员、机具已下道，现场作业完毕，驻站防护员明白”。

（2）作业完毕后，包机人、作业组长与车间复示中心值班员三方共同确认探测站设备及其运行状态正常，清点作业现场工具，确认无遗漏后，清扫卫生，销点。

（3）关闭机房照明及冬季取暖设备，锁闭机房门、栅栏门，状态由作业组长负责检查确认。若有损毁及时反馈车间同时到当地公安机关报案，并及时修复。

（4）维修人员全部撤离至栅栏网外，现场防护员立即通知驻站防护员：“作业人员已全部撤离栅栏网。”驻站防护员复诵：“作业人员已全部撤离栅栏网，驻站防护员明白。”然后，共同返回班组。

23. 完工分析

（1）由工长和作业组长负责组织作业人员召开完工分析会，认真分析本次检修作业完成情况，对检修中发现的问题进行针对性分析，查摆存在的问题，制定措施，对作业人员分别点评。

（2）包机人和作业组长到车间复示终端或通过远程调取所检修设备的探测数据，对比分析检修前后的设备状态。异地班组可通过远程操作进行调取分析，确认设备探测状态良好。

（3）检修用领取的线性光源、相机等器件须由领取人向车间调度员和工长汇报使用情况，将携带的工具、材料、防护用具放回原处，对讲机、防护手机电量低于 60%时及时充电，保证下次安全使用。

（4）对检修更换下来的配件分类，利用待业时间修旧利废，做好班组竞赛评比工作，及时填记班组工作日志。

（5）开展技术总结，工长和作业组长对工作进行点评，对违章违纪人员提出批评或考核。

项目 2　TFDS 动态检查侧架作业

作业介绍

1. 作业地点

各路局集团公司货车车辆段管辖运用车间动态检车室及各高等职业院校建设的 TFDS 动态检车（测）实训室。

2. 适用范围

适用于各路局集团公司货车车辆段管辖各列检作业场、动态检查作业场执行动态检查的作业人员、各高等职业院校铁道车辆技术等相关专业学生。

3. 人员要求

能够熟练掌握 TFDS 动态检查侧架作业技能，从而满足 TFDS 动态检车员岗位需求。

4. 作业要点

（1）作业前须单击“刷新”按钮后开始动态检车。

（2）每幅图的动态检查时间不少于 2 s。

（3）图像需放大检查时，单击鼠标右键或双击鼠标左键进行放大检查。

（4）发现故障时，要通过三级菜单选择正确的故障名称进行添加。

（5）检查发现图像异常、无法正常作业时，要及时报告动态检车组长。

（6）检查发现典型故障及危及行车安全的故障时，要立即报告动态检车组长。

TFDS 动态检查侧架作业流程

一辆车包车检查作业流程，具体包括：作业准备—单击“开始”按钮—前台侧架—后台侧架—前台制动梁—后台制动梁—车钩缓冲部—中间部Ⅰ—中间部Ⅱ—互钩差—中间部侧部Ⅰ—中间部侧部Ⅱ—车体侧面Ⅰ—车体侧面Ⅱ—车体侧面Ⅲ—车体侧面Ⅳ—2～N辆车作业—完工整理。

TFDS 动态检查侧架作业流程包括前台侧架检查、后台侧架检查，如图 2-1 所示。

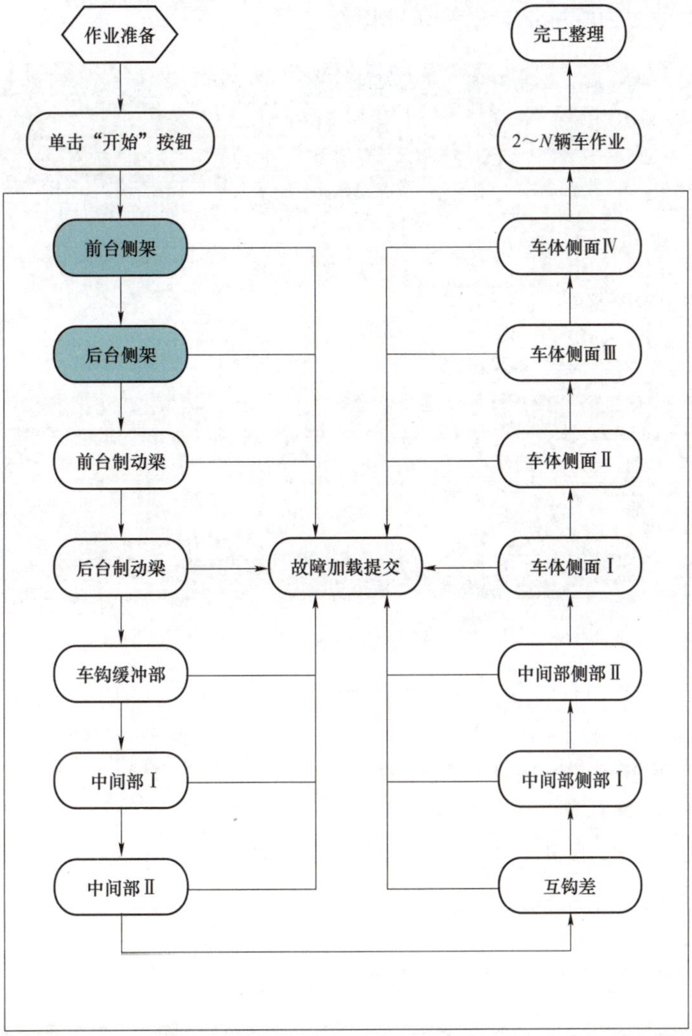

图 2-1　TFDS 动态检查侧架作业流程

作业程序、标准及示范

任务 2.1　TFDS 动态检查前台侧架作业

动态检车员参加完点名会，接到动态检车组长的“开始作业”指令，单击 TFDS 动态检车界面右下角“选择”按钮，弹出过车详细信息列表界面，在左侧选定所要作业的列车车次，在右侧列表中选定该列车自己负责辆序的第一位车辆车号，单击“确定”按钮，确认图像正常后，进行作业。按以下作业程序及标准依次对该工位负责的车辆进行作业。

1. 转 K6 型转向架前台侧架

1）作业流程

前台侧架部位采用“凹”字检查法，图上部为列车运行方向左侧侧架，图下部为列车运行方向右侧侧架，虚线为鼠标运行轨迹，如图 2–2 所示。

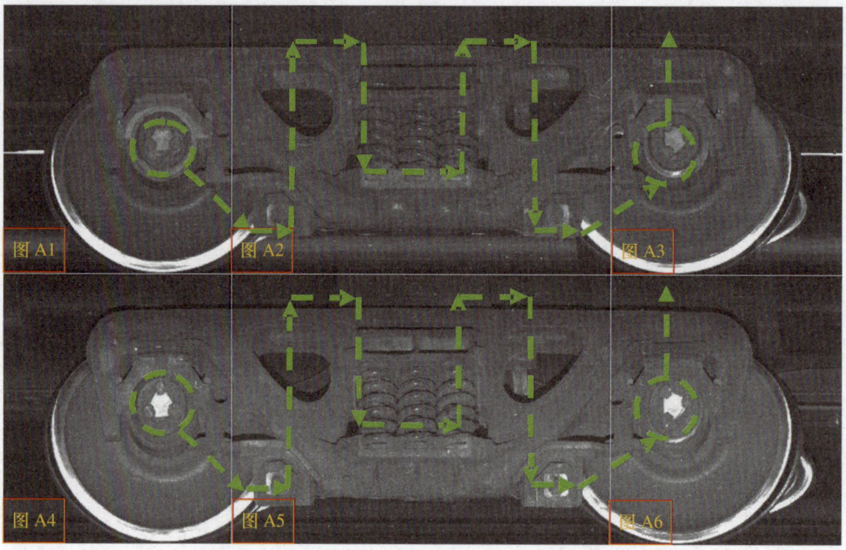

图 2–2　前台侧架部位采用“凹”字检查法

左侧侧架作业流程（右同左）：地板 1—侧架 1—承载鞍 1—轴承 1—挡键 1—车轮 1—交叉支撑装置 1—地板 2—侧架主柱磨耗板 1—摇枕弹簧—侧架主柱磨耗板 2—地板 3—横跨梁—交叉杆支撑装置 2—车轮 2—挡键 2—轴承 2—承载鞍 2—侧架 2—地板 4。

2）检查范围及质量标准

前台侧架部位由 6 张小图组成，上部 3 张图为左侧侧架，下部 3 张图为右侧侧架，右侧侧架与左侧侧架检查范围与质量标准一致。

左侧侧架图分解如下：

（1）图 A1 检查范围及质量标准，如图 2–3 所示。

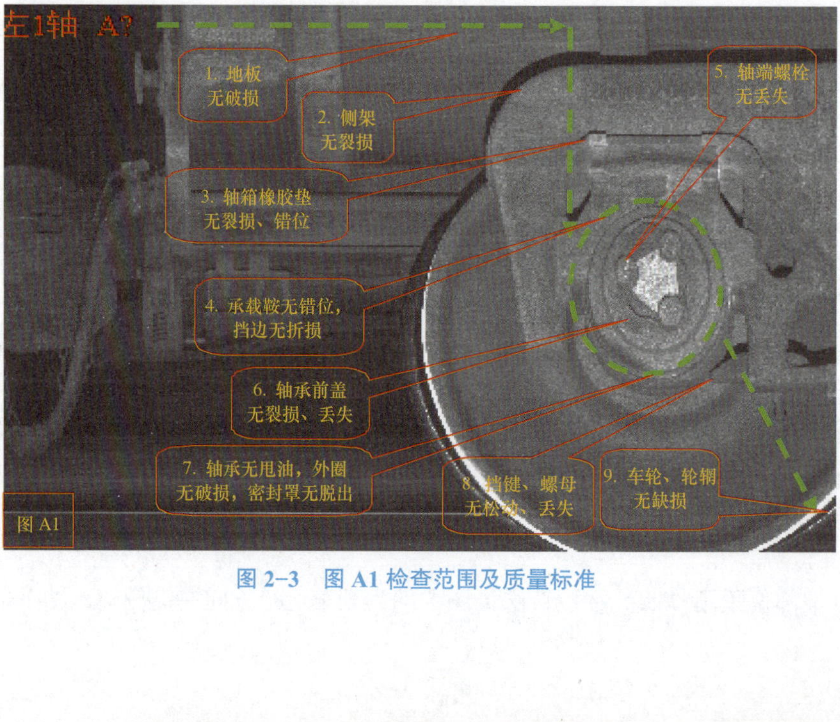

图 2–3　图 A1 检查范围及质量标准

⚠ 该部位存在的安全风险为轴端螺栓丢失、承载鞍错位、轴承外圈破损、轴承前盖裂损，发生此类故障易引发热轴故障，对行车安全构成威胁。

故障表征具体如下：

地板破损：破损为局部呈黑色或灰白色，并有明显不规则的破损痕迹。

侧架裂损：裂损为有灰白色或黑色的裂纹或缺损痕迹。

轴箱橡胶垫裂损、错位：裂损为灰白色或黑色的破损痕迹，错位为橡胶垫与侧架上导框不平行。

承载鞍错位、挡边折损：错位为承载鞍挡边与侧架上导框不平行，折损为挡边处有缺失痕迹。

轴端螺栓丢失：丢失为螺栓孔处呈黑洞状。

轴承前盖裂损、丢失：裂损为灰白色或黑色的裂纹痕迹或缺损，丢失为轴端暴露在外。

轴承甩油、外圈破损、密封罩脱出：甩油时侧架、承载鞍、摇枕弹簧及地板有油渍，外圈破损时局部有缺失痕迹，密封罩脱出一般伴有牙口处甩油。

挡键、螺母丢失：挡键、螺母缺失。

车轮、轮辋缺损：车轮局部有缺失，缺失部位呈灰白色或黑色缺损痕迹。

若在此处发现钩缓部故障，要与“车钩钩缓”“互钩差”部位图对比判断。

（2）图 A2 检查范围及质量标准，如图 2-4 所示。

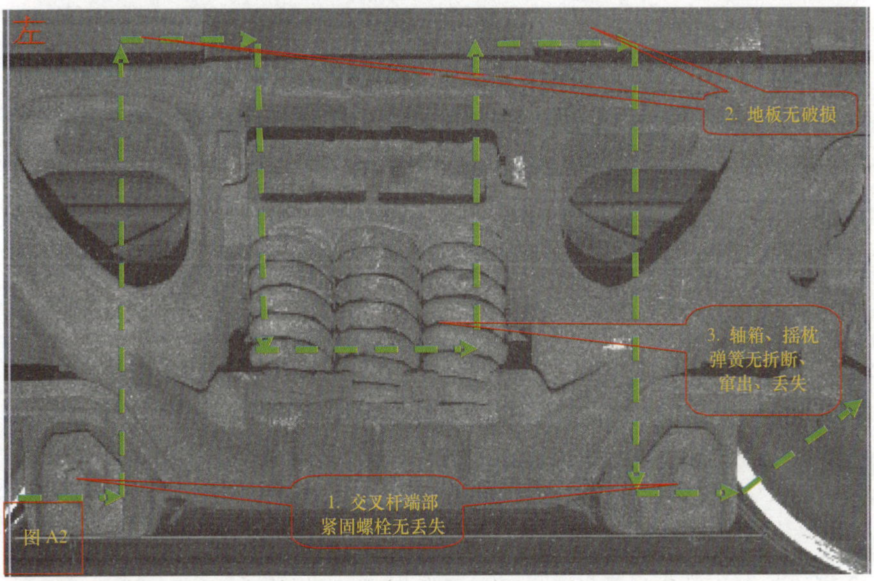

图 2-4　图 A2 检查范围及质量标准

⚠ 该部位存在的安全风险为交叉杆端部紧固螺栓丢失、枕簧窜出，以上故障易引发交叉杆脱落、枕簧窜出丢失，危及行车安全。

故障表征具体如下：

交叉杆端部紧固螺栓丢失：丢失时螺栓孔处呈黑洞状。

地板破损：破损为局部呈黑色或灰白色，并有明显不规则痕迹。

轴箱、摇枕弹簧折断、窜出、丢失：折断时断面呈黑色或灰白色不规则的断痕；窜出时与其他弹簧排列不规则，并突出侧架边沿；丢失时配件部位空缺。

若在此处发现制动梁、交叉杆脱落，要与“制动梁、摇枕”部位图对比判断。

（3）图 A3 检查范围及质量标准，如图 2-5 所示。

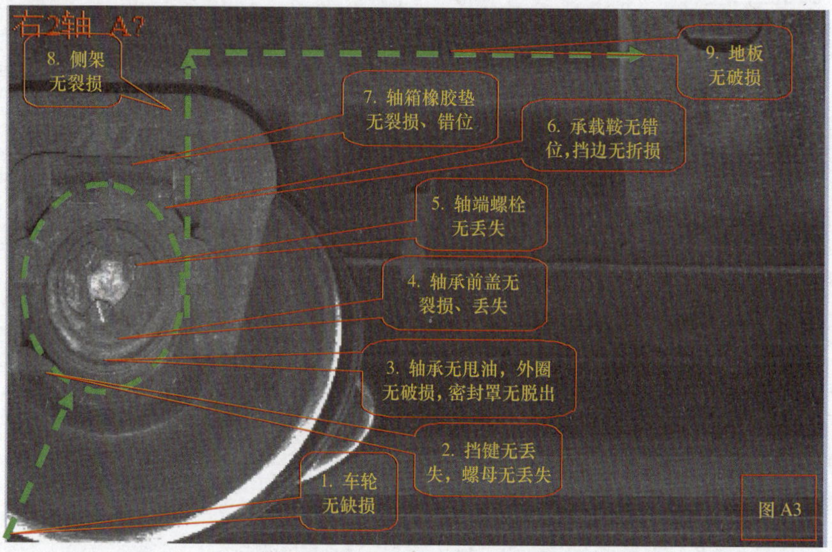

图 2-5　图 A3 检查范围及质量标准

> 该部位存在的安全风险为轴端螺栓丢失、承载鞍错位、轴承外圈破损、轴承前盖裂损，发生此类故障易引发热轴故障，对行车安全构成威胁。

故障表征具体如下：

车轮缺损：车轮局部有缺失，缺失部位呈灰白色或黑色缺损痕迹。

挡键、螺母丢失：挡键、螺母缺失。

轴承甩油、外圈破损、密封罩脱出：甩油时侧架、承载鞍、摇枕弹簧及地板有油渍，外圈破损时局部有缺失痕迹，密封罩脱出一般伴有牙口处甩油。

轴承前盖裂损、丢失：裂损为灰白色或黑色的裂纹痕迹或缺损，丢失为轴端暴露在外。

轴端螺栓丢失：丢失为螺栓孔处呈黑洞状。

承载鞍错位、挡边折损：错位为承载鞍挡边与侧架上导框不平行，挡边折断为挡边处有缺失痕迹。

轴箱橡胶垫裂损、错位：裂损为灰白色或黑色的破损痕迹，错位为橡胶垫与侧架上导框不平行。

侧架裂损：裂损为有灰白色或黑色的裂纹或缺损痕迹。

地板破损：破损为局部呈黑色或灰白色，并有明显不规则的破损痕迹。

2. 转 K5 型转向架前台侧架

1）作业流程

前台侧架部位采用“凹”字检查法，图上部为列车运行方向左侧侧架，图下部为列车运行方向右侧侧架，虚线为鼠标运行轨迹，如图 2-6 所示。

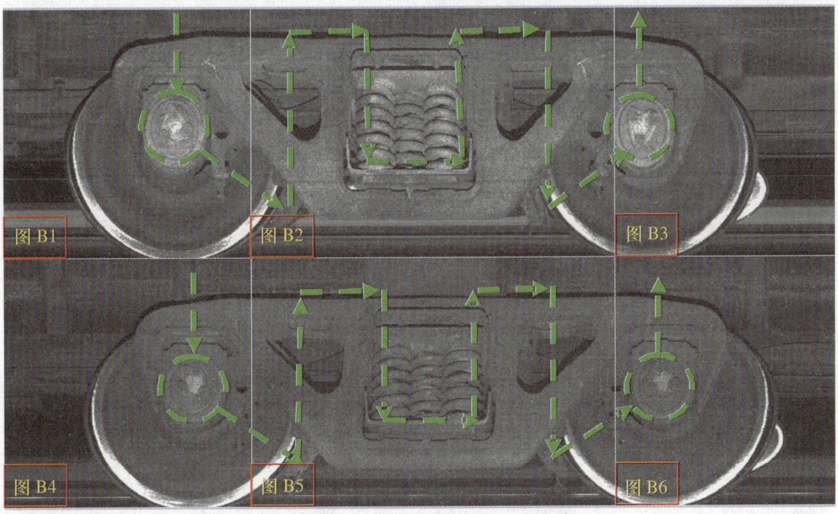

图 2-6　前台侧架部位采用“凹”字检查法

左侧侧架作业流程（右同左）：地板 1—侧架 1—承载鞍 1—轴承 1—挡键 1—车轮 1—闸瓦及闸瓦插销 1—地板 2—侧架主柱磨耗板 1—摇枕弹簧 1—弹簧托板折头螺栓—摇枕弹簧 2—侧架主柱磨耗板 2—地板 3—横跨梁—闸瓦及闸瓦插销 2—车轮 2—挡键 2—轴承 2—承载鞍 2—侧架 2—地板 4。

2）检查范围及质量标准

前台侧架部位合计由 6 张小图组成，上部 3 张图为左侧侧架，下部 3 张图为右侧侧架，右侧侧架与左侧侧架检查范围与质量标准一致。

左侧侧架图分解如下：

（1）图 B1 检查范围及质量标准，如图 2-7 所示。

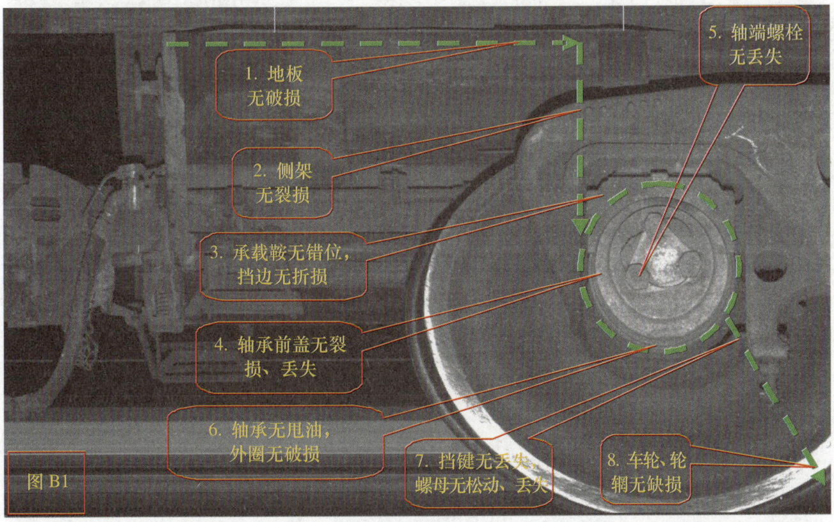

图 2-7　图 B1 检查范围及质量标准

该部位存在的安全风险为轴端螺栓丢失、承载鞍错位、轴承外圈破损、轴承前盖裂损，发生此类故障易引发热轴故障，对行车安全构成威胁。

故障表征具体如下：

地板破损：破损为局部呈黑色或灰白色，并有明显不规则的破损痕迹。

侧架裂损：裂损为有灰白色或黑色的裂纹或缺损痕迹。

承载鞍错位、挡边折损：错位为承载鞍挡边与侧架上导框不平行，挡边折损为挡边处有缺失痕迹。

轴承前盖裂损、丢失：裂损为灰白色或黑色的裂纹痕迹或缺损，丢失为轴端暴露在外。

轴端螺栓丢失：丢失为螺栓孔处呈黑洞状。

轴承甩油、外圈破损：甩油时侧架、承载鞍、摇枕弹簧及地板有油渍，外圈破损时局部有缺失痕迹。

挡键、螺母丢失：挡键、螺母缺失。

车轮、轮辋缺损：车轮、轮辋局部有缺失，缺失部位呈灰白色或黑色缺损痕迹。

若在此处发现钩缓部故障时，要与“车钩钩缓”“互钩差”部位图对比判断。

（2）图 B2 检查范围及质量标准，如图 2–8 所示。

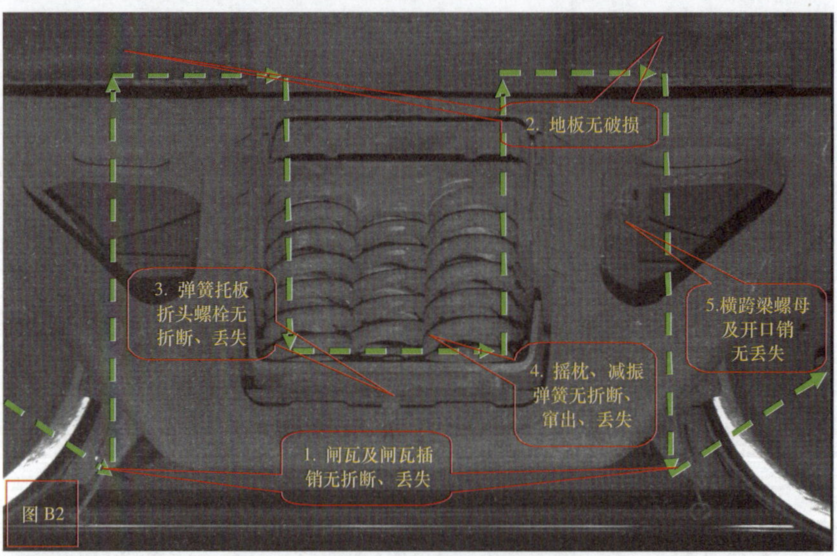

图 2–8　图 B2 检查范围及质量标准

该部位存在的安全风险为枕簧窜出、闸瓦插销丢失，易导致枕簧、闸瓦脱落，危及行车安全。

故障表征具体如下：

闸瓦及闸瓦插销折断、丢失：闸瓦图下部折断时可看到闸瓦有缺失；闸瓦插销丢失时，图下部无法看到闸瓦插销及环，图上部无法看到闸瓦插销顶部。

地板破损：破损为局部呈黑色或灰白色，并有明显不规则的破损痕迹。

轴箱、摇枕弹簧折断、窜出、丢失：折断时断面呈黑色或灰白色不规则的断痕；窜出时与其他弹簧排列不规则，并突出侧架边沿；丢失时配件部位空缺。

弹簧托板折头螺栓折断、丢失：丢失时该配件缺失。

横跨梁螺母及开口销丢失：丢失时该配件缺失。

若在此处发现制动梁故障，要与“制动梁、摇枕”部位图对比判断。

（3）图 B3 检查范围及质量标准，如图 2–9 所示。

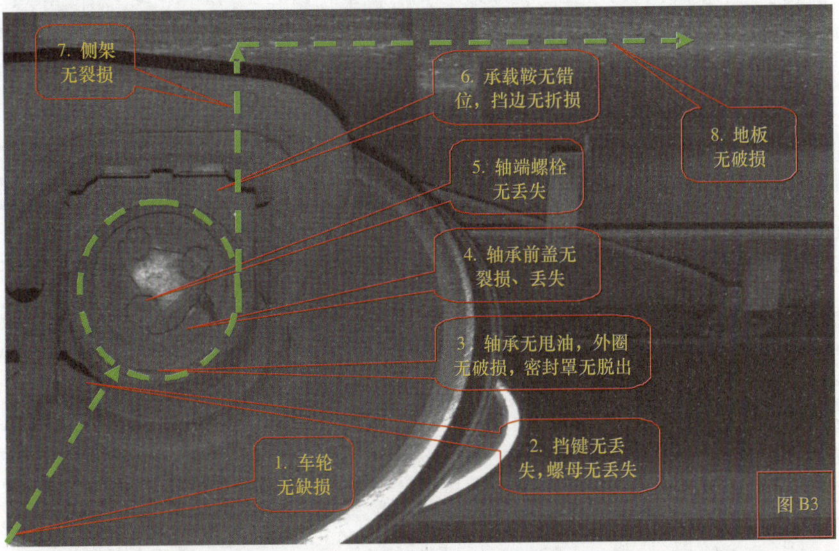

图 2–9　图 B3 检查范围及质量标准

> ⚠ 该部位存在的安全风险为轴端螺栓丢失、承载鞍错位、轴承外圈破损、轴承前盖裂损，发生此类故障易引发热轴故障，对行车安全构成威胁。

故障表征具体如下：

车轮缺损：车轮局部有缺失，缺失部位呈灰白色或黑色缺损痕迹。

挡键、螺母丢失：挡键、螺母缺失。

轴承甩油、外圈破损、密封罩脱出：甩油时侧架、承载鞍、摇枕弹簧及地板有油渍，外圈破损时局部有缺失痕迹，密封罩脱出一般伴有牙口处甩油。

轴承前盖裂损、丢失：裂损为灰白色或黑色的裂纹痕迹或缺损，丢失为轴端暴露在外。

轴端螺栓丢失：丢失为螺栓孔处呈黑洞状。

承载鞍错位、挡边折损：错位为承载鞍挡边与侧架上导框不平行，挡边折损为挡边处有缺失痕迹。

侧架裂损：裂损为有灰白色或黑色的裂纹或缺损痕迹。

地板破损：破损为局部呈黑色或灰白色，并有明显不规则的破损痕迹。

3. 转 K2 型转向架前台侧架

1）作业流程

前台侧架部位采用“凹”字检查法，图上部为列车运行方向左侧侧架，图下部为列车运行方向右侧侧架，虚线为鼠标运行轨迹，如图 2–10 所示。

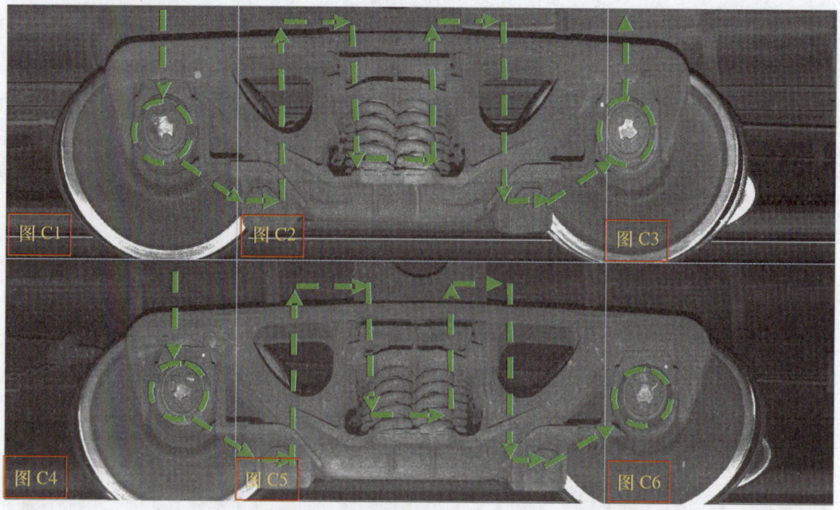

图 2-10　前台侧架部位采用“凹”字检查法

左侧侧架作业流程（右同左）：地板 1—侧架 1—承载鞍 1—轴承 1—挡键 1—车轮 1—交叉支撑装置 1—地板 2—斜楔 1—摇枕弹簧—斜楔 2—地板 3—横跨梁—交叉杆支撑装置 2—车轮 2—挡键 2—轴承 2—承载鞍 2—侧架 2—地板 4。

2）检查范围及质量标准

前台侧架部位合计由 6 张小图组成，上部 3 张图为左侧侧架，下部 3 张图为右侧侧架，右侧侧架与左侧侧架检查范围与质量标准一致。

左侧侧架图分解如下：

（1）图 C1 检查范围及质量标准，如图 2-11 所示。

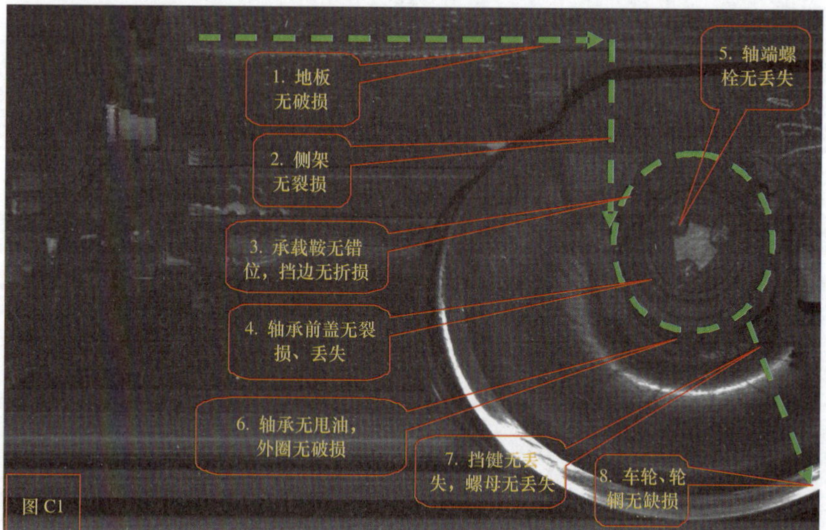

图 2-11　图 C1 检查范围及质量标准

⚠ 该部位存在的安全风险为轴端螺栓丢失、承载鞍错位、轴承外圈破损、轴承前盖裂损，发生此类故障易引发热轴故障，对行车安全构成威胁。

故障表征具体如下：

地板破损：破损为局部呈黑色或灰白色，并有明显不规则的破损痕迹。

侧架裂损：裂损为有灰白色或黑色的裂纹或缺损痕迹。

承载鞍错位、挡边折损：错位为承载鞍挡边与侧架上导框不平行，挡边折损为挡边处有缺失痕迹。

轴承前盖裂损、丢失：裂损为灰白色或黑色的裂纹痕迹或缺损，丢失为轴端暴露在外。

轴端螺栓丢失：丢失为螺栓孔处呈黑洞状。

轴承甩油、外圈破损：甩油时侧架、承载鞍、摇枕弹簧及地板有油渍，外圈破损时局部有缺失痕迹。

挡键、螺母丢失：挡键、螺母缺失。

车轮、轮辋缺损：车轮局部有缺失，缺失部位呈灰白色或黑色缺损痕迹。

若在此处发现钩缓部故障时，要与“车钩钩缓”“互钩差”部位图对比判断。

（2）图 C2 检查范围及质量标准，如图 2-12 所示。

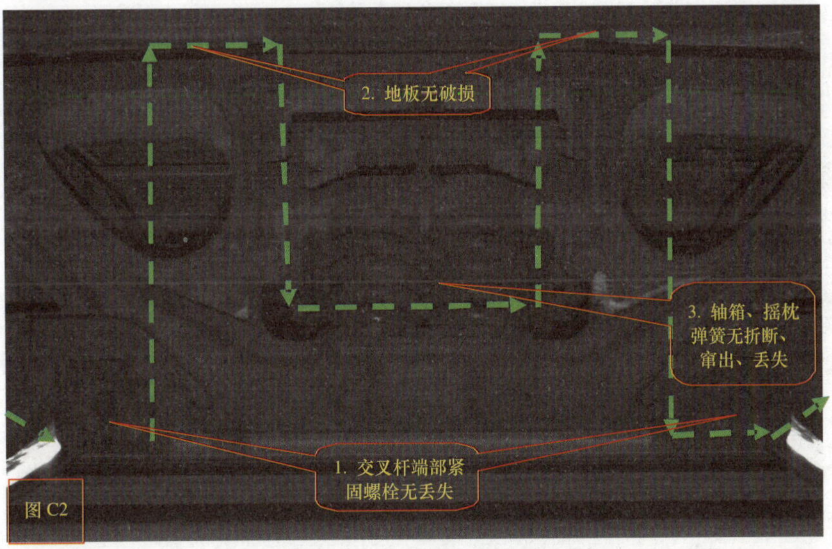

图 2-12 图 C2 检查范围及质量标准

⚠ 该部位存在的安全风险为交叉杆端部紧固螺栓丢失、枕簧窜出，以上故障易引发交叉杆脱落、枕簧窜出丢失，危及行车安全。

故障表征具体如下：

交叉杆端部紧固螺栓丢失：丢失时螺栓孔处呈黑洞状。

地板破损：破损为局部呈黑色或灰白色，并有明显不规则的破损痕迹。

轴箱、摇枕弹簧折断、窜出、丢失：折断时断面呈黑色或灰白色不规则的断痕；窜出时与其他弹簧排列不规则，并突出侧架边沿；丢失时配件部位空缺。

若在此处发现制动梁、交叉杆脱落，要与“制动梁、摇枕”部位图对比判断。

（3）图 C3 检查范围及质量标准，如图 2-13 所示。

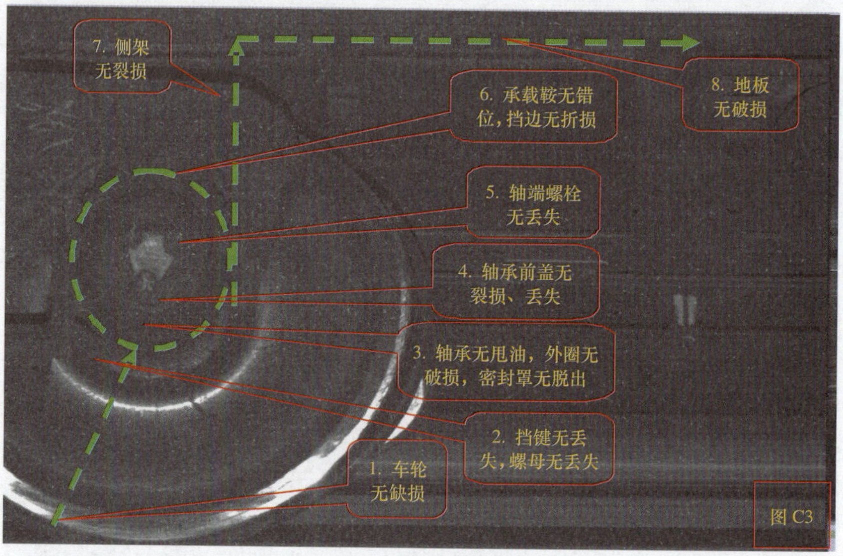

图 2-13 图 C3 检查范围及质量标准

⚠ 该部位存在的安全风险为轴端螺栓丢失、承载鞍错位、轴承外圈破损、轴承前盖裂损，发生此类故障易引发热轴故障，对行车安全构成威胁。

故障表征具体如下：

车轮缺损：车轮局部有缺失，缺失部位呈灰白色或黑色缺损痕迹。

挡键、螺母丢失：挡键、螺母缺失。

轴承甩油、外圈破损、密封罩脱出：甩油时侧架、承载鞍、摇枕弹簧及地板有油渍，外圈破损时局部有缺失痕迹，密封罩脱出一般伴有牙口处甩油。

轴承前盖裂损、丢失：裂损为灰白色或黑色的裂纹痕迹或缺损，丢失为轴端暴露在外。

轴端螺栓丢失：丢失为螺栓孔处呈黑洞状。

承载鞍错位、挡边折损：错位为承载鞍挡边与侧架上导框不平行，挡边折损为挡边处有缺失痕迹。

侧架裂损：裂损为有灰白色或黑色的裂纹或缺损痕迹。

地板破损：破损为局部呈黑色或灰白色，并有明显不规则的破损痕迹。

4. 转 K4 型转向架前台侧架

1）作业流程

前台侧架部位采用“凹”字检查法，图上部为列车运行方向左侧侧架，图下部为列车运行方向右侧侧架，虚线为鼠标运行轨迹，如图 2-14 所示。

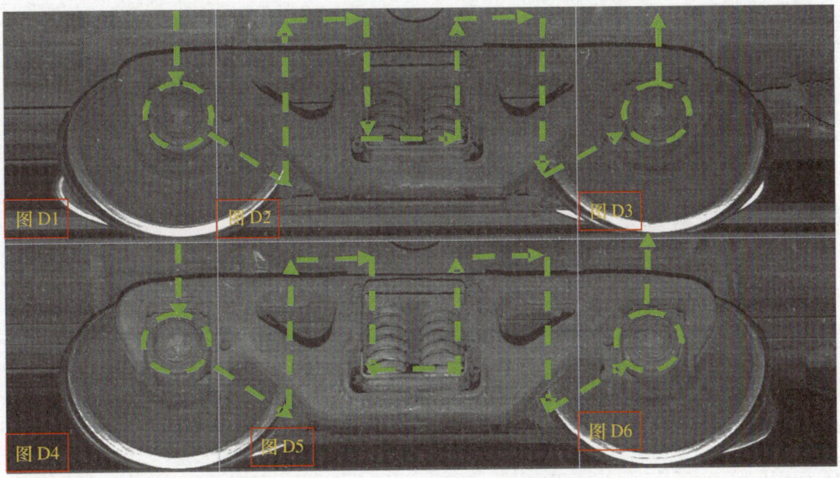

图 2-14　前台侧架部位采用“凹”字检查法

左侧侧架作业流程（右同左）：地板 1—侧架 1—承载鞍 1—轴承 1—挡键 1—车轮 1—闸瓦及闸瓦插销 1—地板 2—侧架主柱磨耗板 1—摇枕弹簧 1—弹簧托板折头螺栓—摇枕弹簧 2—侧架主柱磨耗板 2—地板 3—横跨梁—闸瓦及闸瓦插销 2—车轮 2—挡键 2—轴承 2—承载鞍 2—侧架 2—地板 4。

2）检查范围及质量标准

前台侧架部位合计由 6 张小图组成，上部 3 张图为左侧侧架，下部 3 张图为右侧侧架，右侧侧架与左侧侧架检查范围与质量标准一致。

左侧侧架图分解如下：

（1）图 D1 检查范围及质量标准，如图 2-15 所示。

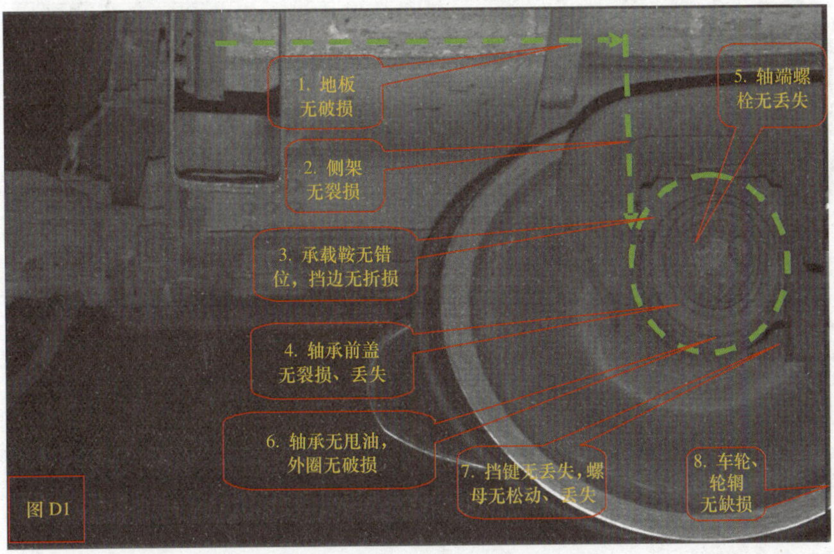

图 2-15　图 D1 检查范围及质量标准

该部位存在的安全风险为轴端螺栓丢失、承载鞍错位、轴承外圈破损、轴承前盖裂损，发生此类故障易引发热轴故障，对行车安全构成威胁。

故障表征具体如下：

地板破损：破损为局部呈黑色或灰白色，并有明显不规则的破损痕迹。

侧架裂损：裂损为有灰白色或黑色的裂纹或缺损痕迹。

承载鞍错位、挡边折损：错位为承载鞍挡边与侧架上导框不平行，挡边折损为挡边处有缺失痕迹。

轴承前盖裂损、丢失：裂损为灰白色或黑色的裂纹痕迹或缺损，丢失为轴端暴露在外。

轴端螺栓丢失：丢失为螺栓孔处呈黑洞状。

轴承甩油、外圈破损：甩油时侧架、承载鞍、摇枕弹簧及地板有油渍，外圈破损时局部有缺失痕迹。

挡键、螺母丢失：挡键、螺母缺失。

车轮、轮辋缺损：车轮、轮辋局部有缺失，缺失部位呈灰白色或黑色缺损痕迹。

若在此处发现钩缓部故障时，要与“车钩钩缓”“互钩差”部位图对比判断。

（2）图 D2 检查范围及质量标准，如图 2–16 所示。

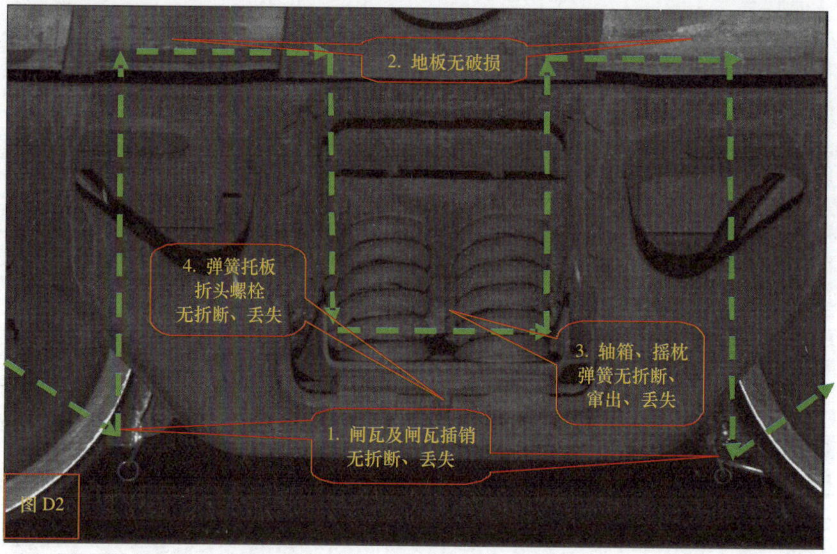

图 2–16　图 D2 检查范围及质量标准

该部位存在的安全风险为枕簧窜出、闸瓦插销丢失，易导致枕簧、闸瓦脱落，危及行车安全。

故障表征具体如下：

闸瓦及闸瓦插销折断、丢失：闸瓦下部折断时可看到闸瓦有缺失；闸瓦插销丢失时，下部无法看到闸瓦插销及环，上部无法看到闸瓦插销顶部。

地板破损：破损为局部呈黑色或灰白色，并有明显不规则的破损痕迹。

轴箱、摇枕弹簧折断、窜出、丢失：折断时断面呈黑色或灰白色不规则的断痕；窜出时与其他弹簧排列不规则，并突出侧架边沿；丢失时配件部位空缺。

弹簧托板折头螺栓折断、丢失：丢失时该配件缺失。

若在此处发现制动梁故障，要与“制动梁、摇枕”部位图对比判断。

（3）图 D3 检查范围及质量标准，如图 2-17 所示。

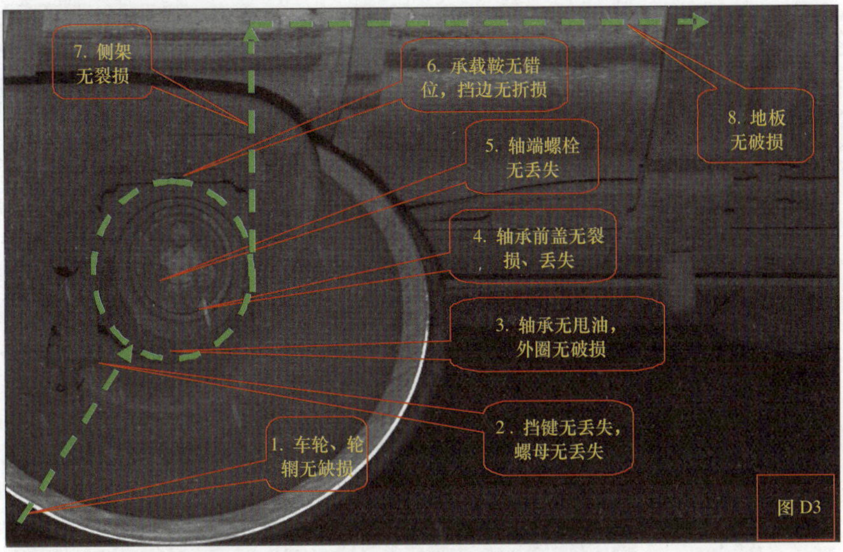

图 2-17　图 D3 检查范围及质量标准

> ⚠ 该部位存在的安全风险为轴端螺栓丢失、承载鞍错位、轴承外圈破损、轴承前盖裂损，发生此类故障易引发热轴故障，对行车安全构成威胁。

故障表征具体如下：

车轮、轮辋缺损：车轮局部有缺失，缺失部位呈灰白色或黑色缺损痕迹。

挡键、螺母丢失：挡键、螺母缺失。

轴承甩油、外圈破损：甩油时侧架、承载鞍、摇枕弹簧及地板有油渍，外圈破损时局部有缺失痕迹。

轴承前盖裂损、丢失：裂损为灰白色或黑色的裂纹痕迹或缺损，丢失为轴端暴露在外。

轴端螺栓丢失：丢失为螺栓孔处呈黑洞状。

承载鞍错位、挡边折损：错位为承载鞍挡边与侧架上导框不平行，挡边折损为挡边处有缺失痕迹。

侧架裂损：裂损为有灰白色或黑色的裂纹或缺损痕迹。

地板破损：破损为局部呈黑色或灰白色，并有明显不规则的破损痕迹。

5. 其他型转向架前台侧架

1）作业流程

前台侧架部位采用“凹”字检查法，图上部为列车运行方向左侧侧架，图下部为列车运行方向右侧侧架。参考转 K2 型转向架进行作业。

2）检查范围及质量标准

前台侧架部位合计由 6 张小图组成，上部 3 张图为左侧侧架，下部 3 张图为右侧侧架，右侧侧架与左侧侧架检查范围与质量标准一致。检查范围与质量标准参考转 K2 型转向架。

任务 2.2　TFDS 动态检查后台侧架作业

动态检车员参加完点名会，接到动态检车组长的开始作业指令，单击 TFDS 动态检车界面右下角“选择”按钮，弹出过车详细信息列表界面，在左侧选定所要作业的列车车次，在右侧列表中选定该列车自己负责辆序的第一位车辆车号，单击“确定”按钮，确认图像正常后，进行作业。按以下作业程序及标准依次对该工位负责的车辆进行作业。

1. 转 K6 型后台侧架

1）作业流程

后台侧架部位采用“凹”字检查法，图上部为列车运行方向左侧侧架，图下部为列车运行方向右侧侧架，虚线为鼠标运行轨迹，如图 2-18 所示。

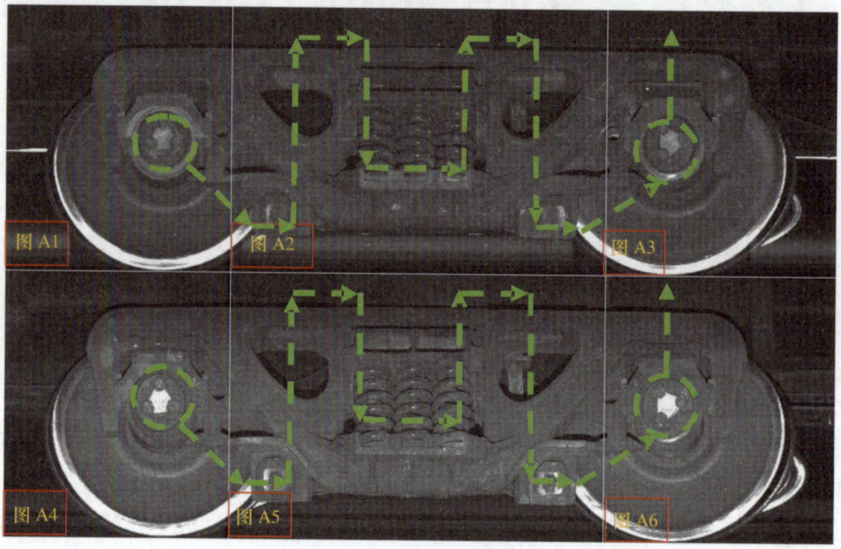

图 2-18　后台侧架部位采用“凹”字检查法

左侧侧架作业流程（右同左）：地板 1—侧架 1—承载鞍 1—轴承 1—挡键 1—车轮 1—交叉支撑装置 1—地板 2—侧架主柱磨耗板 1—摇枕弹簧—侧架主柱磨耗板 2—地板 3—横跨梁—交叉杆支撑装置 2—车轮 2—挡键 2—轴承 2—承载鞍 2—侧架 2—地板 4。

2）检查范围及质量标准

后台侧架部位合计由 6 张小图组成，上部 3 张图为左侧侧架，下部 3 张图为右侧侧架，右侧侧架与左侧侧架检查范围与质量标准一致。

左侧侧架图分解如下：

（1）图 A1 检查范围及质量标准，如图 2-19 所示。

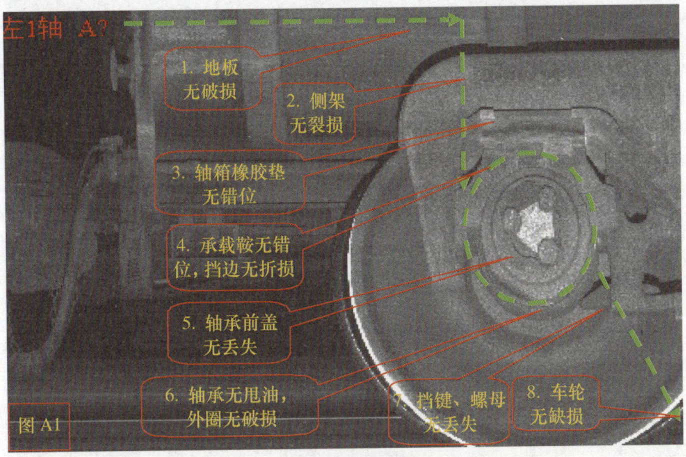

图 2-19　图 A1 检查范围及质量标准

该部位存在的安全风险为轴端螺栓丢失、承载鞍错位、轴承外圈破损、轴承前盖裂损，发生此类故障易引发热轴故障，对行车安全构成威胁。

故障表征具体如下：

地板破损：破损为局部呈黑色或灰白色，并有明显不规则的破损痕迹。

侧架裂损：裂损为有灰白色或黑色的裂纹或缺损痕迹。

轴箱橡胶垫错位：错位为橡胶垫与侧架上导框不平行。

承载鞍错位、挡边折损：错位为承载鞍挡边与侧架上导框不平行，挡边折损为挡边处有缺失痕迹。

轴承前盖无丢失：丢失为轴端暴露在外。

轴承甩油，外圈破损：甩油时侧架、承载鞍、摇枕弹簧及地板有油渍，外圈破损时局部有缺失痕迹。

轴端螺栓丢失：丢失为螺栓孔处呈黑洞状。

挡键、螺母丢失：挡键、螺母缺失。

车轮缺损：车轮局部有缺失，缺失部位呈灰白色或黑色缺损痕迹。

（2）图 A2 检查范围及质量标准，如图 2-20 所示。

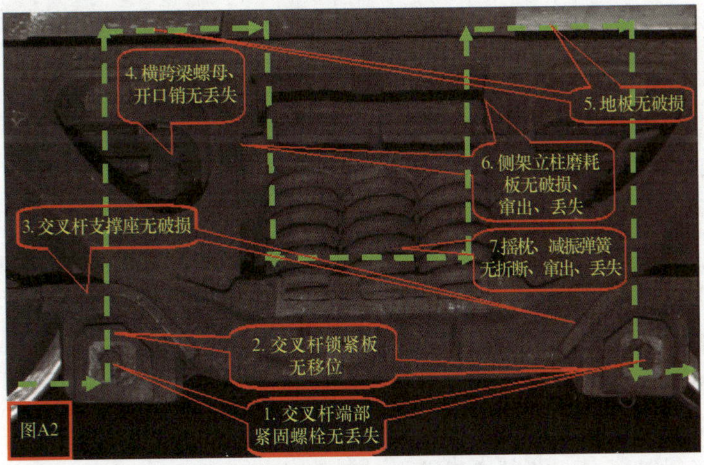

图 2-20　图 A2 检查范围及质量标准

> ⚠ 该部位存在的安全风险为交叉杆端部紧固螺栓丢失、枕簧窜出，以上故障易引发交叉杆脱落、枕簧窜出丢失，危及行车安全。

故障表征具体如下：

交叉杆端部紧固螺栓丢失：丢失时螺栓孔处呈黑洞状。

交叉杆锁紧板移位：移位时锁紧板与支撑座呈明显倾斜状态。

交叉杆支撑座破损：破损处呈灰白色或黑色破损痕迹。

横跨梁螺母、开口销丢失：通过侧架三角孔查看横跨梁螺母、开口销缺失。

地板破损：破损为局部呈黑色或灰白色，并有明显不规则的破损痕迹。

侧架立柱磨耗板破损、窜出、丢失：破损时局部有缺失痕迹，窜出时有明显偏移或突出迹象，丢失时通过两侧对比该部位有明显空缺。

摇枕、减振弹簧折断、窜出、丢失：折断时断面呈黑色或灰白色不规则的断痕；窜出时与其他弹簧排列不规则，并突出侧架边沿；丢失时配件部位空缺。

若在此处发现制动梁、交叉杆脱落，要与“制动梁、摇枕”部位图对比判断。

（3）图 A3 检查范围及质量标准，如图 2-21 所示。

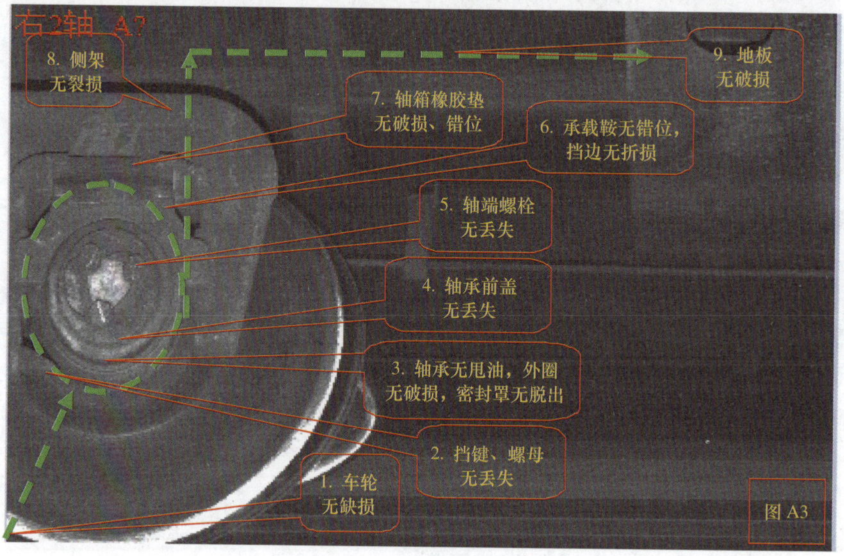

图 2-21　图 A3 检查范围及质量标准

> ⚠ 该部位存在的安全风险为轴端螺栓丢失、承载鞍错位、轴承外圈破损、轴承前盖裂损，发生此类故障易引发热轴故障，对行车安全构成威胁。

故障表征具体如下：

车轮缺损：车轮局部有缺失，缺失部位呈灰白色或黑色缺损痕迹。

挡键、螺母丢失：挡键、螺母缺失。

轴承甩油、外圈破损、密封罩脱出：甩油时侧架、承载鞍、摇枕弹簧及地板有油渍，外圈破损时局部有缺失痕迹，密封罩脱出一般伴有牙口处甩油。

轴承前盖丢失：丢失为轴端暴露在外。

轴端螺栓丢失：丢失为螺栓孔处呈黑洞状。

承载鞍错位、挡边折损：错位为承载鞍挡边与侧架上导框不平行，挡边折损为挡边处有缺失痕迹。

轴箱橡胶垫破损、错位：破损为灰白色或黑色的破损痕迹，错位为橡胶垫与侧架上导框不平行。

侧架裂损：裂损为有灰白色或黑色的裂纹或缺损痕迹。

地板破损：破损为局部呈黑色或灰白色，并有明显不规则的破损痕迹。

若在此处发现钩缓部故障时，要与“车钩钩缓”“互钩差”部位图对比判断。

2. 转 K5 型后台侧架

1）作业流程

后台侧架部位采用“凹”字检查法，图上部为列车运行方向左侧侧架，图下部为列车运行方向右侧侧架，虚线为鼠标运行轨迹，如图 2–22 所示。

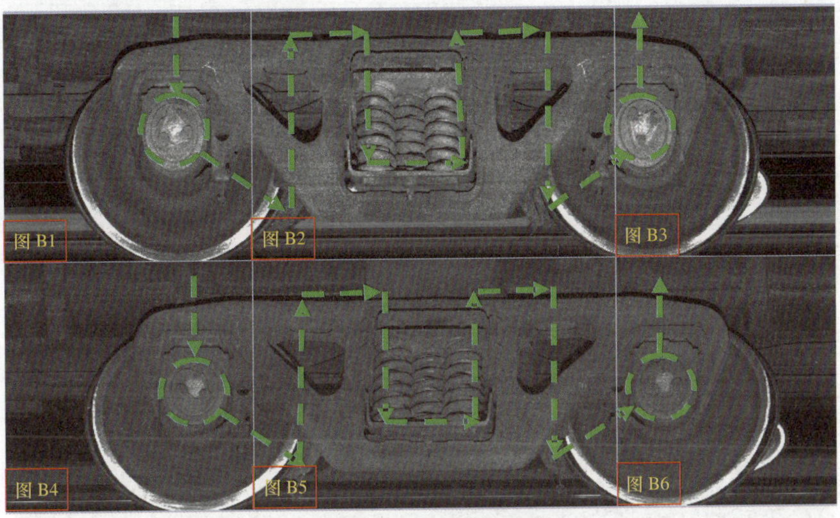

图 2–22　后台侧架部位采用“凹”字检查法

左侧侧架作业流程（右同左）：地板 1—侧架 1—承载鞍 1—轴承 1—挡键 1—车轮 1—闸瓦及闸瓦插销 1—地板 2—侧架主柱磨耗板 1—摇枕弹簧 1—弹簧托板折头螺栓—摇枕弹簧 2—侧架主柱磨耗板 2—地板 3—横跨梁—闸瓦及闸瓦插销 2—车轮 2—挡键 2—轴承 2—承载鞍 2—侧架 2—地板 4。

2）检查范围及质量标准

后台侧架部位合计由 6 张小图组成，上部 3 张图为左侧侧架，下部 3 张图为右侧侧架，右侧侧架与左侧侧架检查范围与质量标准一致。

左侧侧架图分解如下：

（1）图 B1 检查范围及质量标准，如图 2–23 所示。

> ⚠ 该部位存在的安全风险为轴端螺栓丢失、承载鞍错位、轴承外圈破损、轴承前盖裂损，发生此类故障易引发热轴故障，对行车安全构成威胁。

故障表征具体如下：

地板破损：破损为局部呈黑色或灰白色，并有明显不规则的破损痕迹。

侧架裂损：裂损为有灰白色或黑色的裂纹或缺损痕迹。

承载鞍错位、挡边折损：错位为承载鞍挡边与侧架上导框不平行，挡边折损为挡边处有缺失痕迹。

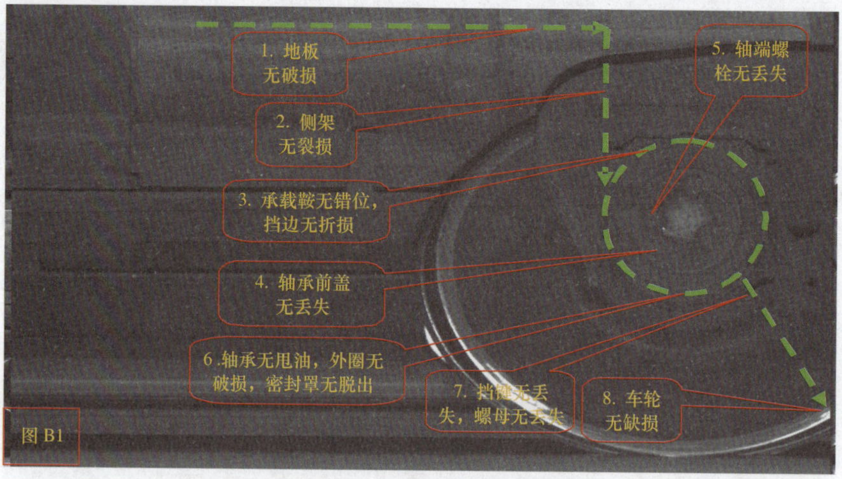

图 2-23　图 B1 检查范围及质量标准

轴承前盖丢失：丢失为轴端暴露在外。

轴端螺栓丢失：丢失为螺栓孔处呈黑洞状。

轴承甩油、外圈破损、密封罩脱出：甩油时侧架、承载鞍、摇枕弹簧及地板有油渍，外圈破损时局部有缺失痕迹，密封罩脱出一般伴有牙口处甩油。

挡键、螺母丢失：挡键、螺母缺失。

车轮缺损：车轮局部有缺失，缺失部位呈灰白色或黑色缺损痕迹。

（2）图 B2 检查范围及质量标准，见图 2-24。

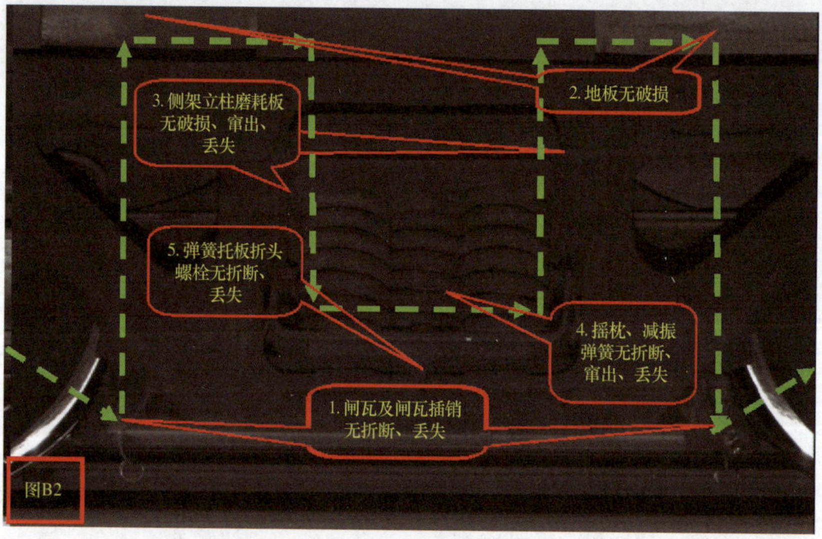

图 2-24　图 B2 检查范围及质量标准

该部位存在的安全风险为枕簧窜出、闸瓦插销丢失，易导致枕簧、闸瓦脱落，危及行车安全。

故障表征具体如下：

闸瓦及闸瓦插销折断、丢失：闸瓦下部折断时，可看到闸瓦有缺失；闸瓦插销丢失时，下部无法看到闸瓦插销及环，上部无法看到闸瓦插销顶部。

地板破损：破损为局部呈黑色或灰白色，并有明显不规则的破损痕迹。

侧架立柱磨耗板破损、窜出、丢失：破损时局部有缺失痕迹，窜出时有明显偏移或突出迹象，磨耗板丢失时通过两侧对比该部位有明显空缺。

摇枕、减振弹簧折断、窜出、丢失：折断时断面呈黑色或灰白色不规则的断痕；窜出时与其他弹簧排列不规则，并突出侧架边沿；丢失时配件部位空缺。

弹簧托板折头螺栓折断、丢失：折头螺栓丢失时该配件缺失。

若在此处发现制动梁故障，要与“制动梁、摇枕”部位图对比判断。

（3）图 B3 检查范围及质量标准，见图 2-25。

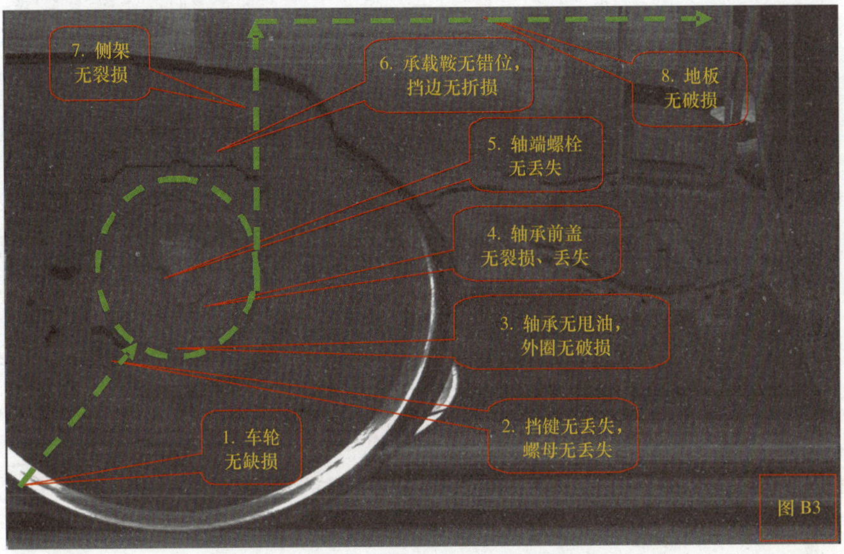

图 2-25　图 B3 检查范围及质量标准

> ⚠ 该部位存在的安全风险为轴端螺栓丢失、承载鞍错位、轴承外圈破损、轴承前盖裂损，发生此类故障易引发热轴故障，对行车安全构成威胁。

故障表征具体如下：

车轮缺损：车轮局部有缺失，缺失部位呈灰白色或黑色缺损痕迹。

挡键、螺母丢失：挡键、螺母缺失。

轴承甩油、外圈破损：甩油时侧架、承载鞍、摇枕弹簧及地板有油渍，外圈破损时局部有缺失痕迹。

轴承前盖裂损、丢失：裂损为灰白色或黑色的裂纹痕迹或缺损，丢失为轴端暴露在外。

轴端螺栓丢失：丢失为螺栓孔处呈黑洞状。

承载鞍错位、挡边折损：错位为承载鞍挡边与侧架上导框不平行，挡边折损为挡边处有缺失痕迹。

侧架裂损：裂损为有灰白色或黑色的裂纹或缺损痕迹。

地板破损：破损为局部呈黑色或灰白色，并有明显不规则的破损痕迹。

若在此处发现钩缓部故障时，要与“车钩钩缓”“互钩差”部位图对比判断。

3. 转 K2 型后台侧架

1）作业流程

后台侧架部位采用“凹”字检查法，图上部为列车运行方向左侧侧架，图下部为列车运行方向右侧侧架，虚线为鼠标运行轨迹，见图 2-26。

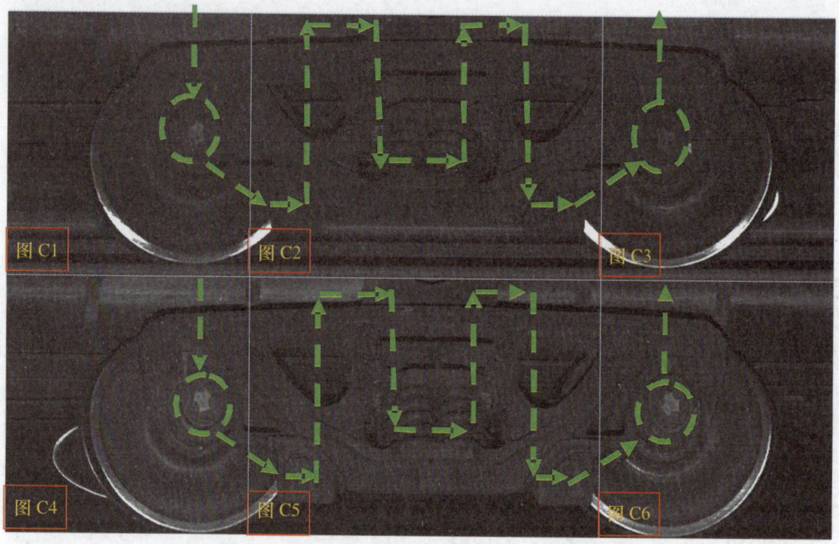

图 2-26　后台侧架部位采用“凹”字检查法

左侧侧架作业流程（右同左）：地板 1—侧架 1—承载鞍 1—轴承 1—挡键 1—车轮 1—交叉支撑装置 1—地板 2—斜楔 1—摇枕弹簧—斜楔 2—地板 3—横跨梁—交叉杆支撑装置 2—车轮 2—挡键 2—轴承 2—承载鞍 2—侧架 2—地板 4。

2）检查范围及质量标准

后台侧架部位合计由 6 张小图组成，上部 3 张图为左侧侧架，下部 3 张图为右侧侧架，右侧侧架与左侧侧架检查范围与质量标准一致。

左侧侧架图分解如下：

（1）图 C1 检查范围及质量标准，见图 2-27。

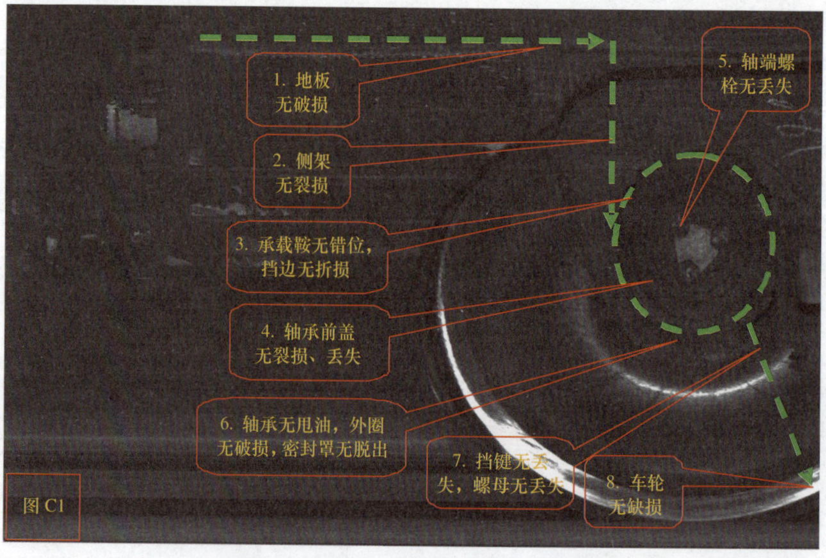

图 2-27　图 C1 检查范围及质量标准

⚠ 该部位存在的安全风险为轴端螺栓丢失、承载鞍错位、轴承外圈破损、轴承前盖裂损，发生此类故障易引发热轴故障，对行车安全构成威胁。

故障表征具体如下：

地板破损：破损为局部呈黑色或灰白色，并有明显不规则的破损痕迹。

侧架裂损：裂损为有灰白色或黑色的裂纹或缺损痕迹。

承载鞍错位、挡边折损：错位为承载鞍挡边与侧架上导框不平行，挡边折损为挡边处有缺失痕迹。

轴承前盖裂损、丢失：裂损为灰白色或黑色的裂纹痕迹或缺损，丢失为轴端暴露在外。

轴端螺栓丢失：丢失为螺栓孔处呈黑洞状。

轴承甩油、外圈破损、密封罩脱出：甩油时侧架、承载鞍、摇枕弹簧及地板有油渍，外圈破损时局部有缺失痕迹，密封罩脱出一般伴有牙口处甩油。

挡键、螺母丢失：挡键、螺母缺失。

车轮缺损：车轮局部有缺失，缺失部位呈灰白色或黑色缺损痕迹。

（2）图 C2 检查范围及质量标准，见图 2-28。

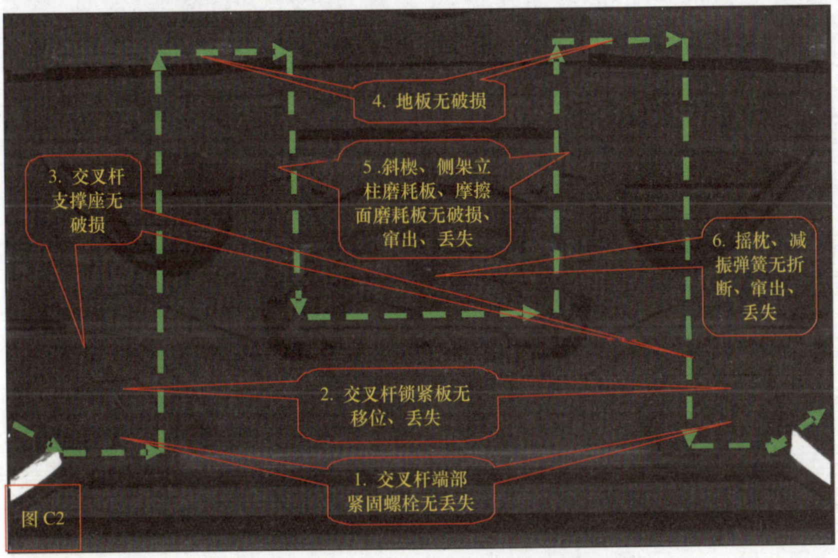

图 2-28 图 C2 检查范围及质量标准

⚠ 该部位存在的安全风险为交叉杆端部紧固螺栓丢失、枕簧窜出，以上故障易引发交叉杆脱落、枕簧窜出丢失，危及行车安全。

故障表征具体如下：

交叉杆端部紧固螺栓丢失：丢失时螺栓孔处呈黑洞状。

交叉杆锁紧板移位：移位时锁紧板与支撑座呈明显倾斜状态。

交叉杆支撑座破损：破损处呈灰白色或黑色破损痕迹。

地板破损：破损为局部呈黑色或灰白色，并有明显不规则的破损痕迹。

斜楔主磨耗板、侧架立柱磨耗板破损、窜出、丢失，摇枕斜楔摩擦面磨耗板窜出：破损时局部有缺失痕迹，窜出时有明显偏移或突出迹象，磨耗板丢失时通过两侧对比该部位有明显空缺。

摇枕、减振弹簧折断、窜出、丢失：折断时断面呈黑色或灰白色不规则的断痕；窜出时与其他弹簧排列不规则，并突出侧架边沿；丢失时配件部位空缺。

若在此处发现制动梁、交叉杆脱落，要与“制动梁、摇枕”部位图对比判断。

（3）图 C3 检查范围及质量标准，见图 2–29。

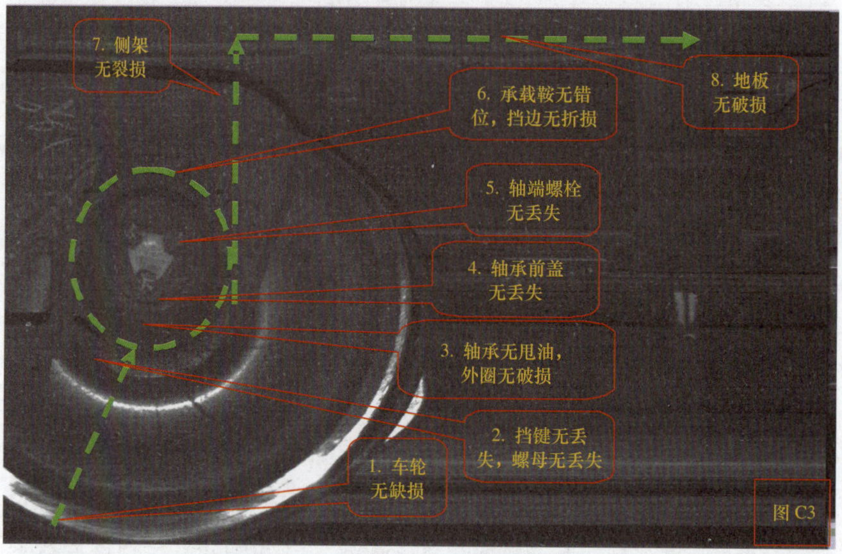

图 2–29　图 C3 检查范围及质量标准

⚠ 该部位存在的安全风险为轴端螺栓丢失、承载鞍错位、轴承外圈破损、轴承前盖裂损，发生此类故障易引发热轴故障，对行车安全构成威胁。

故障表征具体如下：

车轮缺损：车轮局部有缺失，缺失部位呈灰白色或黑色缺损痕迹。

挡键、螺母丢失：挡键、螺母缺失。

轴承甩油、外圈破损：甩油时侧架、承载鞍、摇枕弹簧及地板有油渍，外圈破损时局部有缺失痕迹。

轴承前盖丢失：丢失为轴端暴露在外。

轴端螺栓丢失：丢失为螺栓孔处呈黑洞状。

承载鞍错位、挡边折损：错位为承载鞍挡边与侧架上导框不平行，挡边折损为挡边处有缺失痕迹。

侧架裂损：裂损为有灰白色或黑色的裂纹或缺损痕迹。

地板破损：破损为局部呈黑色或灰白色，并有明显不规则的破损痕迹。

若在此处发现钩缓部故障时，要与“车钩钩缓”“互钩差”部位图对比判断。

4. 转 K4 型后台侧架

1）作业流程

后台侧架部位采用“凹”字检查法，图上部为列车运行方向左侧侧架，图下部为列车运行方向右侧侧架，虚线为鼠标运行轨迹，见图 2–30。

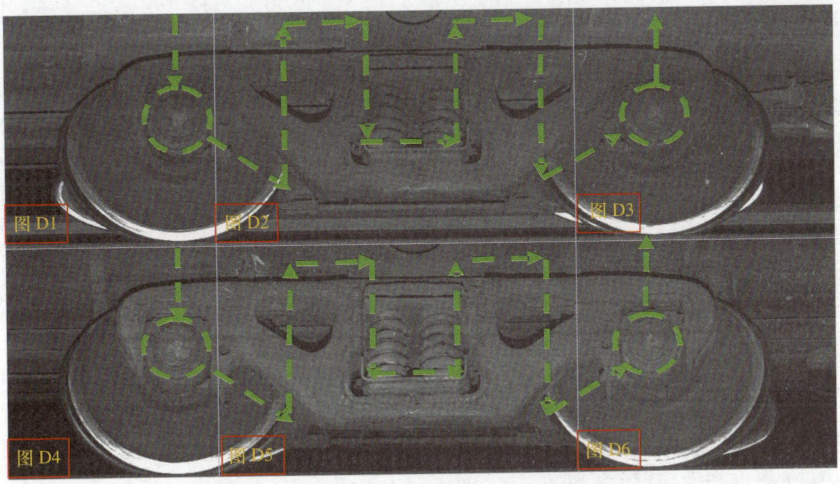

图 2-30　后台侧架部位采用“凹”字检查法

左侧侧架作业流程（右同左）：地板 1—侧架 1—承载鞍 1—轴承 1—挡键 1—车轮 1—闸瓦及闸瓦插销 1—地板 2—侧架主柱磨耗板 1—摇枕弹簧 1—弹簧托板折头螺栓—摇枕弹簧 2—侧架主柱磨耗板 2—地板 3—横跨梁—闸瓦及闸瓦插销 2—车轮 2—挡键 2—轴承 2—承载鞍 2—侧架 2—地板 4。

2）检查范围及质量标准

后台侧架部位合计由 6 张小图组成，上部 3 张图为左侧侧架，下部 3 张图为右侧侧架，右侧侧架与左侧侧架检查范围与质量标准一致。

左侧侧架图分解如下：

（1）图 D1 检查范围及质量标准，见图 2-31。

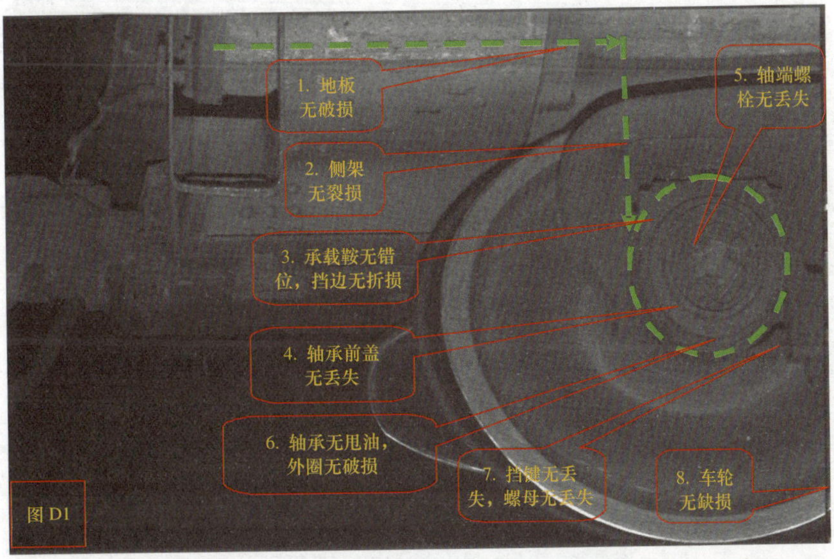

图 2-31　图 D1 检查范围及质量标准

该部位存在的安全风险为轴端螺栓丢失、承载鞍错位、轴承外圈破损、轴承前盖裂损，发生此类故障易引发热轴故障，对行车安全构成威胁。

故障表征具体如下：

地板破损：破损为局部呈黑色或灰白色，并有明显不规则的破损痕迹。

侧架裂损：裂损为有灰白色或黑色的裂纹或缺损痕迹。

承载鞍错位、挡边折损：错位为承载鞍挡边与侧架上导框不平行，挡边折损为挡边处有缺失痕迹。

轴承前盖丢失：丢失为轴端暴露在外。

轴端螺栓丢失：丢失为螺栓孔处呈黑洞状。

轴承甩油、外圈破损：甩油时侧架、承载鞍、摇枕弹簧及地板有油渍，外圈破损时局部有缺失痕迹。

挡键、螺母丢失：挡键、螺母缺失。

车轮缺损：车轮局部有缺失，缺失部位呈灰白色或黑色缺损痕迹。

（2）图 D2 检查范围及质量标准，见图 2-32。

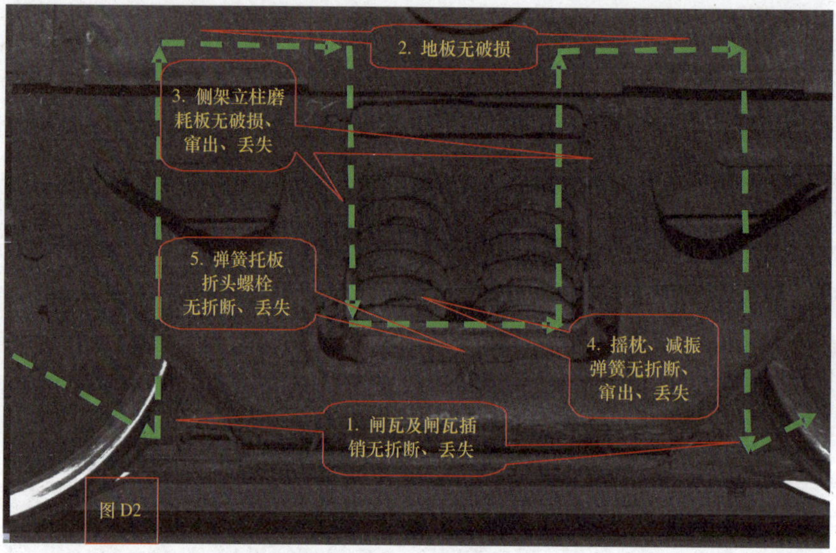

图 2-32　图 D2 检查范围及质量标准

⚠ 该部位存在的安全风险为枕簧窜出、闸瓦插销丢失，易导致枕簧、闸瓦脱落，危及行车安全。

故障表征具体如下：

闸瓦及闸瓦插销折断、丢失：闸瓦下部折断时，可看到有缺失；闸瓦插销丢失时，下部无法看到闸瓦插销及环，上部无法看到闸瓦插销顶部。

地板破损：破损为局部呈黑色或灰白色，并有明显不规则的破损痕迹。

侧架立柱磨耗板破损、窜出、丢失：破损时局部有缺失痕迹，窜出时有明显偏移或突出迹象，磨耗板丢失时通过两侧对比该部位有明显空缺。

摇枕、减振弹簧折断、窜出、丢失：折断时断面呈黑色或灰白色不规则的断痕；窜出时与其他弹簧排列不规则，并突出侧架边沿；丢失时配件部位空缺。

弹簧托板折头螺栓折断、丢失：折头螺栓丢失时该配件缺失。

若在此处发现制动梁故障，要与“制动梁、摇枕”部位图对比判断。

（3）图 D3 检查范围及质量标准，见图 2–33。

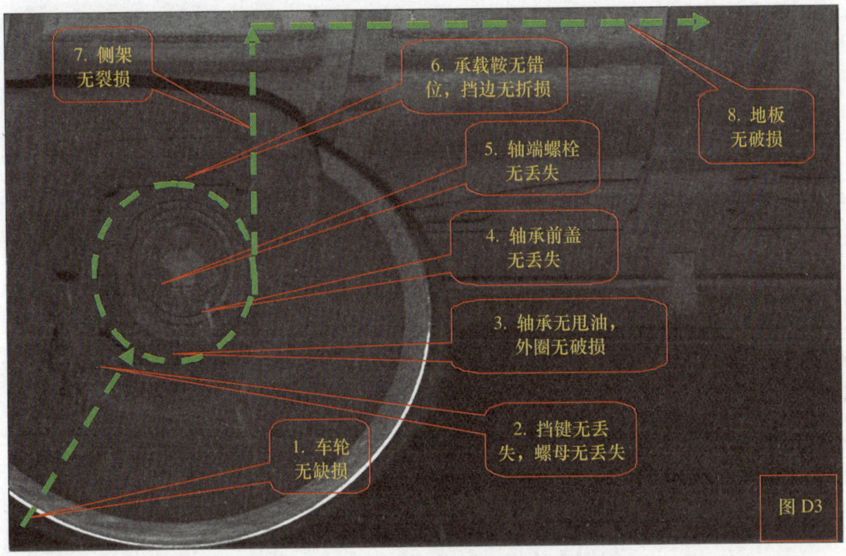

图 2–33　图 D3 检查范围及质量标准

该部位存在的安全风险为轴端螺栓丢失、承载鞍错位、轴承外圈破损、轴承前盖裂损，发生此类故障易引发热轴故障，对行车安全构成威胁。

故障表征具体如下：

车轮缺损：车轮局部有缺失，缺失部位呈灰白色或黑色缺损痕迹。

挡键、螺母丢失：挡键、螺母缺失。

轴承甩油、外圈破损：甩油时侧架、承载鞍、摇枕弹簧及地板有油渍，外圈破损时局部有缺失痕迹。

轴承前盖丢失：丢失为轴端暴露在外。

轴端螺栓丢失：丢失为螺栓孔处呈黑洞状。

承载鞍错位、挡边折损：错位为承载鞍挡边与侧架上导框不平行，挡边折损为挡边处有缺失痕迹。

侧架裂损：裂损为有灰白色或黑色的裂纹或缺损痕迹。

地板破损：破损为局部呈黑色或灰白色，并有明显不规则的破损痕迹。

若在此处发现钩缓部故障时，要与“车钩钩缓”“互钩差”部位图对比判断。

5. 其他型转向架前台侧架

1）作业流程

前台侧架部位采用“凹”字检查法，图上部为列车运行方向左侧侧架，图下部为列车运行方向右侧侧架。参考转 K2 型转向架进行作业。

2）检查范围及质量标准

前台侧架部位合计由 6 张小图组成，上部 3 张图为左侧侧架，下部 3 张图为右侧侧架，右侧侧架与左侧侧架检查范围与质量标准一致。检查范围与质量标准参考转 K2 型转向架。

工装设备

检查工装设备包括微机主机 1 台，显示器 1 台，键盘 1 个，鼠标 1 个，如表 2–1 所示。

表 2–1 工装设备

序号	名称	规格型号	单位	数量	备注
1	微机主机		台	1	
2	显示器		台	1	
3	键盘		个	1	
4	鼠标		个	1	

项目 3　TFDS 动态检查制动梁作业

作业介绍

1. 作业地点

各路局集团公司货车车辆段管辖运用车间动态检车室及各高等职业院校建设的 TFDS 动态检车（测）实训室。

2. 适用范围

适用于各路局集团公司货车车辆段管辖各列检作业场、动态检查作业场执行动态检查的作业人员、各高等职业院校铁道车辆技术等相关专业学生。

3. 人员要求

能够熟练掌握 TFDS 动态检查制动梁作业技能，从而满足 TFDS 动态检车员岗位需求。

4. 作业要点

（1）作业前须单击“刷新”按钮后开始动态检车。

（2）每幅图的动态检查时间不少于 2 s。

（3）图像需放大检查时，单击鼠标右键或双击鼠标左键进行放大检查。

（4）发现故障时，要通过三级菜单选择正确的故障名称进行添加。

（5）检查发现图像异常、无法正常作业时，要及时报告动态检车组长。

（6）检查发现典型故障及危及行车安全的故障时，要立即报告动态检车组长。

TFDS 动态检查制动梁作业流程

一辆车包车检查作业流程，包括：作业准备—单击“开始”按钮—前台侧架—后台侧架—前台制动梁—后台制动梁—车钩缓冲部—中间部Ⅰ—中间部Ⅱ—互钩差—中间部侧部Ⅰ—中间部侧部Ⅱ—车体侧面Ⅰ—车体侧面Ⅱ—车体侧面Ⅲ—车体侧面Ⅳ—2～N 辆车作业—完工整理。TFDS 动态检查制动梁作业流程，包括前台制动梁检查、后台制动梁检查，如图 3-1 所示。

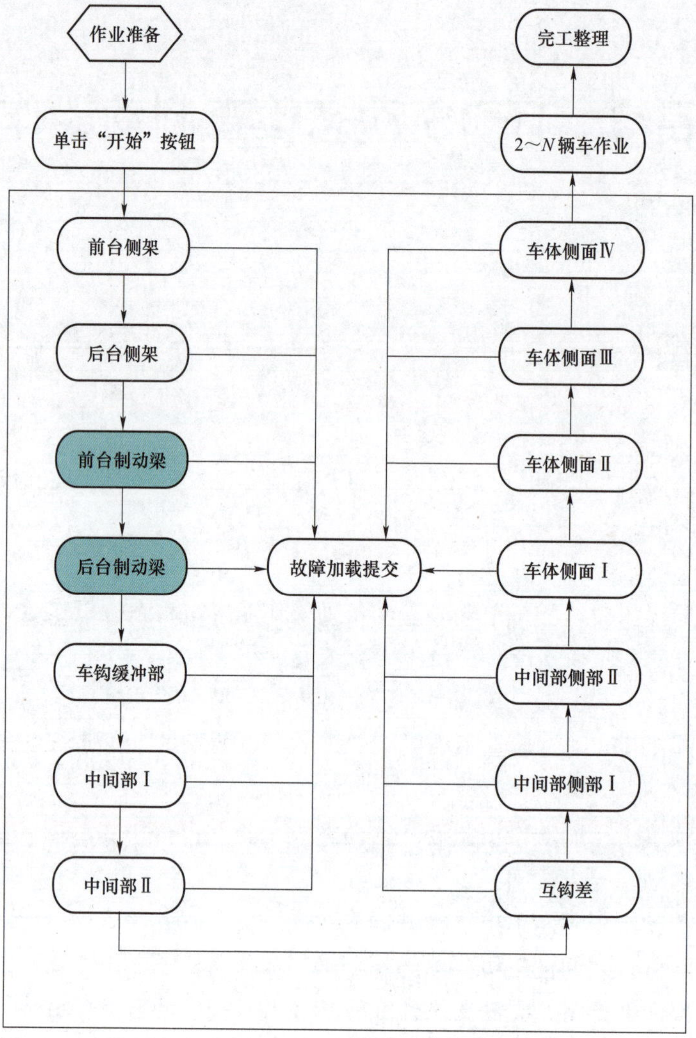

图 3-1　TFDS 动态检查制动梁作业流程

作业程序、标准及示范

任务 3.1　TFDS 动态检查前台制动梁作业

1. 转 K6 型前台制动梁

1）作业流程

前台制动梁采用“8”字检查法，图上部为运行方向第一轴制动梁部位，图下部为运行方向第二轴制动梁部位，虚线为鼠标运行轨迹，见图 3-2。

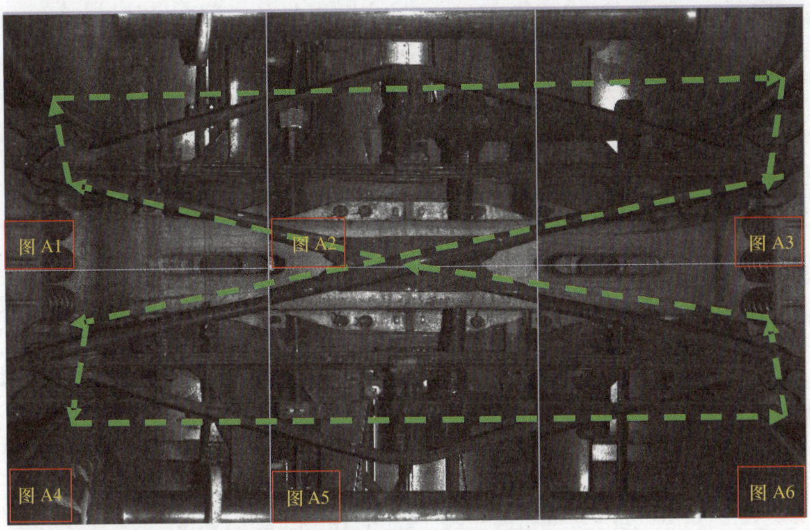

图 3-2　前台制动梁采用“8”字检查法

前台制动梁作业流程：摇枕 1—交叉杆 1—制动梁安全链 1—摇枕弹簧 1—安全索 1—制动梁 1—闸瓦及闸瓦插销 1—车轮 1—脱轨自动制动装置拉环 1—制动梁支柱及圆销、开口销 1—制动梁夹扣 1—中拉杆圆销、开口销 1—移动杠杆—上拉杆及圆销、开口销—制动梁安全链 2—制动梁 2—车轮 2—闸瓦及闸瓦插销 2—安全索 2—摇枕弹簧 2—摇枕 2—交叉杆 2—中拉杆—交叉杆扣板螺栓 1—心盘螺栓 1—摇枕 3—制动梁安全链 3—制动梁 3—交叉杆 3—摇枕弹簧 3—安全索 3—闸瓦及闸瓦插销 3—车轮 3—脱轨自动制动装置拉环 2—制动梁支柱及圆销、开口销 2—制动梁夹扣 2—中拉杆及圆销、开口销 2—固定杠杆—制动梁安全链 4—制动梁 4—车轮 4—闸瓦及闸瓦插销 4—安全索 4—摇枕弹簧 4—摇枕 4—交叉杆 4—摇枕 4—心盘螺栓 2—交叉杆扣板螺栓 2。

2）检查范围及质量标准

前台制动梁部位合计由 6 张小图组成，现将前台制动梁部位图分解如下：

（1）图 A1 检查范围及质量标准，见图 3-3。

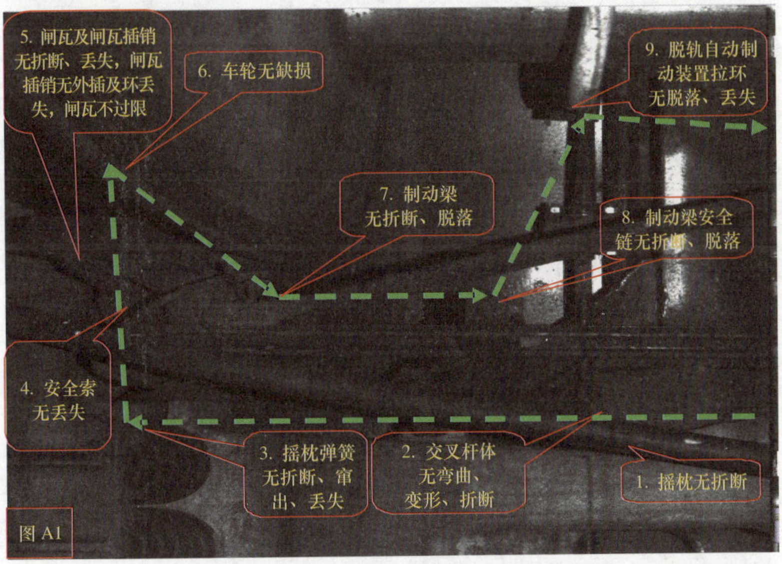

图 3-3　图 A1 检查范围及质量标准

⚠ 该部位存在的安全风险为制动梁折断脱落、交叉杆折断脱落、脱轨自动制动装置拉环脱落，以上配件脱落将严重危及行车安全；闸瓦丢失会造成制动梁受力不均衡折断及闸瓦磨托，闸瓦插销丢失会引起闸瓦脱落，也会危及行车安全。闸瓦插销丢失、闸瓦脱落、制动梁折断脱落、交叉杆折断为拦停故障，要立即通知动态检车组长。

故障表征具体如下：

摇枕折断：折断处有灰白色或黑色的裂纹痕迹或缺损。

交叉杆弯曲、变形、折断：交叉杆变形时局部不平直；折断时为黑印、亮痕或裂缝，较为严重的断裂处发生错位。

摇枕弹簧折断、窜出、丢失：折断时断面呈黑色或灰白色不规则的断痕；窜出时与其他弹簧排列不规则，并突出侧架边沿；丢失时配件部位空缺。

安全索丢失：丢失时安全索缺失。

闸瓦及闸瓦插销折断、丢失，闸瓦插销外插及环丢失，闸瓦过限：闸瓦丢失时只能看到闸瓦托，闸瓦缺失、折断为闸瓦部分缺失并有灰白色、黑色断痕；闸瓦插销丢失时，在闸瓦托下部插销孔处呈黑洞状，同时侧架部位无闸瓦插销窜出迹象；闸瓦插销安装不正确时，闸瓦插销会经闸瓦托外插，闸瓦与闸瓦托不密贴；闸瓦磨耗过限时，闸瓦厚度会明显变薄。

车轮缺损：车轮局部有缺失，缺失部位呈灰白色或黑色缺损痕迹。

制动梁折断、脱落：折断时断裂处发生错位，脱落时脱离原位置呈下垂状。

制动梁安全链折断、脱落：折断时有黑印、亮痕或裂缝，脱落时呈下垂状。

脱轨自动制动装置拉环脱落、丢失：发生脱落时严重倾斜磨车轴，完全脱落时可看到防脱拉环发生翻转；丢失时该配件部位空缺。

（2）图 A2 检查范围及质量标准，见图 3-4。

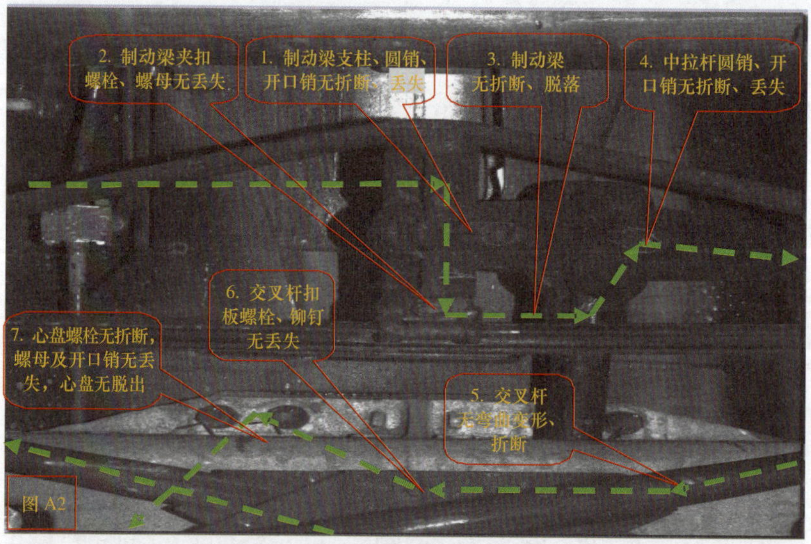

图 3-4　图 A2 检查范围及质量标准

⚠ 该部位存在的安全风险为制动梁折断脱落，制动梁支柱圆销、开口销丢失，中拉杆圆销、开口销丢失，交叉杆折断，以上故障易引发配件脱落，危及行车安全。交叉杆折断，制动梁折断脱落，制动梁支柱圆销、开口销丢失为拦停故障，要立即通知动态检车组长。

故障表征具体如下：

制动梁支柱圆销、开口销折断、丢失：拉铆销套环丢失、缺损、圆销折断有明显缺失痕迹，并伴有黑印或发亮的断痕；丢失时配件部位空缺，销孔处呈黑洞状；开口销折断时局部缺损，形状不完整。

制动梁夹扣螺栓、螺母丢失：螺栓丢失时螺栓孔处呈黑洞状，螺母丢失时螺栓周边无螺母轮廓线。

制动梁折断、脱落：制动梁折断时断裂处发生错位，脱落时脱离原位置呈下垂状。

中拉杆圆销、开口销折断、丢失：拉铆销套环丢失、缺损、圆销折断有明显缺失痕迹，并伴有黑印或发亮的断痕；丢失时配件部位空缺，销孔处呈黑洞状；开口销折断时局部缺损，形状不完整。

交叉杆弯曲、变形、折断：交叉杆弯曲、变形时局部不平直；折断时为黑印、亮痕或裂缝，较为严重的断裂处发生错位。

交叉杆扣板螺栓、铆钉丢失：丢失时螺栓孔处呈黑洞状。

心盘螺栓折断，螺母及开口销丢失，心盘脱出：螺栓折断时为黑印或亮痕，螺母丢失时螺栓头部轮廓小于其他螺栓，开口销丢失时螺栓处无劈开的配件；心盘脱出时几个螺栓均会显示黑印，且有明显的错位感。

固定、移动杠杆支点短尾拉铆圆销、套环丢失：套环丢失时有明显的铆钉端头螺纹，圆销丢失时有明显的空洞。

（3）图 A3 检查范围及质量标准，见图 3-5。

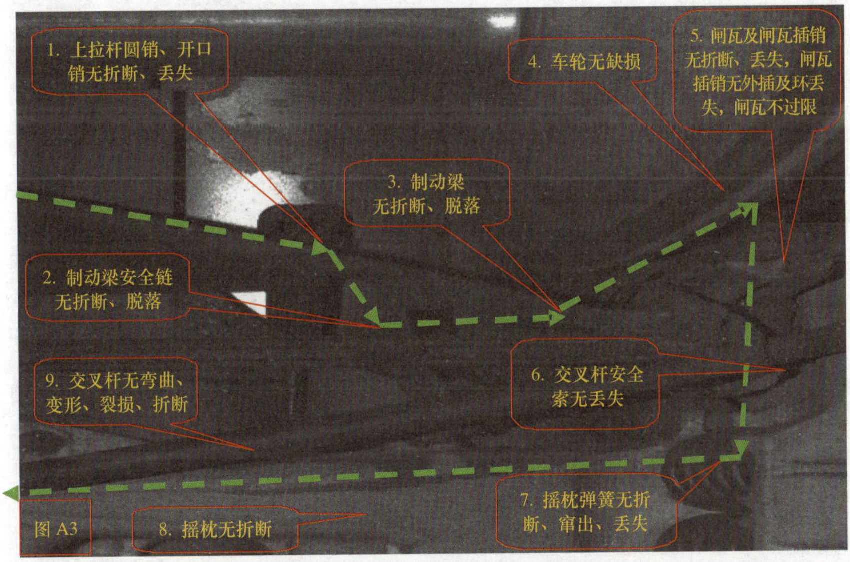

图 3-5　图 A3 检查范围及质量标准

⚠ 该部位存在的安全风险为制动梁折断脱落、交叉杆折断脱落，以上配件脱落严重危及行车安全；闸瓦丢失会造成制动梁受力不均衡折断及闸瓦磨托，闸瓦插销丢失会引起闸瓦脱落，也会危及行车安全。闸瓦插销丢失、闸瓦脱落、制动梁折断脱落、交叉杆折断为拦停故障，要立即通知动态检车组长。

故障表征具体如下：

上拉杆圆销、开口销折断、丢失：拉铆销套环丢失、缺损、圆销折断有明显缺失痕迹，并伴有黑印或发亮的断痕，丢失时配件部位空缺，销孔处呈黑洞状；开口销折断时局部缺损，形状不完整。

制动梁安全链折断、脱落：安全链折断时有黑印、亮痕或裂缝，脱落时呈下垂状。

制动梁折断、脱落：折断时断裂处发生错位；脱落时脱离原位置呈下垂状。

车轮缺损：车轮局部有缺失，缺失部位呈灰白色或黑色缺损痕迹。

闸瓦及闸瓦插销折断、丢失，闸瓦插销外插及环丢失，闸瓦过限：闸瓦丢失时只能看到闸瓦托，闸瓦缺失、折断为闸瓦部分缺失并有灰白色、黑色断痕；闸瓦插销丢失时，在闸瓦托图下部插销孔处呈黑洞状，同时侧架部位图无闸瓦插销窜出迹象。闸瓦插销安装不正确时，闸瓦插销会经闸瓦托外插，闸瓦与闸瓦托不密贴；闸瓦磨耗过限时闸瓦厚度会明显变薄。

摇枕弹簧折断、窜出、丢失：折断时断面呈黑色或灰白色不规则的断痕；窜出时与其他弹簧排列不规则，并突出侧架边沿；丢失时配件部位空缺。

摇枕折断：折断处有黑色的裂纹痕迹或缺损。

交叉杆弯曲、变形、裂损、折断：交叉杆弯曲时局部不平直，裂损为有灰白色或黑色的裂纹痕迹或缺损；折断时为黑印、亮痕或裂缝，较为严重的断裂处发生错位。

安全索丢失：丢失时安全索缺失。

（4）图 A4 检查范围及质量标准，见图 3-6。

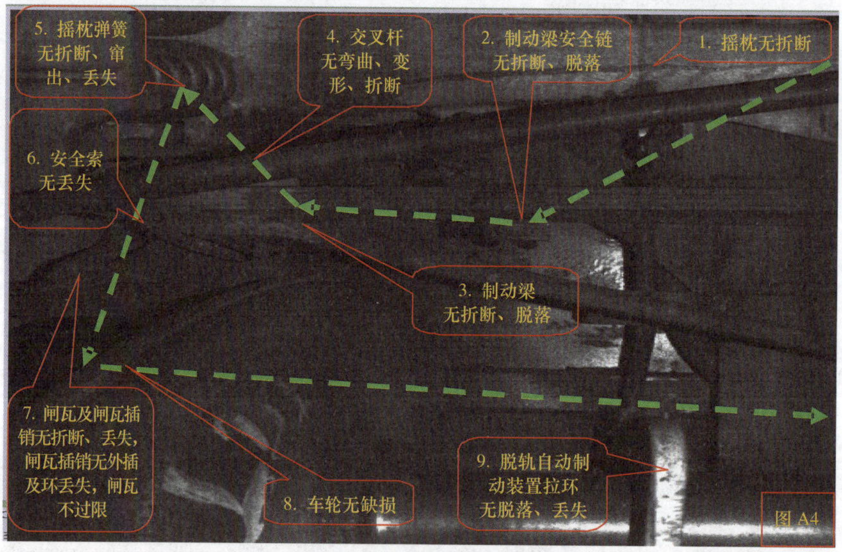

图 3-6　图 A4 检查范围及质量标准

> ⚠ 该部位存在的安全风险为制动梁折断脱落、交叉杆折断脱落、脱轨自动制动装置拉环脱落，以上配件脱落严重危及行车安全；闸瓦丢失会造成制动梁受力不均衡折断及闸瓦磨托，闸瓦插销丢失会引起闸瓦脱落，也会危及行车安全。闸瓦插销丢失、闸瓦脱落、制动梁折断脱落、交叉杆折断为拦停故障，要立即通知动态检车组长。

故障表征具体如下：

摇枕折断：折断处有灰白色或黑色的裂纹痕迹或缺损。

制动梁安全链折断、脱落：折断时有黑印、亮痕或裂缝，脱落时呈下垂状。

制动梁折断、脱落：折断时断裂处发生错位，脱落时脱离原位置呈下垂状。

交叉杆弯曲、变形、折断：交叉杆变形时局部不平直；折断时为黑印、亮痕或裂缝，较为严重的断裂处发生错位。

摇枕弹簧折断、窜出、丢失：折断时断面呈黑色或灰白色不规则的断痕；窜出时与其他弹簧排列不规则，并突出侧架边沿；丢失时配件部位空缺。

安全索丢失：丢失时安全索缺失。

闸瓦及闸瓦插销折断、丢失，闸瓦插销外插及环丢失，闸瓦过限：闸瓦丢失时只能看到闸瓦托，闸瓦缺失、折断为闸瓦部分缺失并有灰白色、黑色断痕；闸瓦插销丢失时，在闸瓦托下部插销孔处呈黑洞状，同时侧架部位无闸瓦插销窜出迹象；闸瓦插销安装不正确时，闸瓦插销会经闸瓦托外插，闸瓦与闸瓦托不密贴；闸瓦磨耗过限时闸瓦厚度会明显变薄。

车轮缺损：车轮局部有缺失，缺失部位呈灰白色或黑色缺损痕迹。

脱轨自动制动装置拉环脱落、丢失：发生脱落时严重倾斜磨车轴，完全脱落时可看到防脱拉环发生翻转；丢失时该配件部位空缺。

（5）图 A5 检查范围及质量标准，见图 3–7。

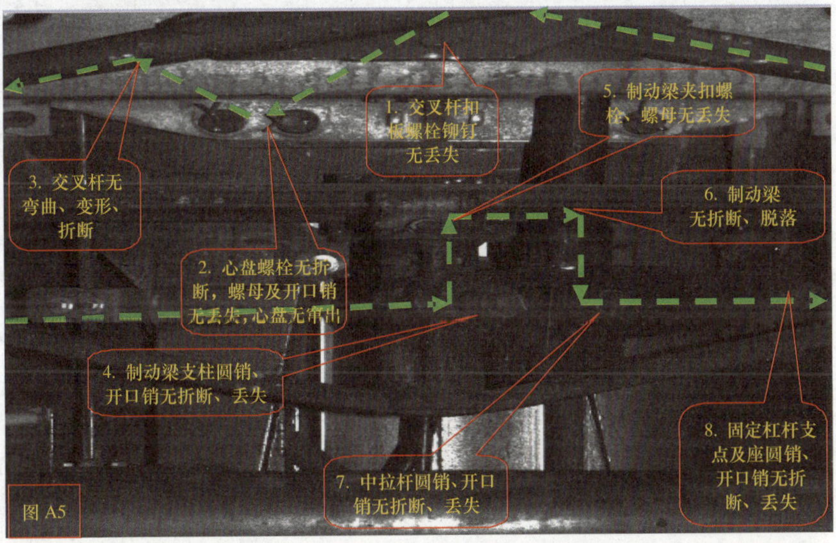

图 3–7　图 A5 检查范围及质量标准

> ⚠ 该部位存在的安全风险为制动梁折断脱落，制动梁支柱圆销、开口销丢失，中拉杆圆销、开口销丢失，交叉杆折断等，以上故障易引发配件脱落危及行车安全。交叉杆折断，制动梁折断脱落，制动梁支柱圆销、开口销丢失为拦停故障，要立即通知动态检车组长。

故障表征具体如下：

交叉杆扣板螺栓铆钉丢失：丢失时螺栓孔处呈黑洞状。

心盘螺栓折断、螺母丢失：螺栓折断时为黑印或亮痕，螺母丢失时螺栓头部轮廓小于其他螺栓。

交叉杆弯曲、变形、折断：交叉杆弯曲、变形时局部不平直；折断时为黑印、亮痕或裂缝，较为严重的断裂处发生错位。

制动梁支柱圆销、开口销折断、丢失：拉铆销套环丢失、缺损、圆销折断有明显缺失痕迹，并伴有黑印或发亮的断痕，丢失时配件部位空缺，销孔处呈黑洞状；开口销折断时局部缺损，形状不完整。

制动梁夹扣螺栓、螺母丢失：螺栓丢失时螺栓孔处呈黑洞状，螺母丢失时螺栓周边无螺母轮廓线。

制动梁折断、脱落：折断时断裂处发生错位，脱落时脱离原位置呈下垂状。

中拉杆圆销、开口销折断、丢失：拉铆销套环丢失、缺损、圆销折断有明显缺失痕迹，并伴有黑印或发亮的断痕，丢失时配件部位空缺，销孔处呈黑洞状；开口销折断时局部缺损，形状不完整。

固定杠杆支点及座圆销、开口销折断、丢失：拉铆销套环丢失、缺损、圆销折断有明显缺失痕迹，并伴有黑印或发亮的断痕，丢失时配件部位空缺，销孔处呈黑洞状；开口销折断时局部缺损，形状不完整。

（6）图A6检查范围及质量标准，见图3–8。

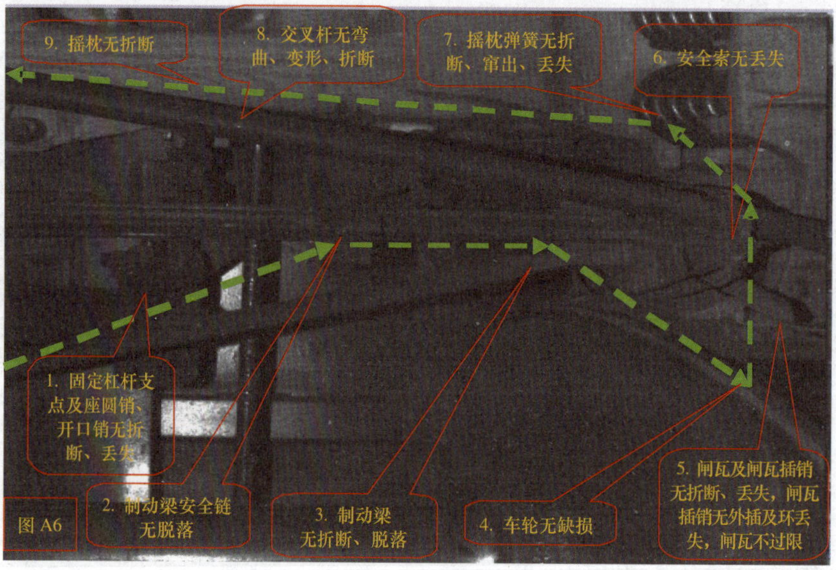

图3–8　图A6检查范围及质量标准

> ⚠ 该部位存在的安全风险为制动梁折断脱落、交叉杆折断脱落，以上配件脱落严重危及行车安全；闸瓦丢失会造成制动梁受力不均衡折断及闸瓦磨托，闸瓦插销丢失会引起闸瓦脱落，也会危及行车安全。闸瓦插销丢失、闸瓦脱落、制动梁折断脱落、交叉杆折断为拦停故障，要立即通知动态检车组长。

故障表征具体如下：

固定杠杆支点及座圆销、开口销折断、丢失：拉铆销套环丢失、缺损、圆销折断有明显缺失痕迹，并伴有黑印或发亮的断痕，丢失时配件部位空缺，销孔处呈黑洞状；开口销折断时局部缺损，形状不完整。

制动梁安全链脱落：安全链脱落时呈下垂状。

制动梁折断、脱落：折断时断裂处发生错位，脱落时脱离原位置呈下垂状。

车轮缺损：车轮局部有缺失，缺失部位呈灰白色或黑色缺损痕迹。

闸瓦及闸瓦插销折断、丢失，闸瓦插销外插及环丢失，闸瓦过限：闸瓦丢失时只能看到闸瓦托，闸瓦缺失、折断为闸瓦部分缺失并有灰白色、黑色断痕；闸瓦插销丢失时，在闸瓦托下部插销孔处呈黑洞状，同时侧架部位无闸瓦插销窜出迹象；闸瓦插销安装不正确时，闸瓦插销会经闸瓦托外插，闸瓦与闸瓦托不密贴；闸瓦磨耗过限时闸瓦厚度会明显变薄。

安全索丢失：丢失时安全索缺失。

摇枕弹簧折断、窜出、丢失：折断时断面呈黑色或灰白色不规则的断痕；窜出时与其他弹簧排列不规则，并突出侧架边沿；丢失时配件部位空缺。

交叉杆弯曲、变形、折断：交叉杆、弯曲变形时局部不平直；折断时为黑印、亮痕或裂缝，较为严重的断裂处发生错位。

摇枕折断：折断处有灰白色或黑色的裂纹痕迹或缺损。

2. 转K5型前台制动梁

1）作业流程

前台制动梁采用"Z"字检查法，图上部为运行方向第一轴制动梁部位，图下部为运行方向第二轴制动梁部位，虚线为鼠标运行轨迹，见图3–9。

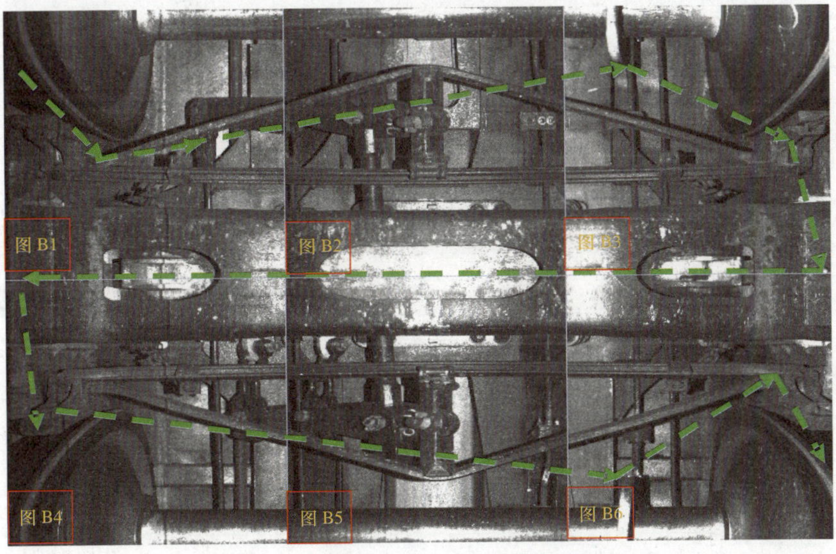

图3–9 前台制动梁采用"Z"字检查法

前台制动梁作业流程：车轮1—闸瓦及闸瓦插销1—制动梁1—制动梁安全链1—上拉杆及圆销、开口销—移动杠杆—中拉杆及圆销、开口销1—制动梁支柱及圆销、开口销1—制动梁夹扣1—脱轨自动制动装置拉环1—制动梁安全链2—制动梁2—车轮2—闸瓦及闸瓦插销2—弹簧托板1—弹簧托板2—闸瓦及闸瓦插销3—车轮3—制动梁3—制动梁安全链3—固定杠杆支点圆销、开口销—中拉杆及圆销、开口销2—制动梁支柱及圆销、开口销2—制动梁夹扣2—脱轨自动制动装置拉环2—制动梁安全链4—制动梁4—闸瓦及闸瓦插销4—车轮4。

2）检查范围及质量标准

前台制动梁部位合计由6张小图组成，现将前台制动梁部位图分解如下：

（1）图 B1 检查范围及质量标准，见图 3-10。

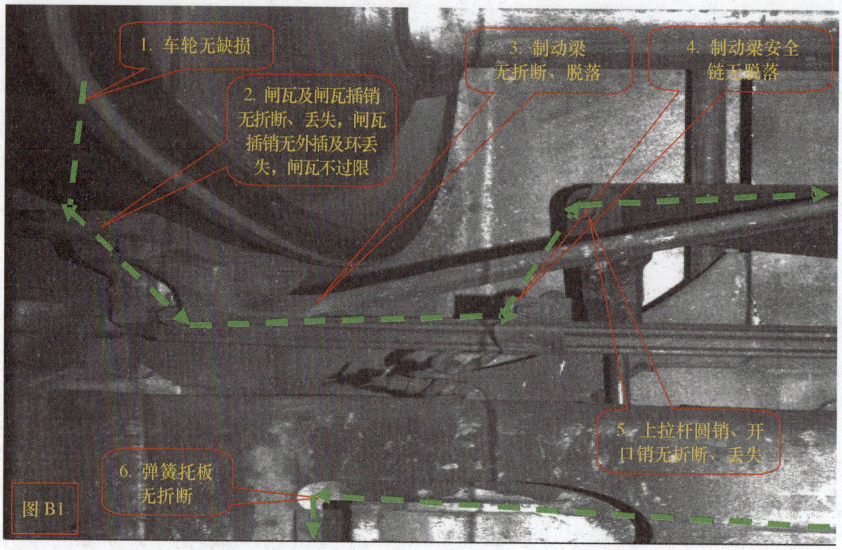

图 3-10　图 B1 检查范围及质量标准

⚠ 该部位存在的安全风险为制动梁折断脱落、弹簧托板折断，以上配件脱落严重危及行车安全；闸瓦丢失会造成制动梁受力不均衡折断及闸瓦磨托，闸瓦插销丢失会引起闸瓦脱落，也会危及行车安全。闸瓦插销丢失、闸瓦脱落、制动梁折断脱落、弹簧托板折断为拦停故障，要立即通知动态检车组长。

故障表征具体如下：

车轮缺损：车轮局部有缺失，缺失部位呈灰白色或黑色缺损痕迹。

闸瓦及闸瓦插销折断、丢失，闸瓦插销外插及环丢失，闸瓦过限：闸瓦丢失时只能看到闸瓦托，闸瓦缺失、折断为闸瓦部分缺失并有灰白色、黑色断痕；闸瓦插销丢失时，在闸瓦托下部插销孔处呈黑洞状，同时侧架部位无闸瓦插销窜出迹象；闸瓦插销安装不正确时，闸瓦插销会经闸瓦托外插，闸瓦与闸瓦托不密贴；闸瓦磨耗过限时闸瓦厚度会明显变薄。

制动梁折断、脱落：折断时断裂处发生错位，脱落时脱离原位置呈下垂状。

制动梁安全链脱落：安全链脱落时呈下垂状。

上拉杆圆销、开口销折断、丢失：拉铆销套环丢失、缺损、圆销折断有明显缺失痕迹，并伴有黑印或发亮的断痕，丢失时配件部位空缺，销孔处呈黑洞状；开口销折断时局部缺损，形状不完整。

弹簧托板折断：折断为有灰白色或黑色的裂纹或缺损痕迹。

（2）图 B2 检查范围及质量标准，见图 3-11。

⚠ 该部位存在的安全风险为制动梁折断脱落，制动梁支柱圆销、开口销丢失，中拉杆圆销、开口销丢失，以上故障易引发配件脱落，危及行车安全。制动梁折断脱落，制动梁支柱圆销、开口销丢失为拦停故障，要立即通知动态检车组长。

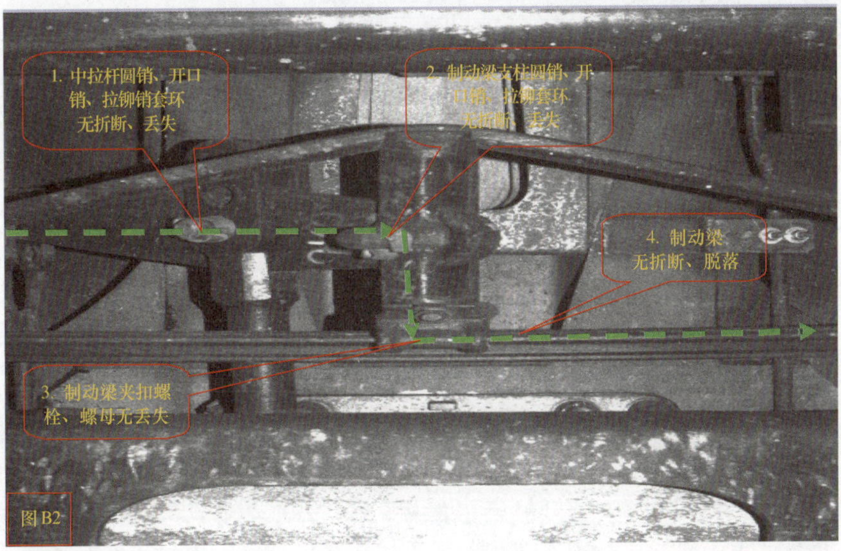

图 3-11　图 B2 检查范围及质量标准

故障表征具体如下：

中拉杆圆销、开口销、拉铆销套环折断、丢失：拉铆销套环丢失、缺损、圆销折断有明显缺失痕迹，并伴有黑印或发亮的断痕，丢失时配件部位空缺，销孔处呈黑洞状；开口销折断时局部缺损，形状不完整。

制动梁支柱圆销、开口销、拉铆销套环折断、丢失：拉铆销套环丢失、缺损、圆销折断有明显缺失痕迹，并伴有黑印或发亮的断痕，丢失时配件部位空缺，销孔处呈黑洞状；开口销折断时局部缺损，形状不完整。

制动梁夹扣螺栓、螺母丢失：螺栓丢失时螺栓孔处呈黑洞状，螺母丢失时螺栓周边无螺母轮廓线。

制动梁折断、脱落：制动梁折断时断裂处发生错位，脱落时脱离原位置呈下垂状。

（3）图 B3 检查范围及质量标准，见图 3-12。

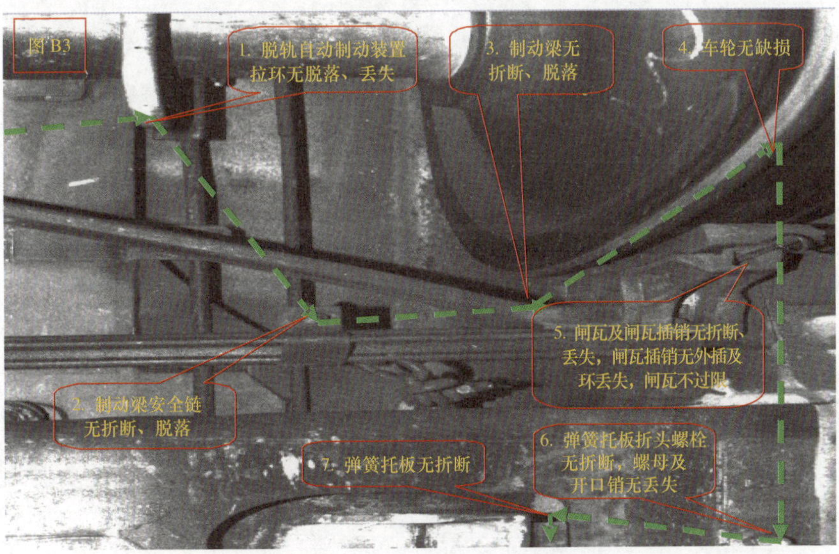

图 3-12　图 B3 检查范围及质量标准

⚠ 该部位存在的安全风险为制动梁折断脱落、脱轨自动制动装置拉环脱落、弹簧托板折断，以上配件脱落严重危及行车安全；闸瓦丢失会造成制动梁受力不均衡折断及闸瓦磨托，闸瓦插销丢失会引起闸瓦脱落，也会危及行车安全。闸瓦插销丢失、闸瓦脱落、制动梁折断脱落、弹簧托板折断为拦停故障，要立即通知动态检车组长。

故障表征具体如下：

脱轨自动制动装置拉环脱落、丢失：发生脱落时严重倾斜磨车轴，完全脱落时可看到防脱拉环发生翻转；丢失时该配件部位空缺。

制动梁安全链折断、脱落：安全链折断时有黑印、亮痕或裂缝，脱落时呈下垂状。

制动梁折断、脱落：折断时断裂处发生错位，脱落时脱离原位置呈下垂状。

车轮缺损：车轮局部有缺失，缺失部位呈灰白色或黑色缺损痕迹。

闸瓦及闸瓦插销折断、丢失，闸瓦插销外插及环丢失，闸瓦过限：闸瓦丢失时只能看到闸瓦托，闸瓦缺失、折断为闸瓦部分缺失并有灰白色、黑色断痕；闸瓦插销丢失时，在闸瓦托下部插销孔处呈黑洞状，同时侧架部位无闸瓦插销窜出迹象；闸瓦插销安装不正确时，闸瓦插销会经闸瓦托外插，闸瓦与闸瓦托不密贴；闸瓦磨耗过限时闸瓦厚度会明显变薄。

弹簧托板折头螺栓折断、螺母及开口销丢失：折头螺栓折断时为灰白色断痕，丢失为螺栓孔处呈黑洞状。

弹簧托板折断：折断为有灰白色或黑色的裂纹或缺损痕迹。

（4）图 B4 检查范围及质量标准，见图 3-13。

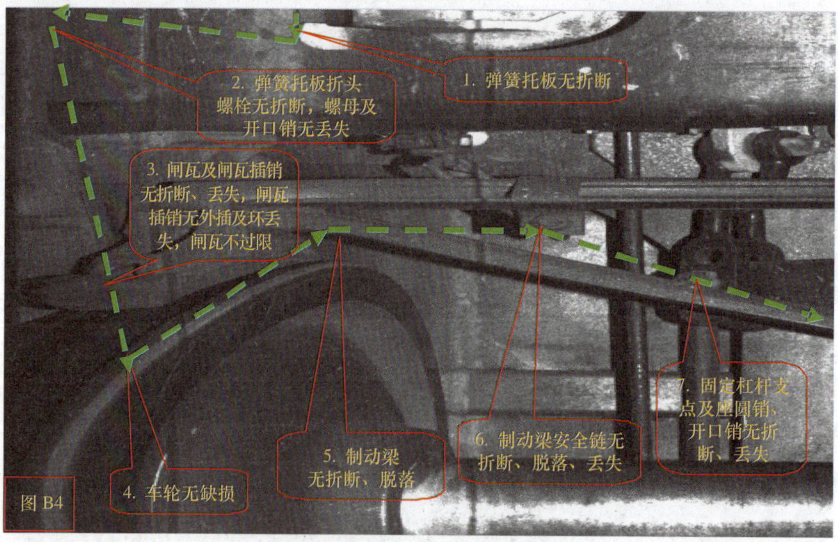

图 3-13　图 B4 检查范围及质量标准

⚠ 该部位存在的安全风险为制动梁折断脱落，弹簧托板折断，以上配件脱落严重危及行车安全；闸瓦丢失会造成制动梁受力不均衡折断及闸瓦磨托，闸瓦插销丢失会引起闸瓦脱落，也会危及行车安全。闸瓦插销丢失、闸瓦脱落、制动梁折断脱落、弹簧托板折断为拦停故障，要立即通知动态检车组长。

故障表征具体如下：

弹簧托板折断：折断为有灰白色或黑色的裂纹或缺损痕迹。

弹簧托板折头螺栓折断、螺母及开口销丢失：弹簧托板折头螺栓折断时为灰白色断痕，丢失为螺栓孔处呈黑洞状。

闸瓦及闸瓦插销折断、丢失，闸瓦插销外插、插销环丢失，闸瓦过限：闸瓦丢失时只能看到闸瓦托，闸瓦缺失、折断为闸瓦部分缺失并有灰白色、黑色断痕；闸瓦插销丢失时，在闸瓦托下部插销孔处呈黑洞状，同时侧架部位无闸瓦插销窜出迹象；闸瓦插销安装不正确时，闸瓦插销会经闸瓦托外插，闸瓦与闸瓦托不密贴；闸瓦磨耗过限时闸瓦厚度会明显变薄。

车轮缺损：车轮局部有缺失，缺失部位呈灰白色或黑色缺损痕迹。

制动梁折断、脱落：折断时断裂处发生错位，脱落时脱离原位置呈下垂状。

制动梁安全链折断、脱落：安全链折断时有黑印、亮痕或裂缝，脱落时呈下垂状。

固定杠杆支点及座圆销、开口销折断、丢失：拉铆销套环丢失、缺损、圆销折断有明显缺失痕迹，并伴有黑印或发亮的断痕，丢失时配件部位空缺，销孔处呈黑洞状；开口销折断时局部缺损，形状不完整。

（5）图B5检查范围及质量标准，见图3-14。

图3-14 图B5检查范围及质量标准

> ⚠ 该部位存在的安全风险为制动梁折断脱落，制动梁支柱圆销、开口销丢失，中拉杆圆销、开口销丢失，以上故障易引发配件脱落危及行车安全。制动梁折断脱落，制动梁支柱圆销、开口销丢失为拦停故障，要立即通知动态检车组长。

故障表征具体如下：

固定杠杆支点及座圆销、开口销折断、丢失：拉铆销套环丢失、缺损、圆销折断有明显缺失痕迹，并伴有黑印或发亮的断痕，丢失时配件部位空缺，销孔处呈黑洞状；开口销折断时局部缺损，形状不完整。

中拉杆圆销、开口销折断、丢失：拉铆销套环丢失、缺损、圆销折断有明显缺失痕迹，并伴有黑印或发亮的断痕，丢失时配件部位空缺，销孔处呈黑洞状；开口销折断时局部缺损，形状不完整。

制动梁支柱圆销、开口销折断、丢失：拉铆销套环丢失、缺损、圆销折断有明显缺失痕迹，并伴有黑印或发亮的断痕，丢失时配件部位空缺，销孔处呈黑洞状；开口销折断时局部缺损，形状不完整。

制动梁夹扣螺栓、螺母丢失：螺栓丢失时螺栓孔处呈黑洞状，螺母丢失时螺栓周边无螺母轮廓线。

制动梁折断、脱落：折断时断裂处发生错位，脱落时脱离原位置呈下垂状。

（6）图 B6 检查范围及质量标准，见图 3-15。

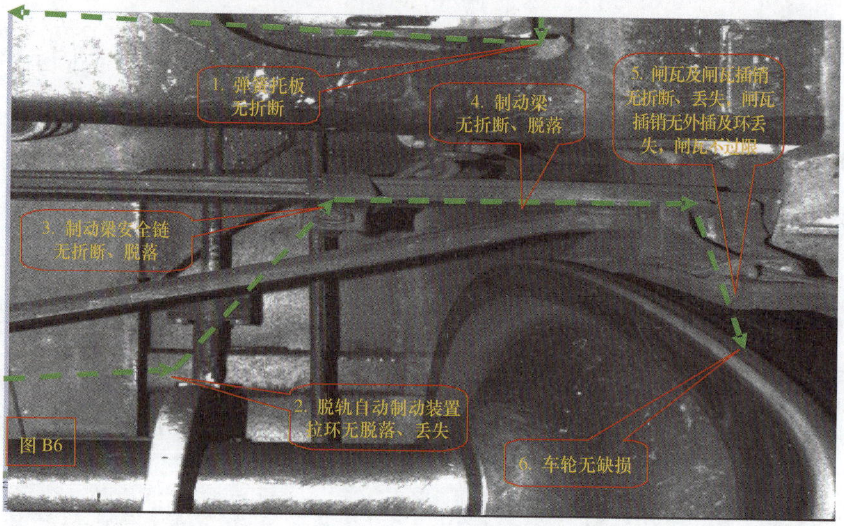

图 3-15　图 B6 检查范围及质量标准

> 该部位存在的安全风险为制动梁折断脱落、脱轨自动制动装置拉环脱落、弹簧托板折断，以上配件脱落严重危及行车安全；闸瓦丢失会造成制动梁受力不均衡折断及闸瓦磨托，闸瓦插销丢失会引起闸瓦脱落，也会危及行车安全。闸瓦插销丢失、闸瓦脱落、制动梁折断脱落、弹簧托板折断为拦停故障，要立即通知动态检车组长。

故障表征具体如下：

弹簧托板折断：折断为有灰白色或黑色的裂纹或缺损痕迹。

脱轨自动制动装置拉环脱落、丢失：发生脱落时严重倾斜磨车轴，完全脱落时可看到防脱拉环发生翻转；丢失时该配件部位空缺。

制动梁安全链折断、脱落：安全链折断时有黑印、亮痕或裂缝，脱落时呈下垂状。

制动梁折断、脱落：折断时断裂处发生错位，脱落时脱离原位置呈下垂状。

闸瓦及闸瓦插销折断、丢失，闸瓦插销外插及环丢失，闸瓦过限：闸瓦丢失时只能看到闸瓦托，闸瓦缺失、折断为闸瓦部分缺失并有灰白色、黑色断痕；闸瓦插销丢失时，在闸瓦托下部插销孔处呈黑洞状，同时侧架部位无闸瓦插销窜出迹象；闸瓦插销安装不正确时，闸瓦插销会经闸瓦托外插，闸瓦与闸瓦托不密贴；闸瓦磨耗过限时闸瓦厚度会明显变薄。

车轮缺损：车轮局部有缺失，缺失部位呈灰白色或黑色缺损痕迹。

任务 3.2 TFDS 动态检查后台制动梁作业

1. 转 K6 型后台制动梁

1）作业流程

后台制动梁采用“8”字检查法，图上部为运行方向第一轴制动梁部位，图下部为运行方向第二轴制动梁部位，虚线为鼠标运行轨迹，见图 3-16。

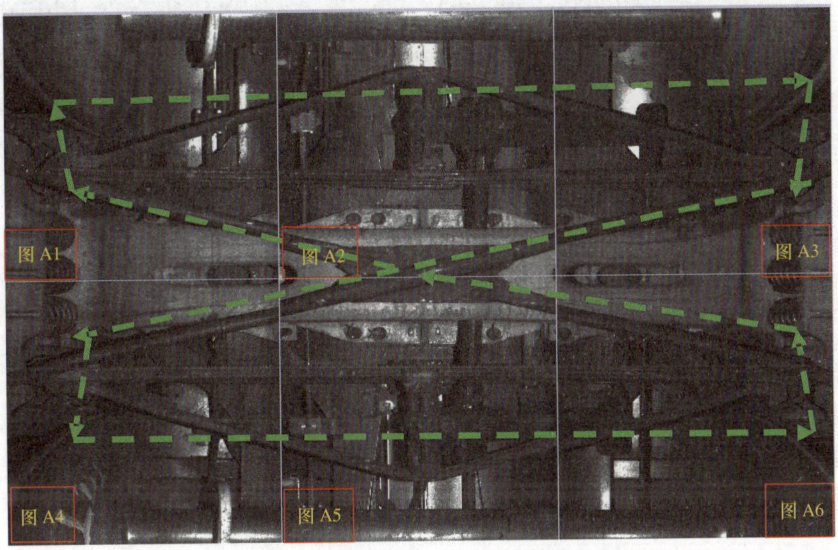

图 3-16 后台制动梁采用“8”字检查法

后台制动梁作业流程：摇枕 1—交叉杆 1—制动梁安全链 1—摇枕弹簧 1—安全索 1—制动梁 1—闸瓦及闸瓦插销 1—车轮 1—脱轨自动制动装置拉环 1—制动梁支柱及圆销、开口销 1—制动梁夹扣 1—中拉杆及圆销、开口销 1—移动杠杆—上拉杆及圆销、开口销—制动梁安全链—制动梁 2—车轮 2—闸瓦及闸瓦插销 2—安全索 2—摇枕弹簧 2—摇枕 2—交叉杆 2—中拉杆—交叉杆扣板螺栓 1—心盘螺栓 1—摇枕 3—制动梁安全链 3—制动梁 3—交叉杆 3—摇枕弹簧 3—安全索 3—闸瓦及闸瓦插销 3—车轮 3—脱轨自动制动装置拉环 2—制动梁支柱及圆销、开口销 2—制动梁夹扣 2—中拉杆及圆销、开口销 2—固定杠杆—制动梁安全链 4—制动梁 4—车轮 4—闸瓦闸瓦及闸瓦插销 4—安全索 4—摇枕弹簧 4—摇枕 4—交叉杆 4—摇枕 4—心盘螺栓 2—交叉杆扣板螺栓 2。

2）检查范围及质量标准

后台制动梁部位合计由 6 张小图组成，现将后台制动梁部位图分解如下：

（1）图 A1 检查范围及质量标准，见图 3-17。

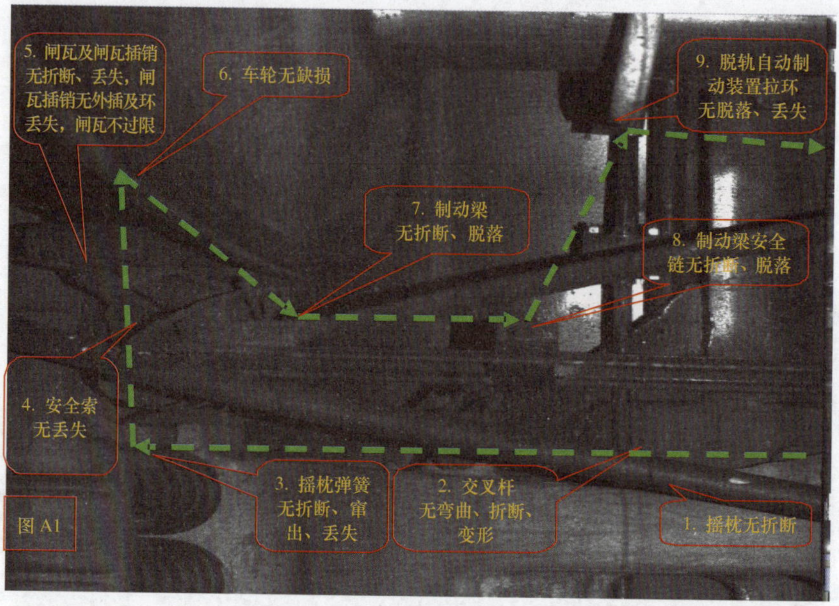

图 3-17　图 A1 检查范围及质量标准

该部位存在的安全风险为制动梁折断脱落、交叉杆折断脱落、脱轨自动制动装置拉环脱落，以上配件脱落严重危及行车安全；闸瓦丢失会造成制动梁受力不均衡折断及闸瓦磨托，闸瓦插销丢失会引起闸瓦脱落，也会危及行车安全。闸瓦插销丢失、闸瓦脱落、制动梁折断脱落、交叉杆折断为拦停故障，要立即通知动态检车组长。

故障表征具体如下：

摇枕折断：折断处有灰白色或黑色的裂纹痕迹或缺损。

交叉杆弯曲、变形、折断：交叉杆变形时局部不平直；折断时为黑印、亮痕或裂缝，较为严重的断裂处发生错位。

摇枕弹簧折断、窜出、丢失：折断时断面呈黑色或灰白色不规则的断痕；窜出时与其他弹簧排列不规则，并突出侧架边沿；丢失时配件部位空缺。

安全索丢失：丢失时安全索缺失。

闸瓦及闸瓦插销折断、丢失，闸瓦插销外插及环丢失，闸瓦过限：闸瓦丢失时只能看到闸瓦托，闸瓦缺失、折断为闸瓦部分缺失并有灰白色、黑色断痕；闸瓦插销丢失时，在闸瓦托下部插销孔处呈黑洞状，同时侧架部位无闸瓦插销窜出迹象；闸瓦插销安装不正确时，闸瓦插销会经闸瓦托外插，闸瓦与闸瓦托不密贴；闸瓦磨耗过限时闸瓦厚度会明显变薄。

车轮缺损：车轮局部有缺失，缺失部位呈灰白色或黑色缺损痕迹。

制动梁折断、脱落：折断时断裂处发生错位，脱落时脱离原位置呈下垂状。

制动梁安全链折断、脱落：折断时有黑印、亮痕或裂缝，脱落时呈下垂状。

脱轨自动制动装置拉环脱落、丢失：发生脱落时严重倾斜磨车轴，完全脱落时可看到防脱拉环发生翻转；丢失时该配件部位空缺。

（2）图 A2 检查范围及质量标准，见图 3-18。

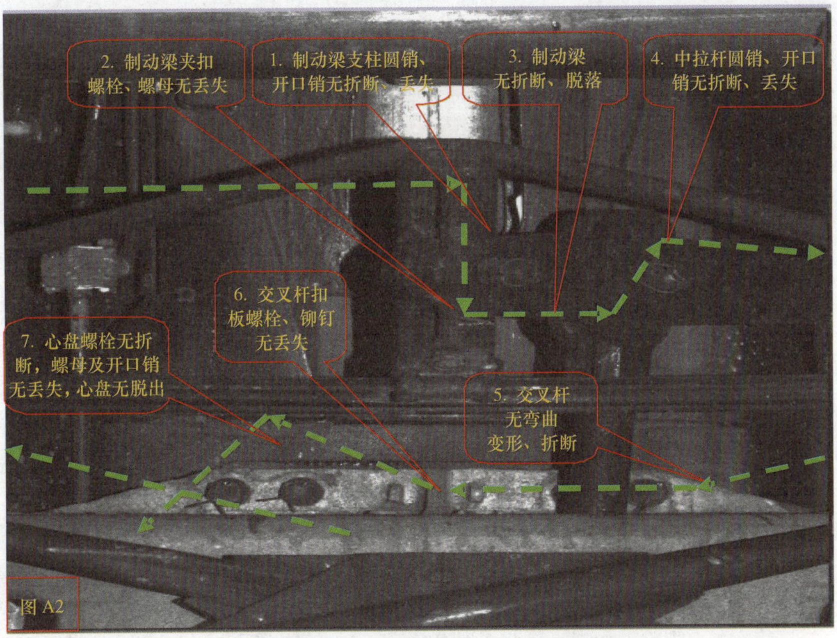

图 3-18　图 A2 检查范围及质量标准

该部位存在的安全风险为制动梁折断脱落，制动梁支柱圆销、开口销丢失，中拉杆圆销、开口销丢失，交叉杆折断，以上故障易引发配件脱落，危及行车安全。交叉杆折断、制动梁折断脱落、制动梁支柱圆销、开口销丢失为拦停故障，要立即通知动态检车组长。

故障表征具体如下：

制动梁支柱圆销、开口销折断、丢失：拉铆销套环丢失、缺损、圆销折断有明显缺失痕迹，并伴有黑印或发亮的断痕，丢失时配件部位空缺，销孔处呈黑洞状；开口销折断时局部缺损，形状不完整。

制动梁夹扣螺栓、螺母丢失：螺栓丢失时螺栓孔处呈黑洞状，螺母丢失时螺栓周边无螺母轮廓线。

制动梁折断、脱落：制动梁折断时断裂处发生错位，脱落时脱离原位置呈下垂状。

中拉杆圆销、开口销折断、丢失：拉铆销套环丢失、缺损、圆销折断有明显缺失痕迹，并伴有黑印或发亮的断痕，丢失时配件部位空缺，销孔处呈黑洞状；开口销折断时局部缺损，形状不完整。

交叉杆弯曲、变形、折断：交叉杆弯曲、变形时局部不平直；折断时为黑印、亮痕或裂缝，较为严重的断裂处发生错位。

交叉杆扣板螺栓、铆钉丢失：丢失时螺栓孔处呈黑洞状。

心盘螺栓折断，螺母及开口销丢失，心盘脱出：螺栓折断时为黑印或亮痕，螺母丢失时螺栓头部轮廓小于其他螺栓，开口销丢失时螺栓处无劈开的配件；心盘脱出时几个螺栓均会显示黑印，且有明显的错位感。

固定、移动杠杆支点短尾拉铆圆销、套环丢失：套环丢失时有明显的铆钉端头螺纹，圆销丢失时有明显的空洞。

（3）图 A3 检查范围及质量标准，见图 3-19。

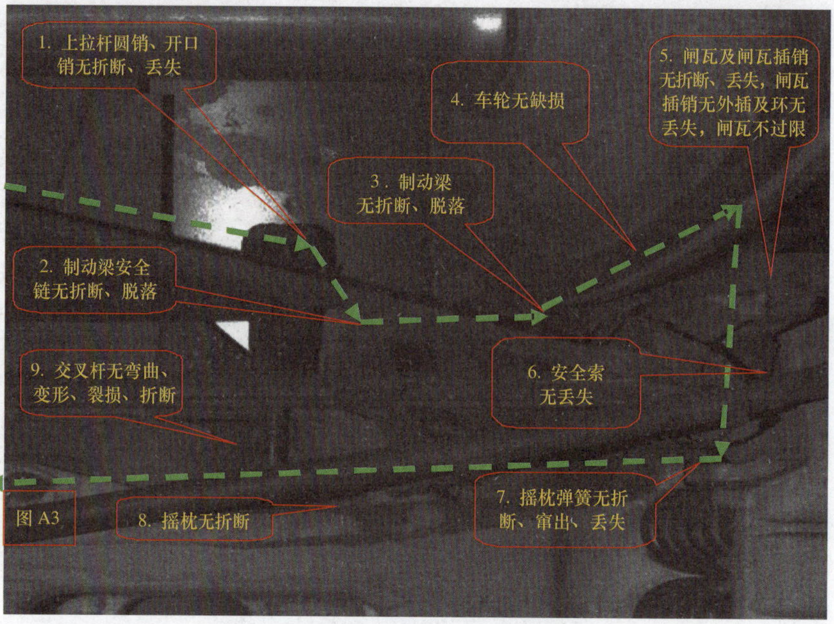

图 3-19　图 A3 检查范围及质量标准

该部位存在的安全风险为制动梁折断脱落、交叉杆折断脱落，以上配件脱落严重危及行车安全；闸瓦丢失会造成制动梁受力不均衡折断及闸瓦磨托，闸瓦插销丢失会引起闸瓦脱落，也会危及行车安全。闸瓦插销丢失、闸瓦脱落、制动梁折断脱落、交叉杆折断为拦停故障，要立即通知动态检车组长。

故障表征具体如下：

上拉杆圆销、开口销折断、丢失：拉铆销套环丢失、缺损、圆销折断有明显缺失痕迹，并伴有黑印或发亮的断痕，丢失时配件部位空缺，销孔处呈黑洞状；开口销折断时局部缺损，形状不完整。

制动梁安全链折断、脱落：安全链折断时有黑印、亮痕或裂缝，脱落时呈下垂状。

制动梁折断、脱落：折断时断裂处发生错位，脱落时脱离原位置呈下垂状。

车轮缺损：车轮局部有缺失，缺失部位呈灰白色或黑色缺损痕迹。

闸瓦及闸瓦插销折断、丢失，闸瓦插销外插及环丢失，闸瓦过限：闸瓦丢失时只能看到闸瓦托，闸瓦缺失、折断为闸瓦部分缺失并有灰白色、黑色断痕；闸瓦插销丢失时，在闸瓦托下部插销孔处呈黑洞状，同时侧架部位无闸瓦插销窜出迹象。闸瓦插销安装不正确时，闸瓦插销会经闸瓦托外插，闸瓦与闸瓦托不密贴；闸瓦磨耗过限时闸瓦厚度会明显变薄。

安全索丢失：丢失时安全索缺失。

摇枕弹簧折断、窜出、丢失：折断时断面呈黑色或灰白色不规则的断痕；窜出时与其他弹簧排列不规则，并突出侧架边沿；丢失时配件部位空缺。

摇枕折断：折断处有黑色的裂纹痕迹或缺损。

交叉杆弯曲、变形、裂损、折断：交叉杆弯曲时局部不平直，裂损为有灰白色或黑色的裂纹痕迹或缺损；折断时为黑印、亮痕或裂缝，较为严重的断裂处发生错位。

（4）图 A4 检查范围及质量标准，见图 3–20。

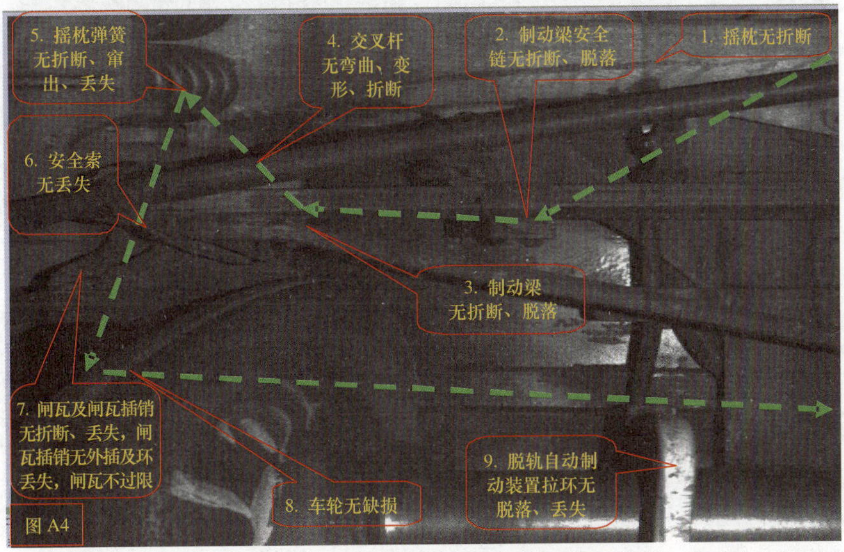

图 3–20　图 A4 检查范围及质量标准

该部位存在的安全风险为制动梁折断脱落、交叉杆折断脱落、脱轨自动制动装置拉环脱落，以上配件脱落严重危及行车安全；闸瓦丢失会造成制动梁受力不均衡折断及闸瓦磨托，闸瓦插销丢失会引起闸瓦脱落，也会危及行车安全。闸瓦插销丢失、闸瓦脱落、制动梁折断脱落、交叉杆折断为拦停故障，要立即通知动态检车组长。

故障表征具体如下：

摇枕折断：折断处有灰白色或黑色的裂纹痕迹或缺损。

制动梁安全链折断、脱落：折断时有黑印、亮痕或裂缝，脱落时呈下垂状。

制动梁折断、脱落：折断时断裂处发生错位，脱落时脱离原位置呈下垂状。

交叉杆弯曲、变形、折断：交叉杆变形时局部不平直；折断时为黑印、亮痕或裂缝，较为严重的断裂处发生错位。

摇枕弹簧折断、窜出、丢失：折断时断面呈黑色或灰白色不规则的断痕；窜出时与其他弹簧排列不规则，并突出侧架边沿；丢失时配件部位空缺。

安全索丢失：丢失时安全索缺失。

闸瓦及闸瓦插销折断、丢失，闸瓦插销外插及环丢失，闸瓦过限：闸瓦丢失时只能看到闸瓦托，闸瓦缺失、折断为闸瓦部分缺失并有灰白色、黑色断痕；闸瓦插销丢失时，在闸瓦托下部插销孔处呈黑洞状，同时侧架部位无闸瓦插销窜出迹象；闸瓦插销安装不正确时，闸瓦插销会经闸瓦托外插，闸瓦与闸瓦托不密贴；闸瓦磨耗过限时闸瓦厚度会明显变薄。

车轮缺损：车轮局部有缺失，缺失部位呈灰白色或黑色缺损痕迹。

脱轨自动制动装置拉环脱落、丢失：发生脱落时严重倾斜磨车轴，完全脱落时可看到防脱拉环发生翻转；丢失时该配件部位空缺。

（5）图 A5 检查范围及质量标准，见图 3–21。

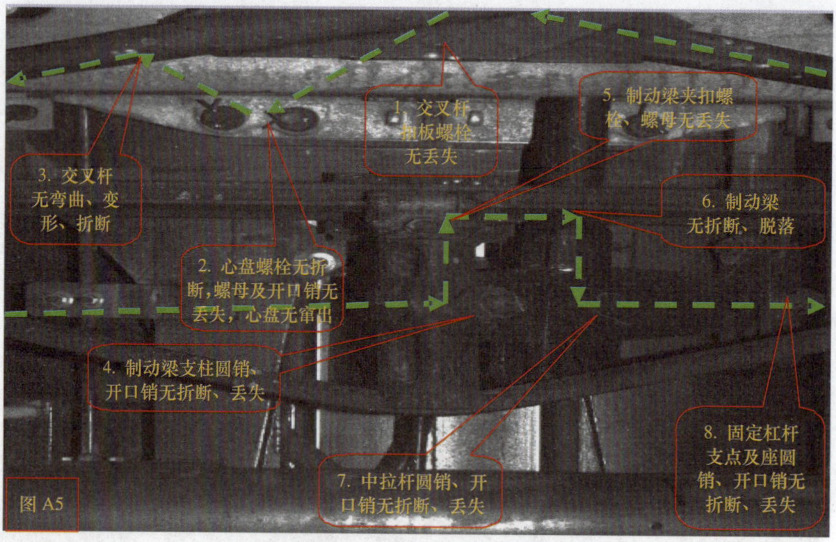

图 3-21 图 A5 检查范围及质量标准

⚠ 该部位存在的安全风险为制动梁折断脱落，制动梁支柱圆销、开口销丢失，中拉杆圆销、开口销丢失，交叉杆折断等，以上故障易引发配件脱落，危及行车安全。交叉杆折断，制动梁折断脱落，制动梁支柱圆销、开口销丢失为拦停故障，要立即通知动态检车组长。

故障表征具体如下：

交叉杆扣板螺栓丢失：丢失时螺栓孔处呈黑洞状。

心盘螺栓折断、螺母丢失：螺栓折断时为黑印或亮痕，螺母丢失时螺栓头部轮廓小于其他螺栓。

交叉杆弯曲、变形、折断：交叉杆弯曲、变形时局部不平直；折断时为黑印、亮痕或裂缝，较为严重的断裂处发生错位。

制动梁支柱圆销、开口销折断、丢失：拉铆销套环丢失、缺损、圆销折断有明显缺失痕迹，并伴有黑印或发亮的断痕，丢失时配件部位空缺，销孔处呈黑洞状；开口销折断时局部缺损，形状不完整。

制动梁夹扣螺栓、螺母丢失：螺栓丢失时螺栓孔处呈黑洞状，螺母丢失时螺栓周边无螺母轮廓线。

制动梁折断、脱落：折断时断裂处发生错位，脱落时脱离原位置呈下垂状。

中拉杆圆销、开口销折断、丢失：拉铆销套环丢失、缺损、圆销折断有明显缺失痕迹，并伴有黑印或发亮的断痕，丢失时配件部位空缺，销孔处呈黑洞状；开口销折断时局部缺损，形状不完整。

固定杠杆支点及座圆销、开口销折断、丢失：拉铆销套环丢失、缺损、圆销折断有明显缺失痕迹，并伴有黑印或发亮的断痕，丢失时配件部位空缺，销孔处呈黑洞状；开口销折断时局部缺损，形状不完整。

（6）图 A6 检查范围及质量标准，见图 3-22。

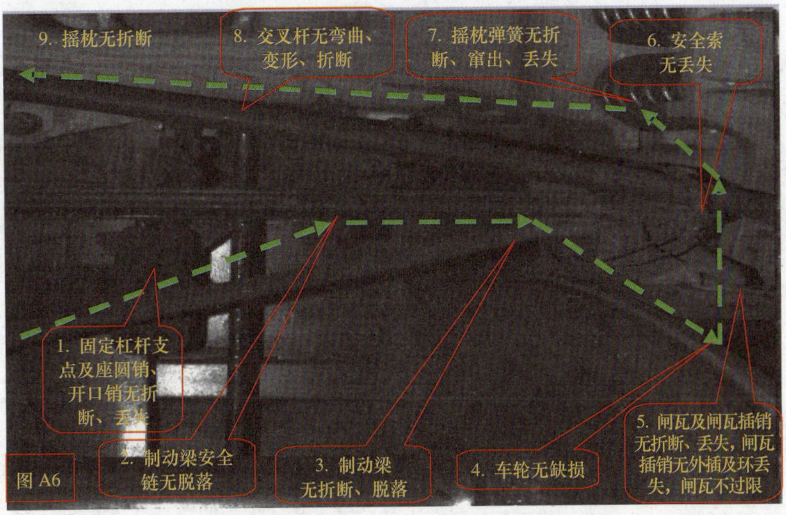

图 3-22　图 A6 检查范围及质量标准

⚠ 该部位存在的安全风险为制动梁折断脱落、交叉杆折断脱落，以上配件脱落严重危及行车安全；闸瓦丢失会造成制动梁受力不均衡折断及闸瓦磨托，闸瓦插销丢失会引起闸瓦脱落，也会危及行车安全。闸瓦插销丢失、闸瓦脱落、制动梁折断脱落、交叉杆折断为拦停故障，要立即通知动态检车组长。

故障表征具体如下：

固定杠杆支点及座圆销、开口销折断、丢失：拉铆销套环丢失、缺损、圆销折断有明显缺失痕迹，并伴有黑印或发亮的断痕，丢失时配件部位空缺，销孔处呈黑洞状；开口销折断时局部缺损，形状不完整。

制动梁安全链脱落：安全链脱落时呈下垂状。

制动梁折断、脱落：折断时断裂处发生错位，脱落时脱离原位置呈下垂状。

车轮缺损：车轮局部有缺失，缺失部位呈灰白色或黑色缺损痕迹。

闸瓦及闸瓦插销折断、丢失，闸瓦插销外插及环丢失，闸瓦过限：闸瓦丢失时只能看到闸瓦托，闸瓦缺失、折断为闸瓦部分缺失并有灰白色、黑色断痕；闸瓦插销丢失时，在闸瓦托下部插销孔处呈黑洞状，同时侧架部位无闸瓦插销窜出迹象；闸瓦插销安装不正确时，闸瓦插销会经闸瓦托外插，闸瓦与闸瓦托不密贴；闸瓦磨耗过限时闸瓦厚度会明显变薄。

安全索丢失：丢失时安全索缺失。

摇枕弹簧折断、窜出、丢失：折断时断面呈黑色或灰白色不规则的断痕；窜出时与其他弹簧排列不规则，并突出侧架边沿；丢失时配件部位空缺。

交叉杆弯曲、变形、折断：交叉杆、弯曲变形时局部不平直；折断时为黑印、亮痕或裂缝，较为严重的断裂处发生错位。

摇枕折断：折断处有灰白色或黑色的裂纹痕迹或缺损。

2. 转 K5 型后台制动梁

1）作业流程

后台制动梁采用“Z”字检查法，图上部为运行方向第一轴制动梁部位，图下部为运行方向第二轴制动梁部位，虚线为鼠标运行轨迹，见图 3-23。

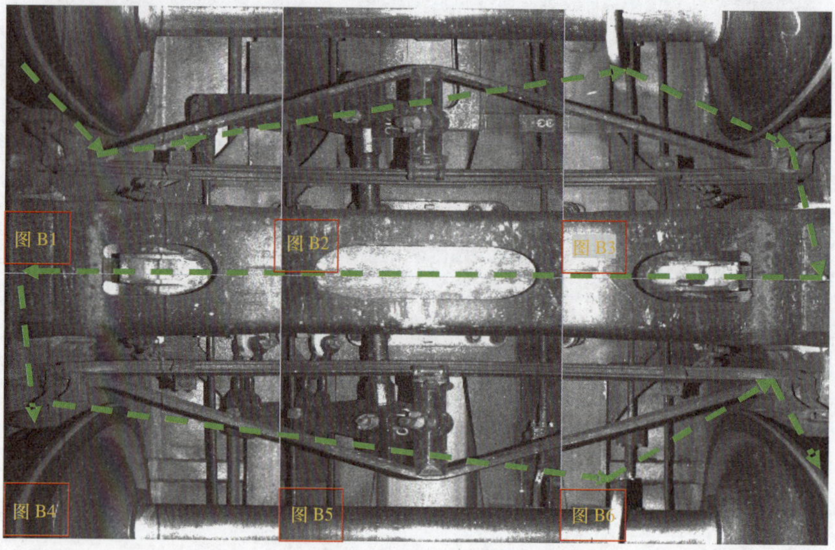

图 3-23　后台制动梁采用“Z”字检查法

后台制动梁作业流程：车轮 1—闸瓦及闸瓦插销 1—制动梁 1—制动梁安全链 1—上拉杆及圆销、开口销—移动杠杆—中拉杆及圆销、开口销 1—制动梁支柱及圆销、开口销 1—制动梁夹扣 1—脱轨自动制动装置拉环 1—制动梁安全链 2—制动梁 2—车轮 2—闸瓦及闸瓦插销 2—弹簧托板 1—弹簧托板 2—闸瓦及闸瓦插销 3—车轮 3—制动梁 3—制动梁安全链 3—固定杠杆支点圆销开口销—中拉杆及圆销、开口销 2—制动梁支柱及圆销、开口销 2—制动梁夹扣 2—脱轨自动制动装置拉环 2—制动梁安全链 4—制动梁 4—闸瓦及闸瓦插销 4—车轮 4。

2）检查范围及质量标准

后台制动梁部位合计由 6 张小图组成，现将后台制动梁部位图分解如下：

（1）图 B1 检查范围及质量标准，见图 3-24。

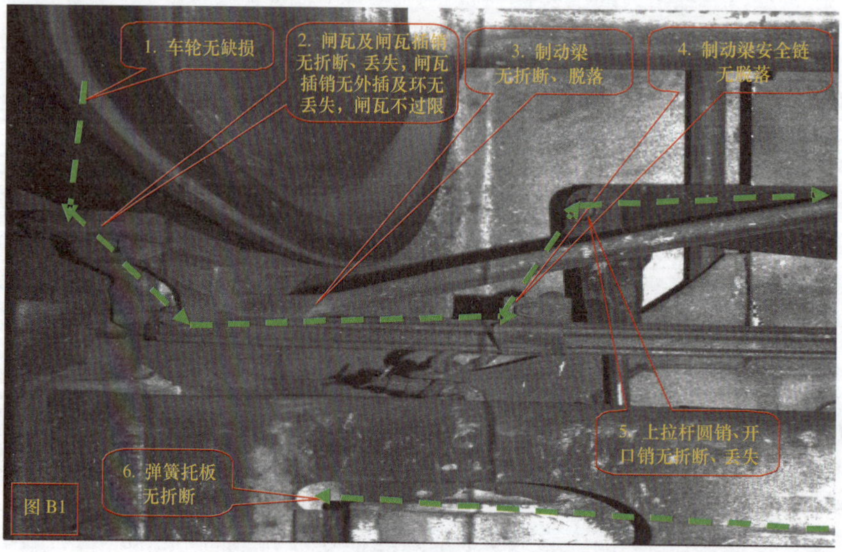

图 3-24　图 B1 检查范围及质量标准

⚠ 该部位存在的安全风险为制动梁折断脱落、弹簧托板折断，以上配件脱落严重危及行车安全；闸瓦丢失会造成制动梁受力不均衡折断及闸瓦磨托，闸瓦插销丢失会引起闸瓦脱落，也会危及行车安全。闸瓦插销丢失、闸瓦脱落、制动梁折断脱落、弹簧托板折断为拦停故障，要立即通知动态检车组长。

故障表征具体如下：

车轮缺损：车轮局部有缺失，缺失部位呈灰白色或黑色缺损痕迹。

闸瓦及闸瓦插销折断、丢失，闸瓦插销外插及环丢失，闸瓦过限：闸瓦丢失时只能看到闸瓦托，闸瓦缺失、折断为闸瓦部分缺失并有灰白色、黑色断痕；闸瓦插销丢失时，在闸瓦托下部插销孔处呈黑洞状，同时侧架部位无闸瓦插销窜出迹象；闸瓦插销安装不正确时，闸瓦插销会经闸瓦托外插、闸瓦与闸瓦托不密贴；闸瓦磨耗过限时闸瓦厚度会明显变薄。

制动梁折断、脱落：折断时断裂处发生错位，脱落时脱离原位置呈下垂状。

制动梁安全链脱落：安全链脱落时呈下垂状。

上拉杆圆销、开口销折断、丢失：拉铆销套环丢失、缺损、圆销折断有明显缺失痕迹，并伴有黑印或发亮的断痕，丢失时配件部位空缺，销孔处呈黑洞状；开口销折断时局部缺损，形状不完整。

弹簧托板折断：折断为有灰白色或黑色的裂纹或缺损痕迹。

（2）图B2检查范围及质量标准，见图3-25。

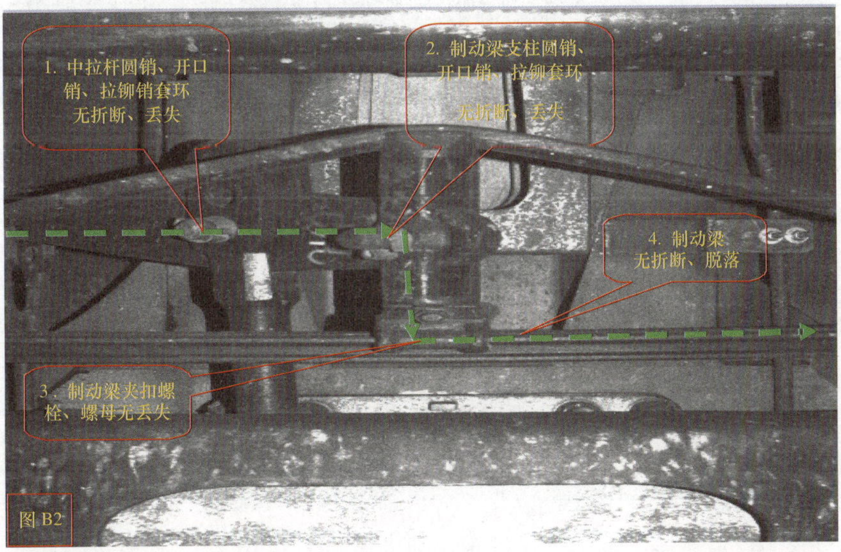

图3-25 图B2检查范围及质量标准

⚠ 该部位存在的安全风险为制动梁折断脱落，制动梁支柱圆销、开口销丢失，中拉杆圆销、开口销丢失，以上故障易引发配件脱落，危及行车安全。制动梁折断脱落，制动梁支柱圆销、开口销丢失为拦停故障，要立即通知动态检车组长。

故障表征具体如下：

中拉杆圆销、开口销、拉铆销套环折断、丢失：拉铆销套环丢失、缺损、圆销折断有明显缺失痕迹，并伴有黑印或发亮的断痕，丢失时配件部位空缺，销孔处呈黑洞状；开口销折断时局部缺损，形状不完整。

制动梁支柱圆销、开口销、拉铆销套环折断、丢失：拉铆销套环丢失、缺损、圆销折断有明显缺失痕迹，并伴有黑印或发亮的断痕，丢失时配件部位空缺，销孔处呈黑洞状；开口销折断时局部缺损，形状不完整。

制动梁夹扣螺栓、螺母丢失：螺栓丢失时螺栓孔处呈黑洞状，螺母丢失时螺栓周边无螺母轮廓线。

制动梁折断、脱落：制动梁折断时断裂处发生错位，脱落时脱离原位置呈下垂状。

（3）图 B3 检查范围及质量标准，见图 3-26。

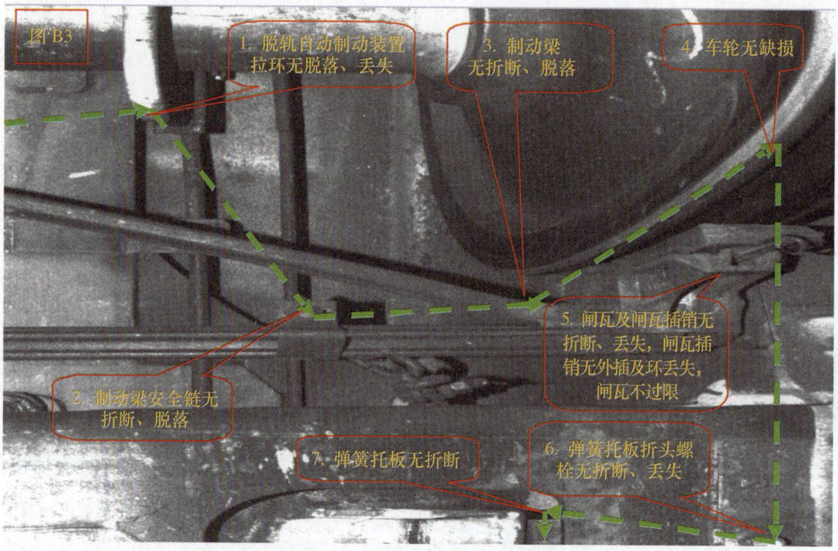

图 3-26　图 B3 检查范围及质量标准

> ⚠ 该部位存在的安全风险为制动梁折断脱落、脱轨自动制动装置拉环脱落、弹簧托板折断，以上配件脱落严重危及行车安全；闸瓦丢失会造成制动梁受力不均衡折断及闸瓦磨托，闸瓦插销丢失会引起闸瓦脱落，也会危及行车安全。闸瓦插销丢失、闸瓦脱落、制动梁折断脱落、弹簧托板折断为拦停故障，要立即通知动态检车组长。

故障表征具体如下：

脱轨自动制动装置拉环脱落、丢失：发生脱落时严重倾斜磨车轴，完全脱落时可看到防脱拉环发生翻转；丢失时该配件部位空缺。

制动梁安全链折断、脱落：安全链折断时有黑印、亮痕或裂缝，脱落时呈下垂状。

制动梁折断、脱落：折断时断裂处发生错位，脱落时脱离原位置呈下垂状。

车轮缺损：车轮局部有缺失，缺失部位呈灰白色或黑色缺损痕迹。

闸瓦及闸瓦插销折断、丢失，闸瓦插销外插及环丢失，闸瓦过限：闸瓦丢失时只能看到闸瓦托，闸瓦缺失、折断为闸瓦部分缺失并有灰白色、黑色断痕；闸瓦插销丢失时，在闸瓦托下部插销孔处呈黑洞状，同时侧架部位无闸瓦插销窜出迹象；闸瓦插销安装不正确时，闸瓦插销会经闸瓦托外插，闸瓦与闸瓦托不密贴；闸瓦磨耗过限时闸瓦厚度会明显变薄。

弹簧托板折头螺栓折断、丢失：折头螺栓折断时为灰白色断痕，丢失呈黑洞状。

弹簧托板折断：折断为有灰白色或黑色的裂纹或缺损痕迹。

（4）图 B4 检查范围及质量标准，见图 3–27。

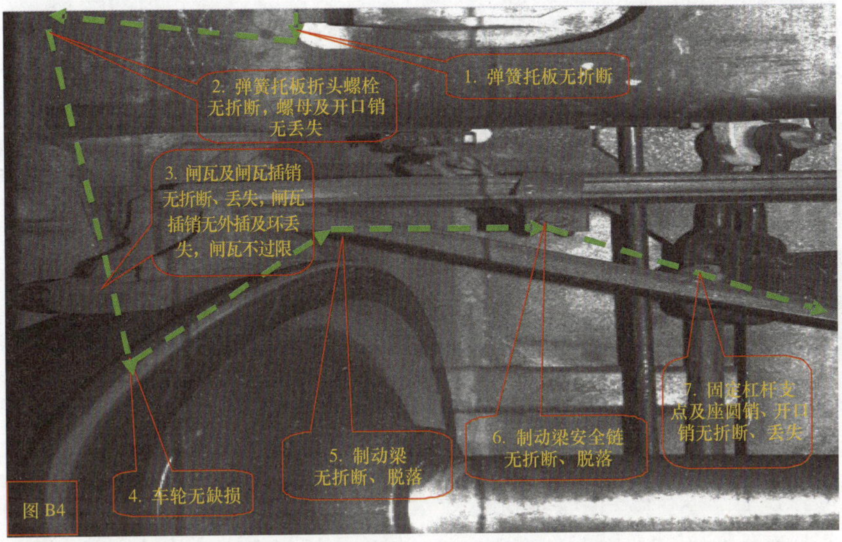

图 3–27 图 B4 检查范围及质量标准

> 该部位存在的安全风险为制动梁折断脱落、弹簧托板折断，以上配件脱落严重危及行车安全；闸瓦丢失会造成制动梁受力不均衡折断及闸瓦磨托，闸瓦插销丢失会引起闸瓦脱落，也会危及行车安全。闸瓦插销丢失、闸瓦脱落、制动梁折断脱落、弹簧托板折断为拦停故障，要立即通知动态检车组长。

故障表征具体如下：

弹簧托板折断：折断为有灰白色或黑色的裂纹或缺损痕迹。

弹簧托板折头螺栓折断，螺母及开口销丢失：弹簧托板折头螺栓折断时为灰白色断痕，丢失呈黑洞状。

闸瓦及闸瓦插销折断、丢失，闸瓦插销外插及环丢失，闸瓦过限：闸瓦丢失时只能看到闸瓦托，闸瓦缺失、折断为闸瓦部分缺失并有灰白色、黑色断痕；闸瓦插销丢失时，在闸瓦托下部插销孔处呈黑洞状，同时侧架部位无闸瓦插销窜出迹象；闸瓦插销安装不正确时，闸瓦插销会经闸瓦托外插，闸瓦与闸瓦托不密贴；闸瓦磨耗过限时闸瓦厚度会明显变薄。

车轮缺损：车轮局部有缺失，缺失部位呈灰白色或黑色缺损痕迹。

制动梁折断、脱落：折断时断裂处发生错位，脱落时脱离原位置呈下垂状。

制动梁安全链折断、脱落：安全链折断时有黑印、亮痕或裂缝，脱落时呈下垂状。

固定杠杆支点及座圆销、开口销折断、丢失：拉铆销套环丢失、缺损、圆销折断有明显缺失痕迹，并伴有黑印或发亮的断痕，丢失时配件部位空缺，销孔处呈黑洞状；开口销折断时局部缺损，形状不完整。

（5）图 B5 检查范围及质量标准，见图 3–28。

图 3–28　图 B5 检查范围及质量标准

该部位存在的安全风险为制动梁折断脱落，制动梁支柱圆销、开口销丢失，中拉杆圆销、开口销丢失，以上故障易引发配件脱落，危及行车安全。制动梁折断脱落，制动梁支柱圆销、开口销丢失为拦停故障，要立即通知动态检车组长。

故障表征具体如下：

固定杠杆支点及座圆销、开口销折断、丢失：拉铆销套环丢失、缺损、圆销折断有明显缺失痕迹，并伴有黑印或发亮的断痕，丢失时配件部位空缺，销孔处呈黑洞状；开口销折断时局部缺损，形状不完整。

中拉杆圆销、开口销折断、丢失：拉铆销套环丢失、缺损、圆销折断有明显缺失痕迹，并伴有黑印或发亮的断痕，丢失时配件部位空缺，销孔处呈黑洞状；开口销折断时局部缺损，形状不完整。

制动梁支柱圆销、开口销折断、丢失：拉铆销套环丢失、缺损、圆销折断有明显缺失痕迹，并伴有黑印或发亮的断痕，丢失时配件部位空缺，销孔处呈黑洞状；开口销折断时局部缺损，形状不完整。

制动梁夹扣螺栓、螺母丢失：螺栓丢失时螺栓孔处呈黑洞状，螺母丢失时螺栓周边无螺母轮廓线。

制动梁折断、脱落：折断时断裂处发生错位，脱落时脱离原位置呈下垂状。

（6）图 B6 检查范围及质量标准，见图 3–29。

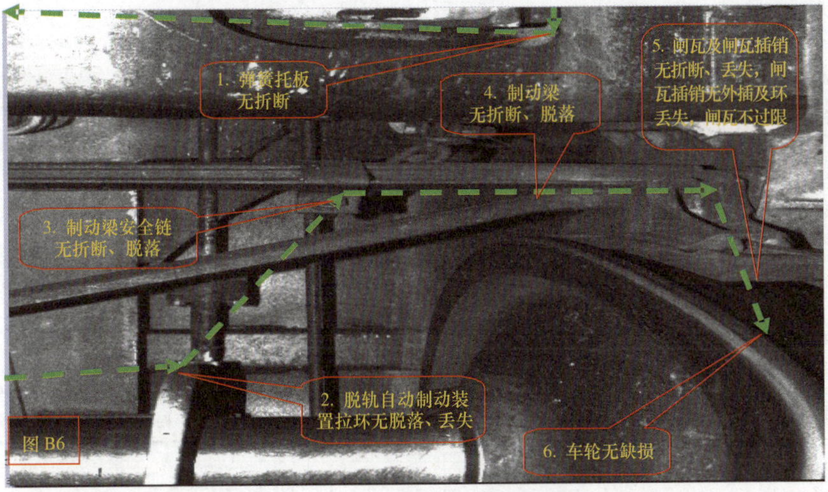

图 3-29 图 B6 检查范围及质量标准

> ⚠ 该部位存在的安全风险为制动梁折断脱落、脱轨自动制动装置拉环脱落、弹簧托板折断，以上配件脱落严重危及行车安全；闸瓦丢失会造成制动梁受力不均衡折断及闸瓦磨托，闸瓦插销丢失会引起闸瓦脱落，也会危及行车安全。闸瓦插销丢失、闸瓦脱落、制动梁折断脱落、弹簧托板折断为拦停故障，要立即通知动态检车组长。

故障表征具休如下：

弹簧托板折断：折断为有灰白色或黑色的裂纹或缺损痕迹。

脱轨自动制动装置拉环脱落、丢失：发生脱落时严重倾斜磨车轴，完全脱落时可看到防脱拉环发生翻转；丢失时该配件部位空缺。

制动梁安全链折断、脱落：安全链折断时有黑印、亮痕或裂缝，脱落时呈下垂状。

制动梁折断、脱落：折断时断裂处发生错位，脱落时脱离原位置呈下垂状。

闸瓦及闸瓦插销折断、丢失，闸瓦插销外插及环丢失，闸瓦过限；闸瓦丢失时只能看到闸瓦托，闸瓦缺失、折断为闸瓦部分缺失并有灰白色、黑色断痕；闸瓦插销丢失时，在闸瓦托下部插销孔处呈黑洞状，同时侧架部位无闸瓦插销窜出迹象；闸瓦插销安装不正确时，闸瓦插销会经闸瓦托外插，闸瓦与闸瓦托不密贴；闸瓦磨耗过限时闸瓦厚度会明显变薄。

车轮缺损：车轮局部有缺失，缺失部位呈灰白色或黑色缺损痕迹。

3. 其他型转向架后台制动梁

1）作业流程

后台制动梁部位采用“凹”字检查法，图上部为列车运行方向第一轴部位，图下部为运行方向第二轴部位。参考转 K2 型转向架进行作业。

2）检查范围及质量标准

后台制动梁部位合计由 6 张小图组成，上部 3 张图为第一轴制动梁，下部 3 张图为第二轴制动梁，第一轴制动梁与第二轴制动梁检查范围与质量标准一致。检查范围与质量标准参考转 K6、转 K5 型转向架。

工装设备

检查工装设备包括微机主机 1 台，显示器 1 台，键盘 1 个，鼠标 1 个，如表 3-1 所示。

表 3-1　工装设备

序号	名称	规格型号	单位	数量	备注
1	微机主机		台	1	
2	显示器		台	1	
3	键盘		个	1	
4	鼠标		个	1	

项目 4　TFDS 动态检查车钩缓冲部作业

作业介绍

1. 作业地点

各路局集团公司货车车辆段管辖运用车间动态检车室及各高等职业院校建设的 TFDS 动态检车（测）实训室。

2. 适用范围

适用于各路局集团公司货车车辆段管辖各列检作业场、动态检查作业场执行动态检查的作业人员、各高等职业院校铁道车辆技术等相关专业学生。

3. 人员要求

能够熟练掌握 TFDS 动态检查车钩缓冲部作业技能，从而满足 TFDS 动态检车员岗位需求。

4. 作业要点

（1）作业前须单击“刷新”按钮后开始动态检车。

（2）每幅图的动态检查时间不少于 2 s。

（3）图像需放大检查时，单击鼠标右键或双击鼠标左键进行放大检查。

（4）发现故障时，要通过三级菜单选择正确的故障名称进行添加。

（5）检查发现图像异常、无法正常作业时，要及时报告动态检车组长。

（6）检查发现典型故障及危及行车安全的故障时，要立即报告动态检车组长。

TFDS 动态检查车钩缓冲部作业

一辆车包车检查作业流程，包括：作业准备—单击“开始”按钮—前台侧架—后台侧架—前台制动梁—后台制动梁—车钩缓冲部—中间部Ⅰ—中间部Ⅱ—互钩差—中间部侧部Ⅰ—中间部侧部Ⅱ—车体侧面Ⅰ—车体侧面Ⅱ—车体侧面Ⅲ—车体侧面Ⅳ—2～N 辆车作业—完工整理。TFDS 动态检查车钩缓冲部作业流程，如图 4-1 所示。

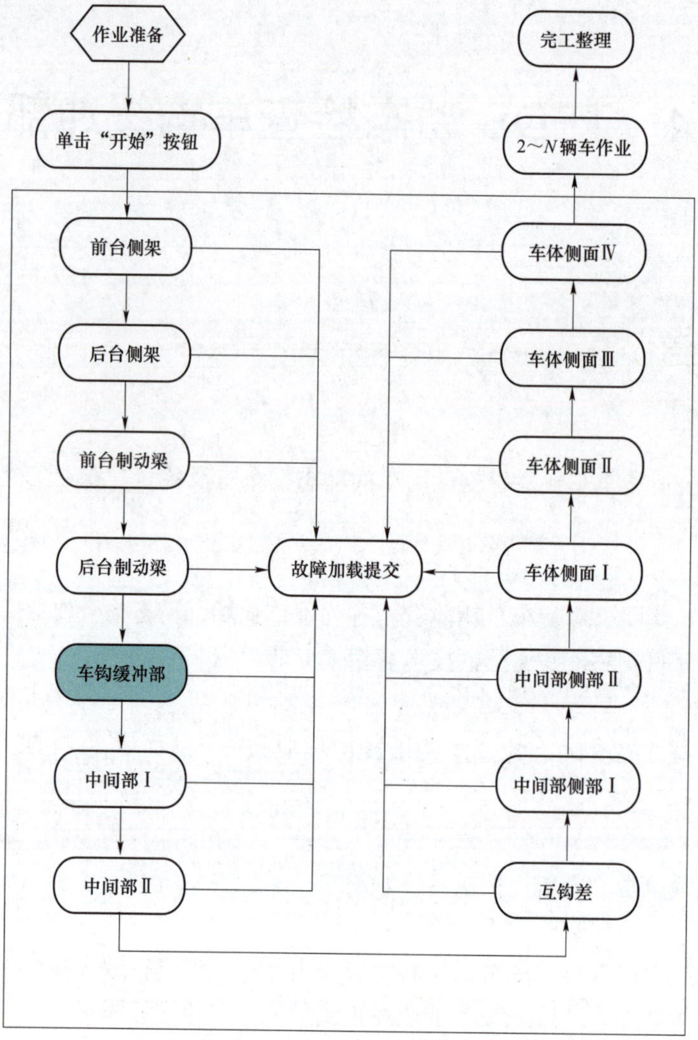

图 4-1　TFDS 动态检查车钩缓冲部作业流程

作业程序、标准及示范

1. 16 号、17 号车钩缓冲部

1）作业流程

车钩缓冲部位采用“e”字检查法，图前部为前车尾部钩缓（17 号），图后部为本车首部钩缓（17 号），中间为车钩连接处，虚线为鼠标运行轨迹，见图 4-2。

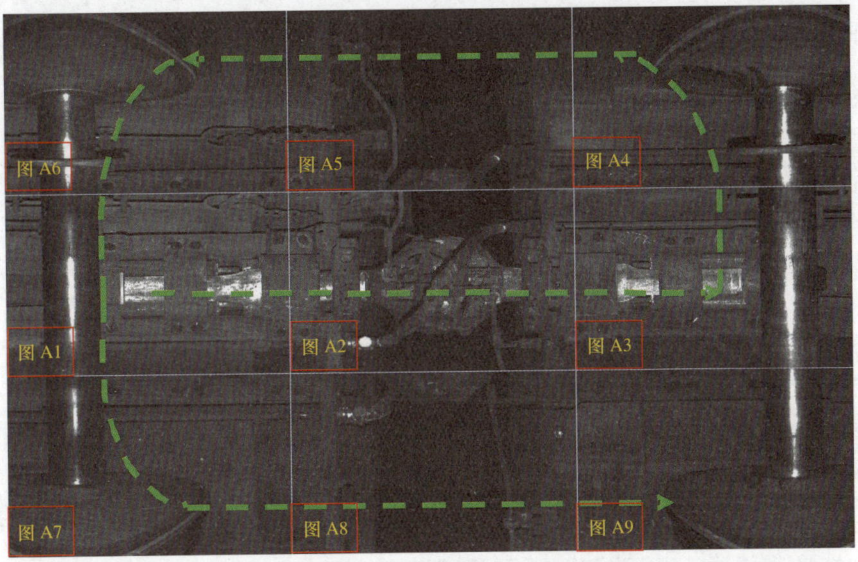

图 4-2　车钩缓冲部位采用“e”字检查法

车钩缓冲部作业流程：钩尾框托板 1—钩尾框 1—缓冲器 1—安全托板 1—从板 1—从板座 1—钩尾销托梁 1—车钩支撑座 1—下锁销 1—钩舌销 1—钩舌销 2—下锁销 2—车钩支撑座 2—钩尾销托梁 2—从板座 2—从板 2—安全托板 2—缓冲器 2—钩尾框 2—钩尾框托板 2—脱轨自动制动装置拉环 1—车轮 1—端梁 1—折角塞门 1—钩提杆 1—钩提杆座 1—端梁 2—钩提杆复位弹簧 1—人力制动机制动链—人力制动机滑轮—车轮 2—脱轨自动制动装置拉环 2—车轮 3—端梁 3—折角塞门 2—钩提杆 2—钩提杆座 2—端梁 4—钩提杆复位弹簧 2—车轮 4。

2）检查范围及质量标准

车钩缓冲部位合计由 9 张小图组成，现将车钩缓冲部位图分解如下：

（1）图 A1 检查范围及质量标准，见图 4-3。

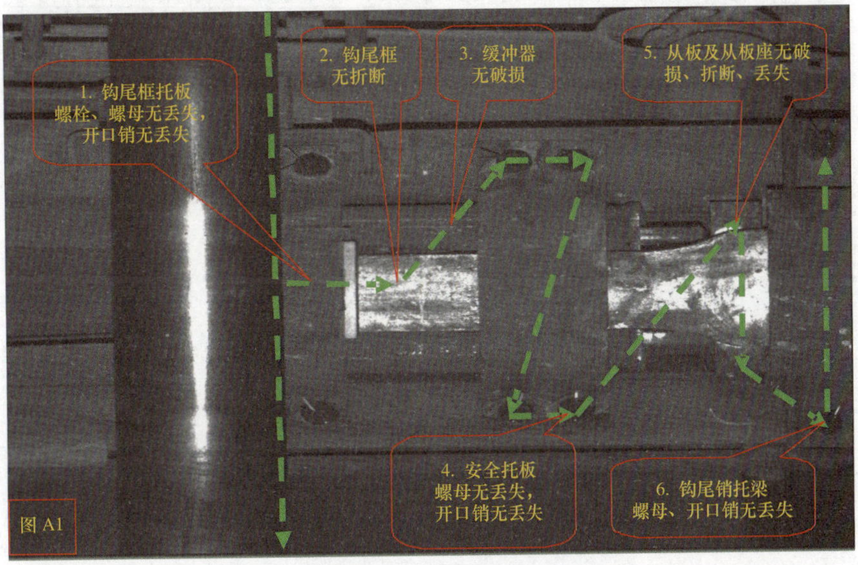

图 4-3　图 A1 检查范围及质量标准

⚠ 该部存在的安全风险为钩尾框折断、从板及从板座折损，以上故障易引发车钩分离故障。钩尾框折断为拦停故障，要立即通知动态检车组长。

故障表征具体如下：

钩尾框托板螺栓、螺母丢失，开口销丢失：裂损时有灰白色或黑色的裂纹痕迹或缺损，螺栓丢失时为黑洞状，螺母丢失时螺栓周边无螺母轮廓线，开口销丢失时无法看到。

钩尾框折断：折断时有灰白色或黑色的裂纹痕迹或缺损。

缓冲器破损：破损时有灰白色或黑色的裂纹痕迹或缺损。

安全托板螺母丢失，开口销丢失：螺母丢失时为黑洞状，开口销丢失时无法看到。

从板及从板座破损、折断、丢失：从板折断时有明显的弯曲，边缘破损、折断时有部分缺失；从板座破损时有灰白色或黑色的裂纹痕迹或缺损，丢失时从板会发生明显的位移。

钩尾销托梁螺母、开口销丢失：螺母丢失时螺栓周边无螺母轮廓线。

（2）图 A2 检查范围及质量标准，见图 4-4。

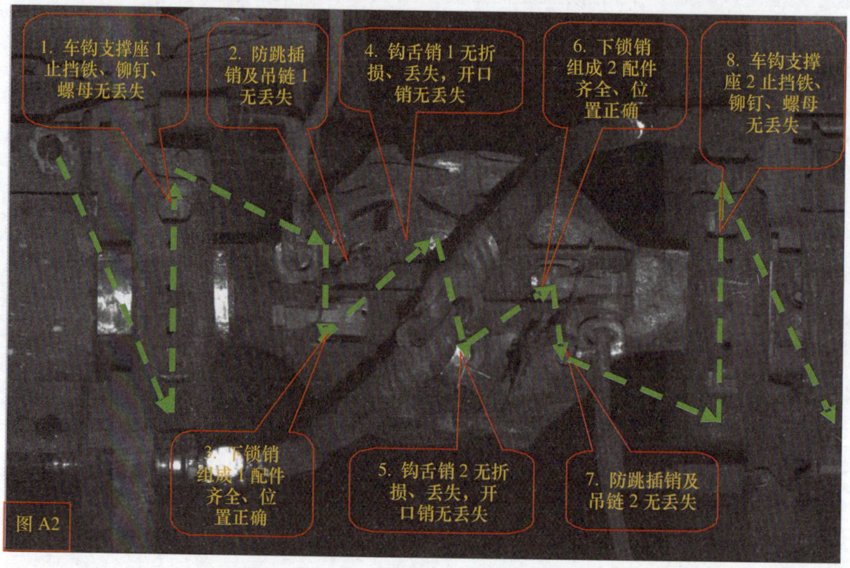

图 4-4　图 A2 检查范围及质量标准

⚠ 该部位存在的安全风险为下锁销配件丢失、钩舌销丢失，以上故障易引发车钩分离事故。

故障表征具体如下：

车钩支撑座止挡铁、铆钉、螺母丢失：止挡铁缺失、铆钉丢失时为黑洞状，螺母丢失时螺栓周边无螺母轮廓线。

防跳插销及吊链丢失：丢失时配件缺失。

下锁销组成配件丢失、位置不正确：配件丢失时下锁销孔部位呈空洞，防跳插销孔未完全露出时为位置不正确。

钩舌销折断、丢失，开口销丢失：钩舌销折断处呈灰白色或黑色断痕，丢失时为黑洞状，开口销丢失时无法看到。

（3）图 A3 检查范围及质量标准，见图 4-5。

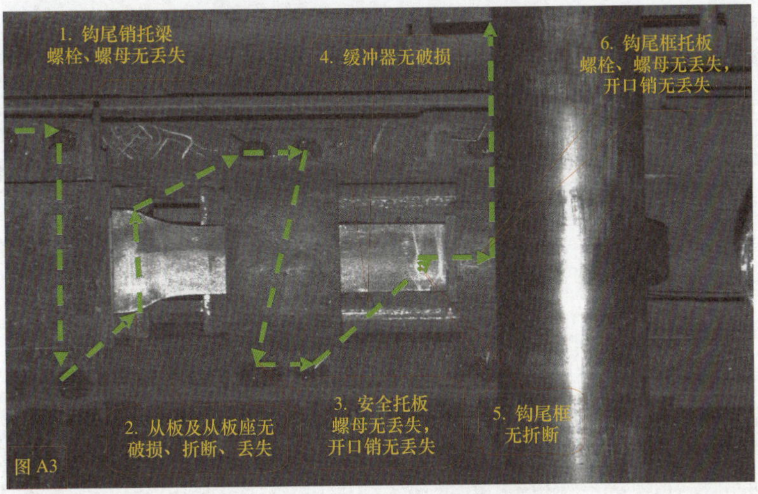

图 4-5　图 A3 检查范围及质量标准

⚠ 该部存在的安全风险为钩尾框折断、从板及从板座折损，以上故障易引发车钩分离故障。钩尾框折断为拦停故障，要立即通知动态检车组长。

故障表征具体如下：

钩尾销托梁螺栓、螺母丢失：螺母丢失时螺栓周边无螺母轮廓线。

从板及从板座破损、折断、丢失：从板折断时有明显的弯曲，边缘破损、折断时有部分缺失；从板座破损时有灰白色或黑色的裂纹痕迹或缺损，丢失时从板会发生明显的位移。

安全托板螺母丢失，开口销丢失：螺母丢失时为黑洞状，开口销丢失时无法看到。

缓冲器破损：破损时有灰白色或黑色的裂纹痕迹或缺损。

钩尾框折断：折断时有灰白色或黑色的裂纹痕迹或缺损。

钩尾框托板螺栓、螺母丢失，开口销丢失：螺栓丢失时为黑洞状，螺母丢失时螺栓周边无螺母轮廓线，开口销丢失时无法看到。

（4）图 A4 检查范围及质量标准，见图 4-6。

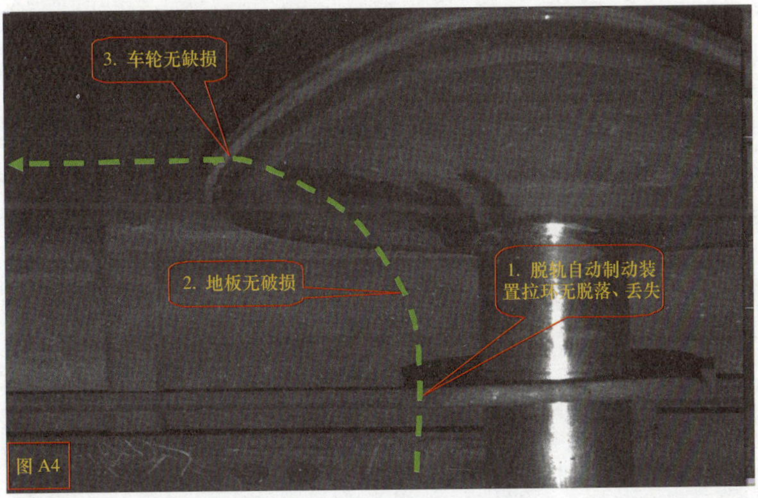

图 4-6　图 A4 检查范围及质量标准

⚠ 该部位存在的安全风险为脱轨自动制动装置拉环脱落，脱落后会危及行车安全。

故障表征具体如下：

脱轨自动制动装置拉环脱落、丢失：脱落时严重倾斜磨车轴，完全脱落时拉环发生翻转；丢失时该配件部位空缺。

地板破损：破损为局部呈黑色或灰白色，并有明显不规则的破损痕迹。

车轮缺损：车轮局部有缺失，缺失部位呈灰白色或黑色缺损痕迹。

（5）图 A5 检查范围及质量标准，见图 4–7。

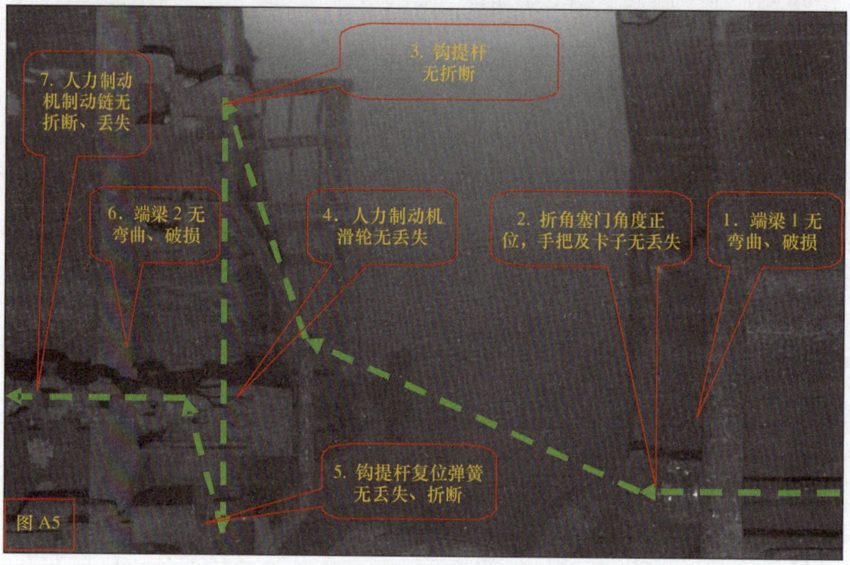

图 4–7　图 A5 检查范围及质量标准

⚠ 该部位存在的安全风险为折角塞门手把关闭、提钩杆及座脱落、人力制动机制动链脱落。折角塞门手把关闭、提钩杆及座脱落、人力制动机制动链脱落为拦停故障，要立即通知动态检车组长。

故障表征具体如下：

端梁弯曲、破损：弯曲时有较大的曲度，破损时有灰白色或黑色缺损痕迹。

折角塞门手把关闭，手把或卡子丢失：折角塞门手把关闭时手把与塞门体相垂直，丢失时配件缺失。

钩提杆折断：钩提杆折断时与原形发生显著变化，钩提杆会下垂脱落。

人力制动机滑轮丢失：丢失时配件缺失。

钩提杆复位弹簧丢失、折断：丢失时配件缺失，折断时下垂脱落。

人力制动机制动链折断、丢失：折断时链有断裂痕迹，折断脱落时下垂脱落，丢失时配件缺失。

（6）图 A6 检查范围及质量标准，见图 4–8。

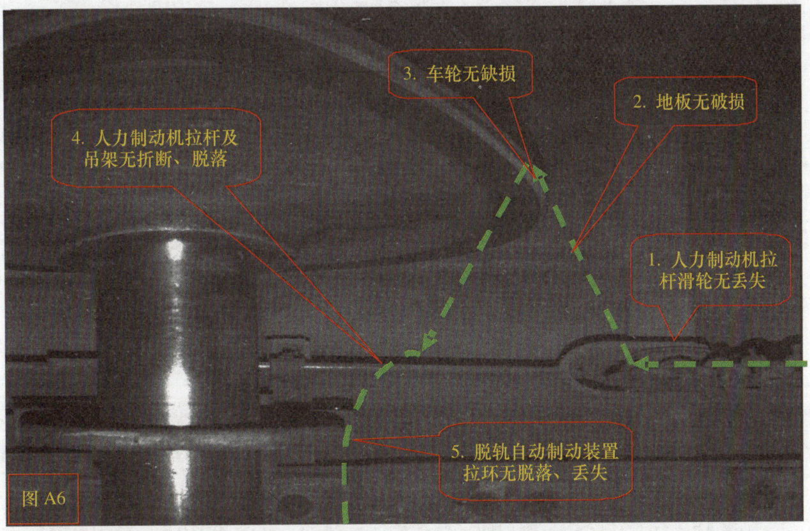

图 4-8　图 A6 检查范围及质量标准

⚠ 该部位存在的安全风险为脱轨自动制动装置拉环脱落，脱落后会危及行车安全。

故障表征具体如下：

人力制动机拉杆滑轮丢失：丢失时配件缺失。

地板破损：破损为局部呈黑色或灰白色，并有明显不规则的破损痕迹。

车轮缺损：车轮局部有缺失，缺失部位呈灰白色或黑色缺损痕迹。

人力制动机拉杆及吊架折断、脱落：折断时为黑印或亮痕断痕，脱落时拉杆折断脱离原位置呈下垂状，吊架脱落时发生翻转垂落。

脱轨自动制动装置拉环脱落、丢失：发生脱落时严重倾斜磨车轴，完全脱落时可看到脱轨拉环发生翻转；丢失时该配件部位空缺。

（7）图 A7 检查范围及质量标准，见图 4-9。

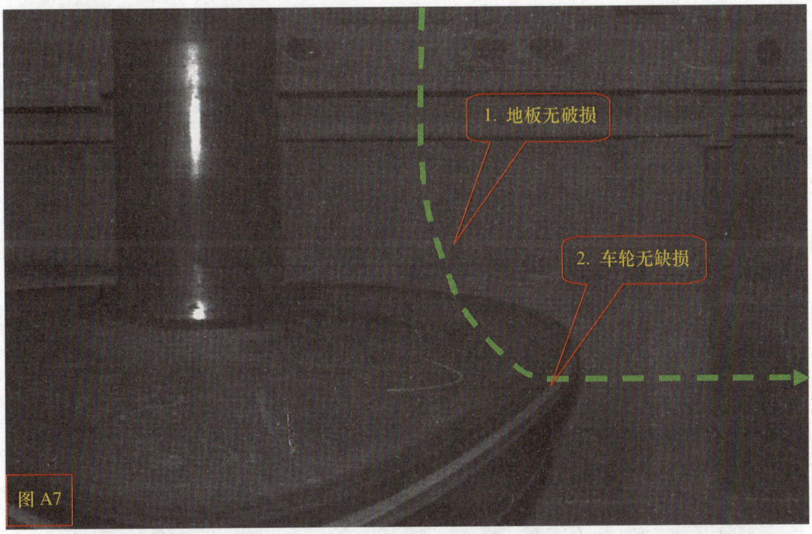

图 4-9　图 A7 检查范围及质量标准

故障表征具体如下：

地板破损：破损为局部呈黑色或灰白色，并有明显不规则的破损痕迹。

车轮缺损：车轮局部有缺失，缺失部位呈灰白色或黑色缺损痕迹。

（8）图 A8 检查范围及质量标准，见图 4-10。

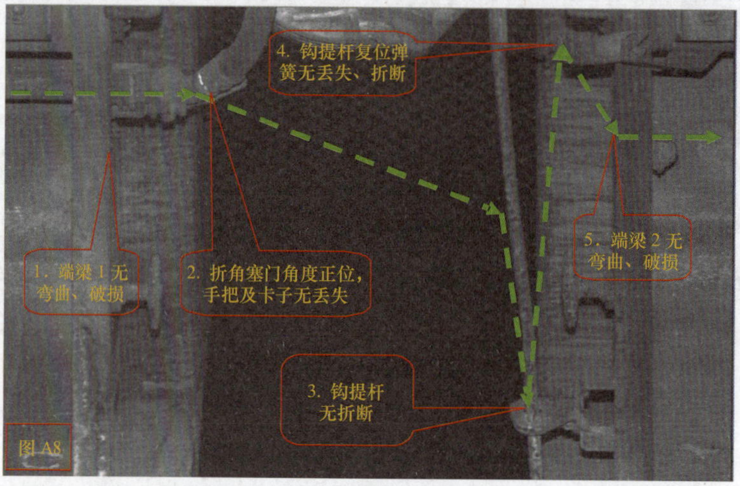

图 4-10　图 A8 检查范围及质量标准

> 该部位存在的安全风险为折角塞门手把关闭、提钩杆及座脱落。折角塞门手把关闭、提钩杆及座脱落为拦停故障，要立即通知动态检车组长。

故障表征具体如下：

端梁弯曲、破损：弯曲时有较大的曲度，破损时有灰白色或黑色缺损痕迹。

折角塞门手把关闭，手把或卡子丢失：折角塞门手把关闭时手把与塞门体相垂直，丢失时配件缺失。

钩提杆折断：钩提杆折断时与原形发生显著变化，钩提杆会下垂脱落。

钩提杆复位弹簧丢失、折断：丢失时配件缺失，折断时下垂脱落。

（9）图 A9 检查范围及质量标准，见图 4-11。

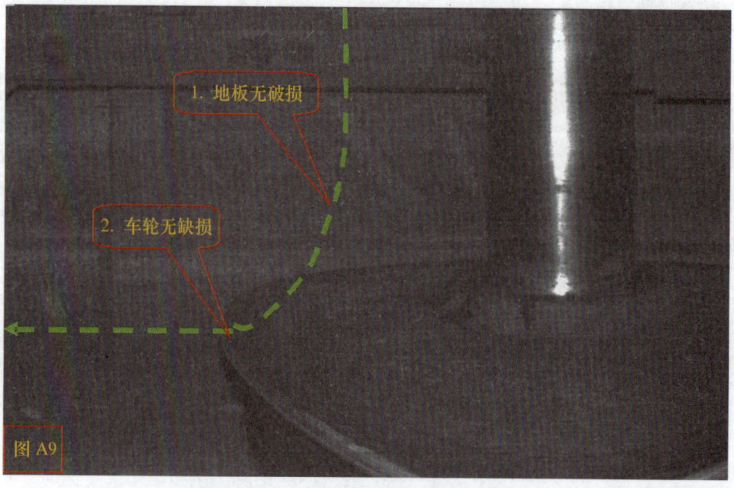

图 4-11　图 A9 检查范围及质量标准

故障表征具体如下：

地板破损：破损为局部呈黑色或灰白色，并有明显不规则的破损痕迹。

车轮缺损：车轮局部有缺失，缺失部位呈灰白色或黑色缺损痕迹。

2. 13 号（系列）车钩缓冲部

1）作业流程

车钩缓冲部位采用“e”字检查法，图前部为前车尾部钩缓，图后部为本车首部钩缓，中间为车钩连接处，虚线为鼠标运行轨迹，见图 4-12。

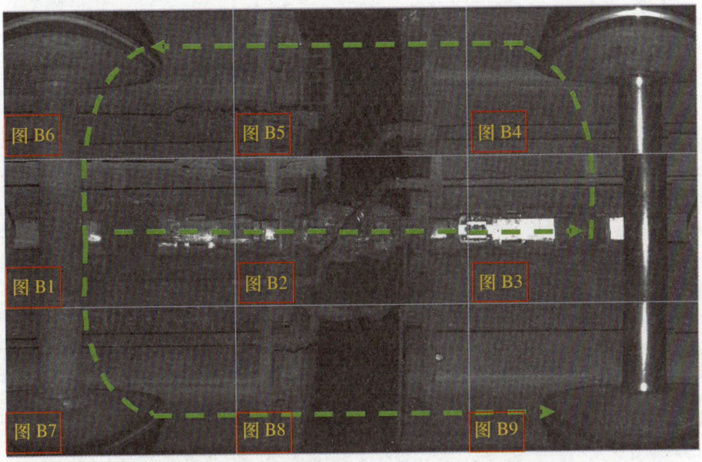

图 4-12　车钩缓冲部位采用“e”字检查法

车钩缓冲部作业流程：后从板座 1—钩尾框托板 1—钩尾框 1—缓冲器 1—从板 1—从板座 1—钩尾扁销插托—钩托梁 1—下锁销 1—钩舌销 1—钩舌销 2—下锁销 2—钩托梁 2—钩尾扁销及安全吊架—从板座 2—从板 2—缓冲器 2—钩尾框 2—钩尾框托板 2—后从板座 2—车轮 1—折角塞门 1　端梁 1—钩提杆 1—钩提杆座 1—端梁 2—人力制动机轴链—人力制动机滑轮—车轮 2—车轮 3—端梁 3—折角塞门 2—钩提杆 2—钩提杆座 2—端梁 4—车轮 4。

2）检查范围及质量标准

车钩缓冲部位合计由 9 张小图组成，现将车钩缓冲部位图分解如下：

（1）图 B1 检查范围及质量标准，见图 4-13。

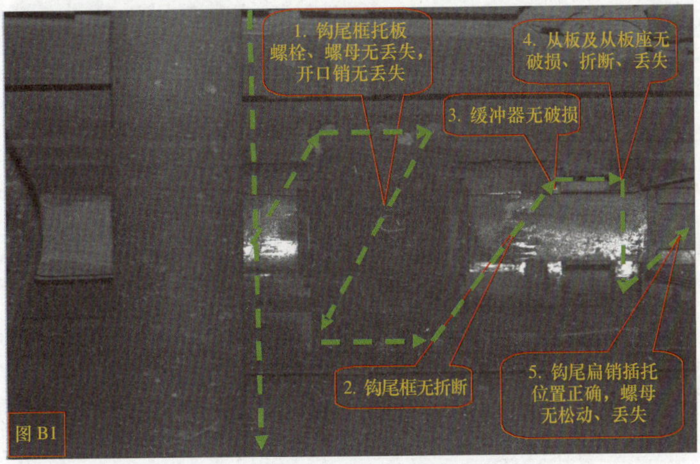

图 4-13　图 B1 检查范围及质量标准

> ⚠ 该部位存在的安全风险为钩尾框折断，从板及从板座折损，钩尾扁销插托及螺栓、螺母丢失，以上故障易引发车钩分离事故。钩尾框折断为拦停故障，要立即通知动态检车组长。

故障表征具体如下：

钩尾框托板螺栓、螺母丢失，开口销丢失：裂损时有灰白色或黑色的裂纹痕迹或缺损，螺栓丢失时为黑洞状，螺母丢失时螺栓周边无螺母轮廓线，开口销丢失时无法看到。

钩尾框折断：折断时有灰白色或黑色的裂纹痕迹或缺损。

缓冲器破损：破损时有灰白色或黑色的裂纹痕迹或缺损。

从板及从板座破损、折断、丢失：从板折断时有明显的弯曲，边缘破损、折断时有部分缺失；从板座破损时有灰白色或黑色的裂纹痕迹或缺损，丢失时从板会发生明显的位移。

钩尾扁销插托不正位，螺母松动、丢失：钩尾扁销插托不正位，定位螺栓插入插托未到位，插托与插托后端面有间隙；螺母松动时螺母或螺栓头部与插托座侧面有明显间隙，丢失时为配件缺失。

（2）图 B2 检查范围及质量标准，见图 4–14。

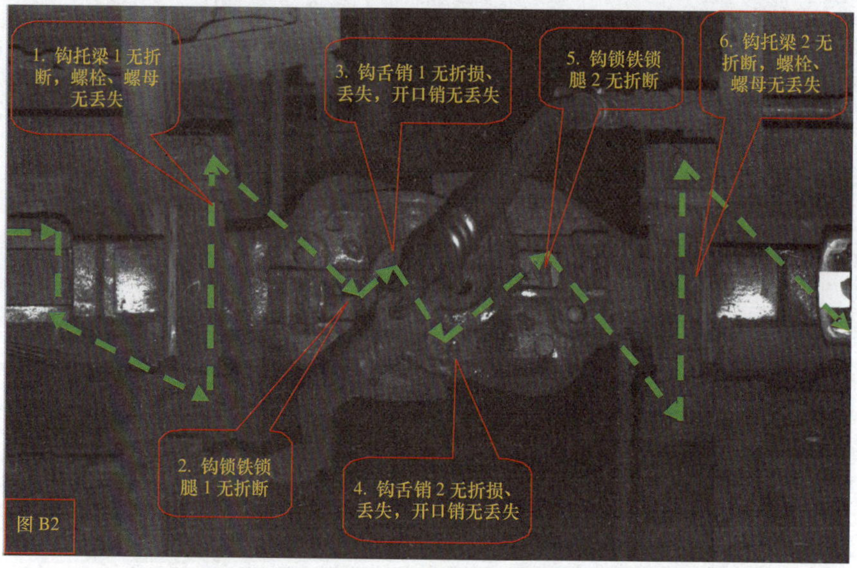

图 4–14　图 B2 检查范围及质量标准

> ⚠ 该部位存在的安全风险为钩锁铁丢失、钩托梁折损、钩舌销丢失，以上故障易引发车钩分离事故。

故障表征具体如下：

钩托梁折断，螺栓、螺母丢失：钩托梁折断时会有明显的裂纹，且钩托梁有明显的变形；螺栓丢失时为黑洞状，螺母丢失时螺栓周边无螺母轮廓线。

钩锁铁锁腿折断：钩锁铁折断处有黑印或亮痕断痕。

钩舌销折断、丢失，开口销丢失：钩舌销折断处呈灰白色或黑色断痕，丢失时为黑洞状，开口销丢失时无法看到。

（3）图 B3 检查范围及质量标准，见图 4–15。

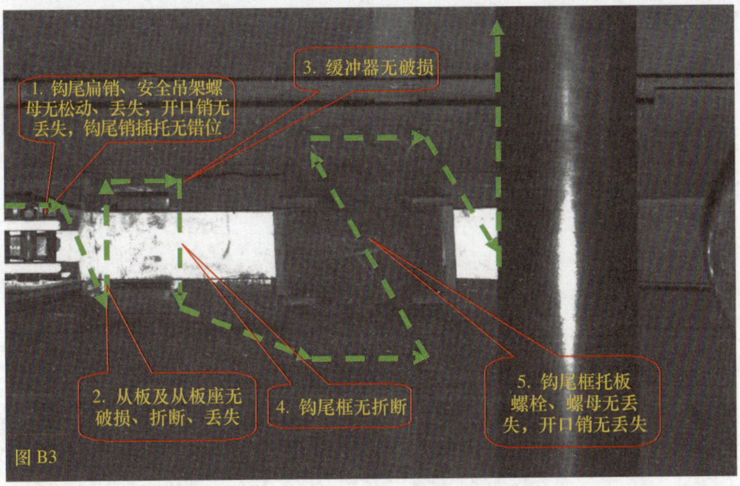

图 4-15　图 B3 检查范围及质量标准

⚠ 该部位存在的安全风险为钩尾框折断，从板及从板座折损，钩尾扁销、安全吊架螺栓、螺母丢失，以上故障易引发车钩分离事故。钩尾框折断为拦停故障，要立即通知动态检车组长。

故障表征具体如下：

钩尾扁销、安全吊架螺母松动、丢失，开口销丢失，钩尾销插托错位：螺母松动时螺母或螺栓头部与吊架侧面有明显间隙，螺母丢失时螺栓周边无螺母轮廓线，开口销丢失时无法看到；钩尾销插托错位时，插托会发生明显倾斜。

从板及从板座破损、折断、丢失：从板折断时有明显的弯曲，边缘破损、折断时有部分缺失；从板座破损时有灰白色或黑色的裂纹痕迹或缺损，丢失时从板会发生明显的位移。

缓冲器破损：破损时有灰白色或黑色的裂纹痕迹或缺损。

钩尾框折断：折断时有灰白色或黑色的裂纹痕迹或缺损。

钩尾框托板螺栓、螺母丢失，开口销丢失：螺栓丢失时为黑洞状，螺母丢失时螺栓周边无螺母轮廓线，开口销丢失时无法看到。

（4）图 B4 检查范围及质量标准，见图 4-16。

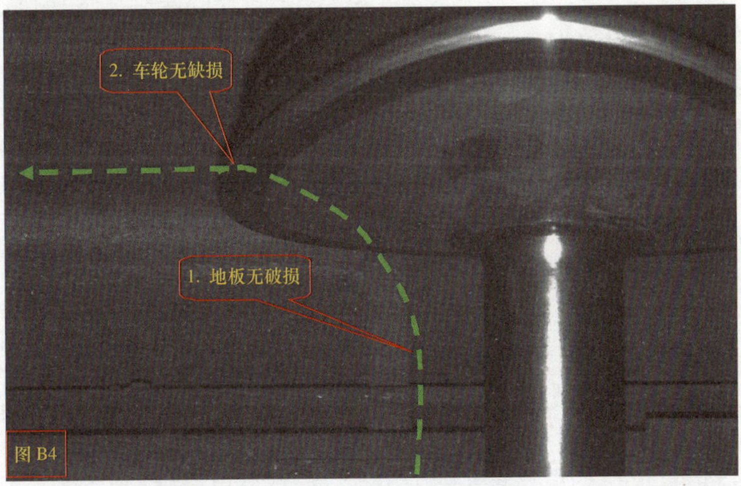

图 4-16　图 B4 检查范围及质量标准

故障表征具体如下：

地板破损：破损为局部呈黑色或灰白色，并有明显不规则的破损痕迹。

车轮缺损：车轮局部有缺失，缺失部位呈灰白色或黑色缺损痕迹。

（5）图 B5 检查范围及质量标准，见图 4-17。

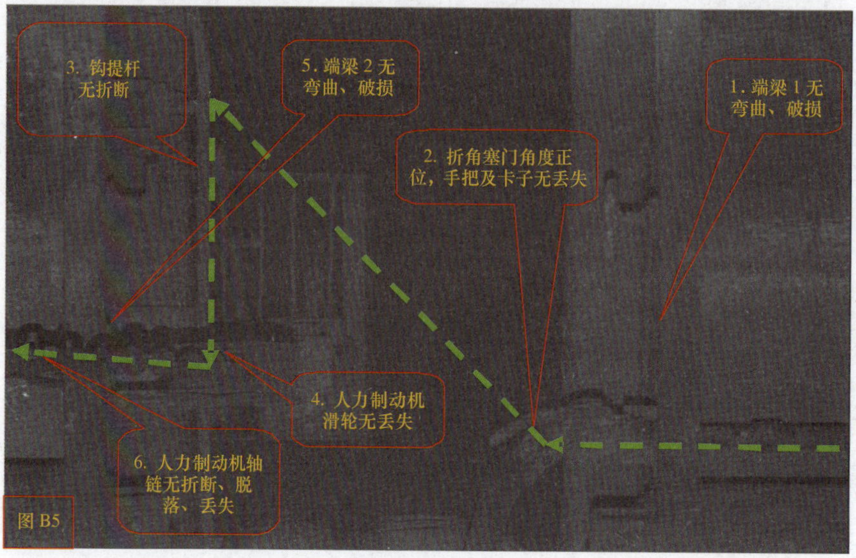

图 4-17 图 B5 检查范围及质量标准

> ⚠ 该部位存在的安全风险为折角塞门手把关闭、提钩杆及座脱落、人力制动机轴链脱落。折角塞门手把关闭、提钩杆及座脱落、人力制动机轴链脱落为拦停故障，要立即通知动态检车组长。

故障表征具体如下：

端梁弯曲、破损：弯曲时有较大的曲度，破损时有灰白色或黑色缺损痕迹。

折角塞门手把关闭，手把或卡子丢失：折角塞门手把关闭时手把与塞门体相垂直，丢失为配件缺失。

钩提杆折断：钩提杆折断时与原形发生显著变化，钩提杆会下垂脱落。

人力制动机滑轮丢失：丢失为配件缺失。

人力制动机轴链折断、脱落、丢失：折断时链有断裂痕迹，折断脱落时下垂脱落，丢失时配件缺失。

（6）图 B6 检查范围及质量标准，见图 4-18。

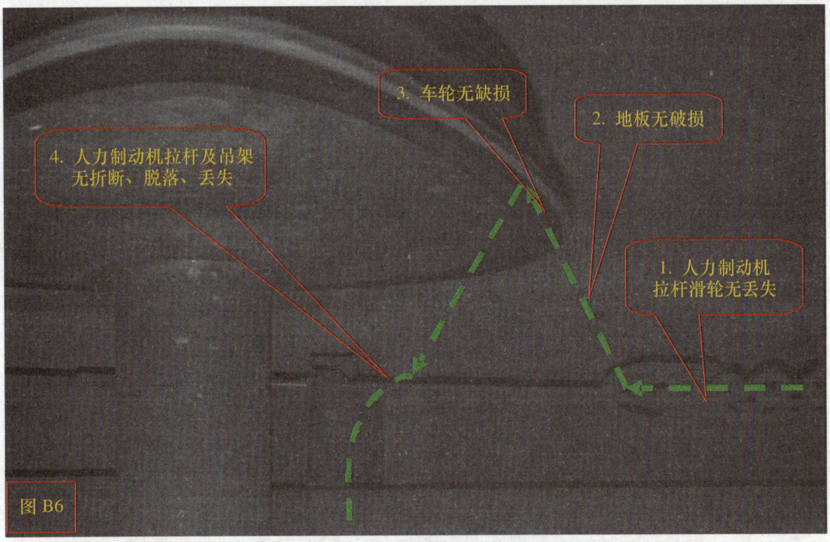

图 4-18　图 B6 检查范围及质量标准

故障表征具体如下：

人力制动机拉杆滑轮丢失：丢失时配件缺失。

地板破损：破损为局部呈黑色或灰白色，并有明显不规则的破损痕迹。

车轮缺损：车轮局部有缺失，缺失部位呈灰白色或黑色缺损痕迹。

人力制动机拉杆及吊架折断、脱落、丢失：折断时为黑印或亮痕断痕，脱落时拉杆折断脱离原位置呈下垂状，吊架脱落时发生翻转垂落。

（7）图 B7 检查范围及质量标准，见图 4-19。

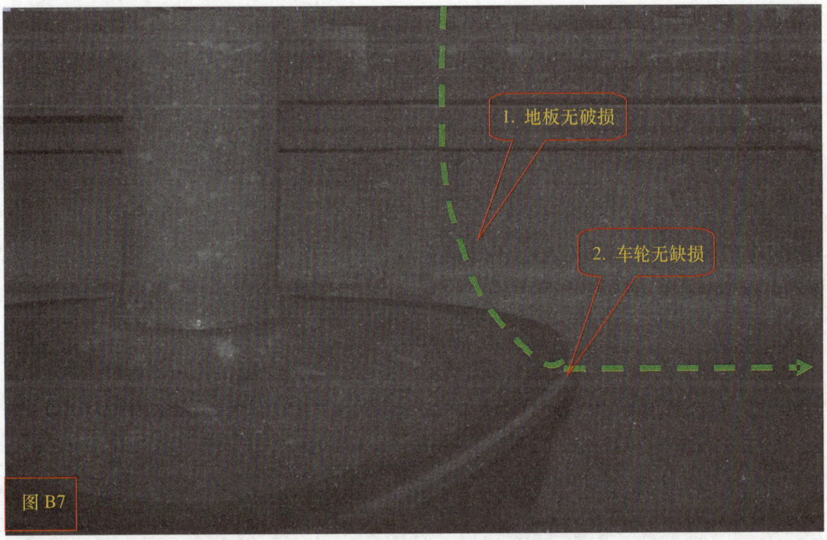

图 4-19　图 B7 检查范围及质量标准

故障表征具体如下：

地板破损：破损为局部呈黑色或灰白色，并有明显不规则的破损痕迹。

车轮缺损：车轮局部有缺失，缺失部位呈灰白色或黑色缺损痕迹。

（8）图 B8 检查范围及质量标准，见图 4–20。

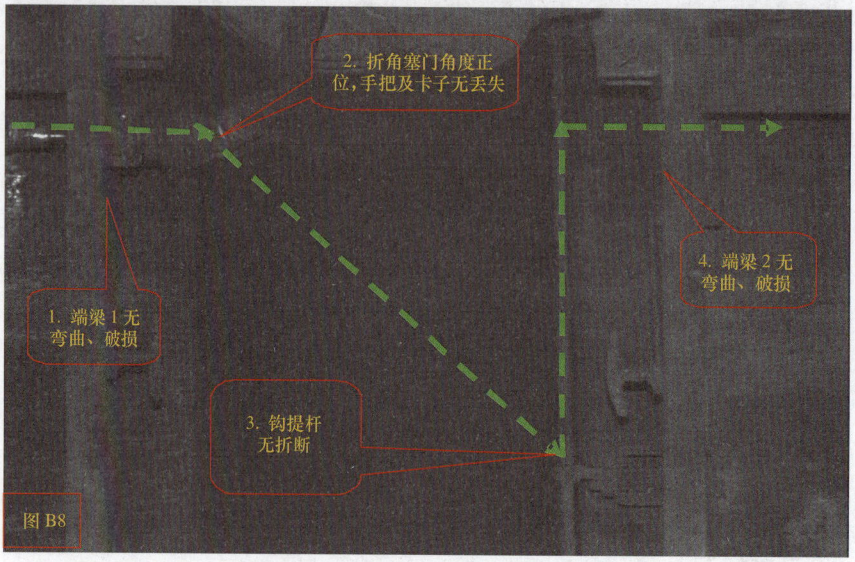

图 4–20　图 B8 检查范围及质量标准

> ⚠ 该部位存在的安全风险为折角塞门手把关闭、提钩杆及座脱落。折角塞门手把关闭、提钩杆及座脱落为拦停故障，要立即通知动态检车组长。

故障表征具体如下：

端梁弯曲、破损：弯曲时有较大的曲度，破损时有灰白色或黑色缺损痕迹。

折角塞门手把关闭，手把或卡子丢失：折角塞门手把关闭时手把与塞门体相垂直，丢失为配件缺失。

钩提杆折断：钩提杆折断时与原形发生显著变化，钩提杆会下垂脱落。

（9）图 B9 检查范围及质量标准，见图 4–21。

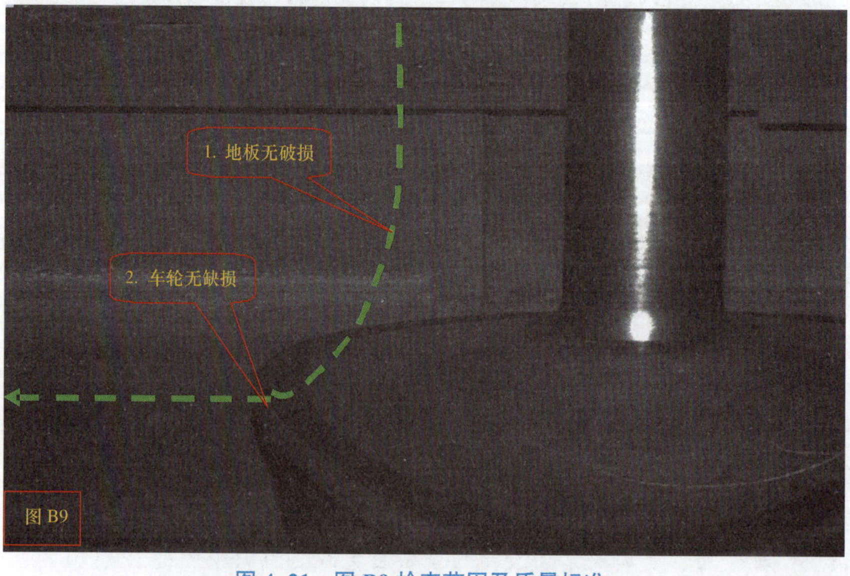

图 4–21　图 B9 检查范围及质量标准

故障表征具体如下：

地板破损：破损为局部呈黑色或灰白色，并有明显不规则的破损痕迹。

车轮缺损：车轮局部有缺失，缺失部位呈灰白色或黑色缺损痕迹。

3. 16 号、17 号、13 号（系列）混编车钩缓冲部

1）作业流程

车钩缓冲部位采用“e”字检查法，图前部为前车尾部钩缓，图后部为本车首部钩缓。

2）检查范围及质量标准

参考货车 17 号、13 号（系列）车钩。

4. 客货混编车钩缓冲部

1）作业流程

车钩缓冲部位采用“e”字检查法，图前部为前车尾部钩缓，图后部为本车首部钩缓。

2）检查范围及质量标准

参考货车 16 号、17 号、13 号（系列）车钩。

5. 车列尾车钩缓冲部

1）作业流程

互钩差部位采用“e”字检查法，图前部为本列最后一辆车车钩缓冲部处左侧图，图后部为本列最后一辆车车钩缓冲部处右侧图。

2）检查范围及质量标准

互钩差部位合计由 2 张小图组成，参考 16 号、17 号、13 号（系列）车钩缓冲部检查范围及质量标准。

工装设备

检查工装设备包括微机主机 1 台，显示器 1 台，键盘 1 个，鼠标 1 个，如表 4-1 所示。

表 4-1　工装设备

序号	名称	规格型号	单位	数量	备注
1	微机主机		台	1	
2	显示器		台	1	
3	键盘		个	1	
4	鼠标		个	1	

项目 5　TFDS 动态检查中间部作业

作业介绍

1. 作业地点

各路局集团公司货车车辆段管辖运用车间动态检车室及各高等职业院校建设的 TFDS 动态检车（测）实训室。

2. 适用范围

适用于各路局集团公司货车车辆段管辖各列检作业场、动态检查作业场执行动态检查的作业人员、各高等职业院校铁道车辆技术等相关专业学生。

3. 人员要求

能够熟练掌握 TFDS 动态检查中间部作业技能，从而满足 TFDS 动态检车员岗位需求。

4. 作业要点

（1）作业前须单击“刷新”按钮后开始动态检车。

（2）每幅图的动态检查时间不少于 2 s。

（3）图像需放大检查时，单击鼠标右键或双击鼠标左键进行放大检查。

（4）发现故障时，要通过三级菜单选择正确的故障名称进行添加。

（5）检查发现图像异常、无法正常作业时，要及时报告动态检车组长。

（6）检查发现典型故障及危及行车安全的故障时，要立即报告动态检车组长。

TFDS 动态检查中间部作业流程

一辆车包车检查作业流程，包括：作业准备—单击“开始”按钮—前台侧架—后台侧架—前台制动梁—后台制动梁—车钩缓冲部—中间部Ⅰ—中间部Ⅱ—互钩差—中间部侧部Ⅰ—中间部侧部Ⅱ—车体侧面Ⅰ—车体侧面Ⅱ—车体侧面Ⅲ—车体侧面Ⅳ—2～N 辆车作业—完工整理。TFDS 动态检查中间部作业流程，包括中间部Ⅰ检查、中间部Ⅱ检查，如图 5-1 所示。

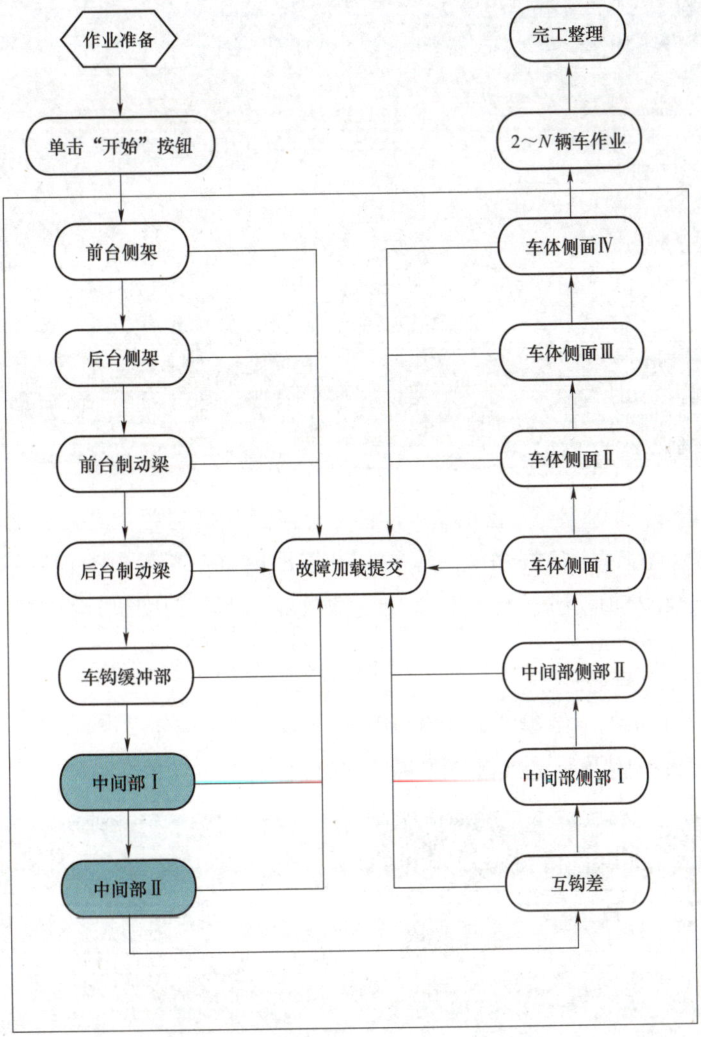

图 5-1　TFDS 动态检查中间部作业流程

作业程序、标准及示范

任务 5.1　TFDS 动态检查中间部 I 作业

1. 70 t 级货车中间部 I

目前全路运行的主型 70 t 级货车主要有 $C_{70(H)}$、$C_{70E(H)}$、P_{70}、$NX_{70(A)}$、X_{70}、GQ_{70}、GL_{70}、KM_{70} 等，本作业指导书以 C_{70} 型车为例，其余车型参考 C_{70} 型车进行检查。

1）作业流程

中间部 I 采用“三”字检查法，图上部为运行方向左侧车底架，图下部为运行方向右侧车底架，图中部为底架中梁部，虚线为鼠标运行轨迹，见图 5-2。

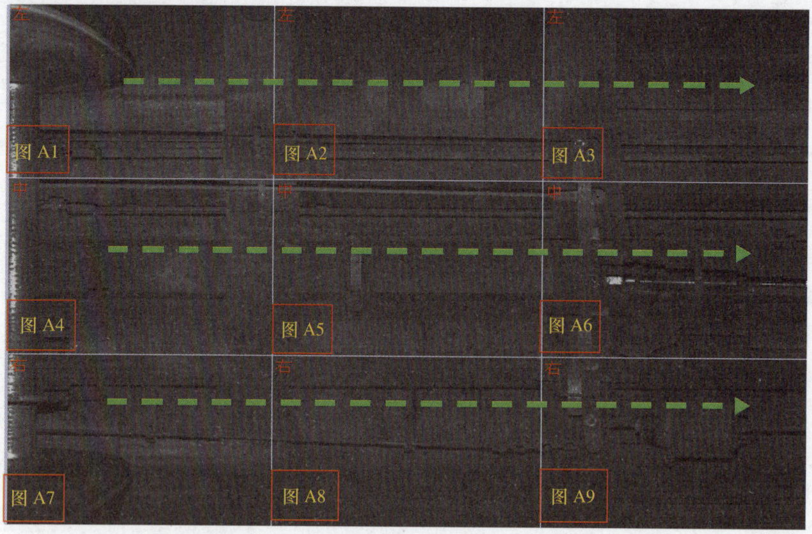

图 5-2　中间部 I 采用“三”字检查法

中间部 I 作业流程：上拉杆吊架—上拉杆—车地板 1—车号自动识别标签—制动缸前杠杆组成—闸调器—人力制动机拉杆及吊架—车地板 2—人力制动机拉杆及链—制动缸活塞推杆—制动缸。

2）检查范围及质量标准

中间部 I 合计由 9 张小图组成，现将中间部 I 图分解如下：

（1）图 A1 检查范围及质量标准，见图 5-3。

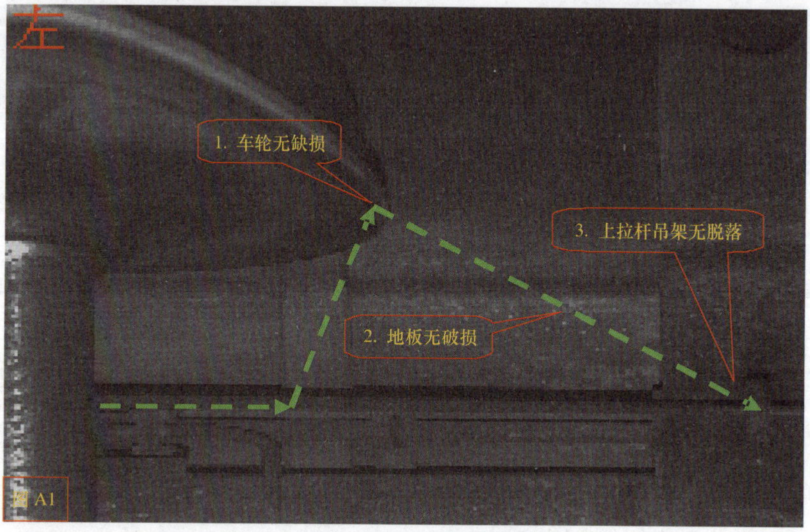

图 5-3　图 A1 检查范围及质量标准

⚠ 该部位重车地板破损时，易发生货物脱出。脱出严重危及行车安全的，按拦停故障处理。

故障表征具体如下：

车轮缺损：车轮局部有缺失，缺失部位呈灰白色或黑色缺损痕迹。

地板破损：破损为局部呈黑色或灰白色，并有明显不规则的破损痕迹。

上拉杆吊架脱落：吊架脱落时发生翻转垂落。

（2）图 A2 检查范围及质量标准，见图 5-4。

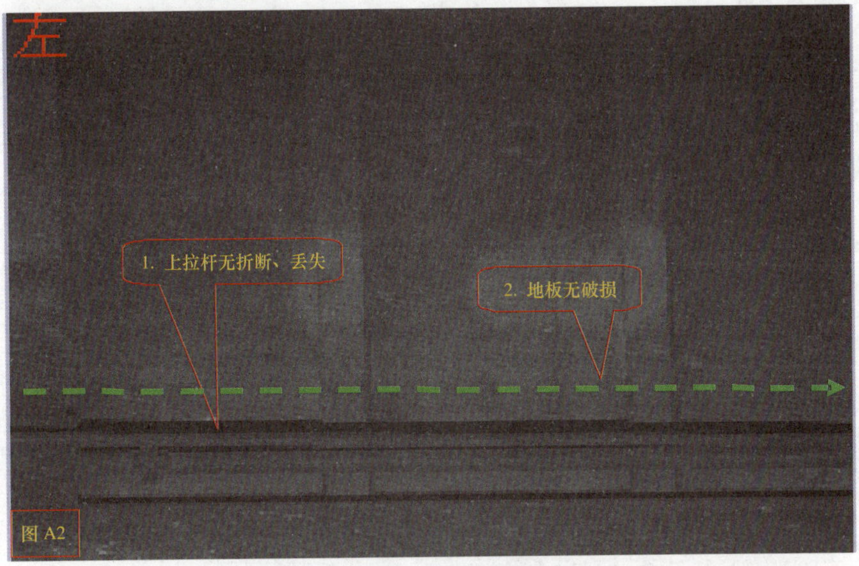

图 5-4　图 A2 检查范围及质量标准

⚠ 该部位重车地板破损时，易发生货物脱出。脱出严重危及行车安全的，按拦停故障处理。

故障表征具体如下：

上拉杆折断、丢失：折断时为灰白色或黑色断裂痕迹，部分断裂垂下；丢失时配件缺失。

地板破损：破损为局部呈黑色或灰白色，并有明显不规则的破损痕迹。

（3）图 A3 检查范围及质量标准，见图 5-5。

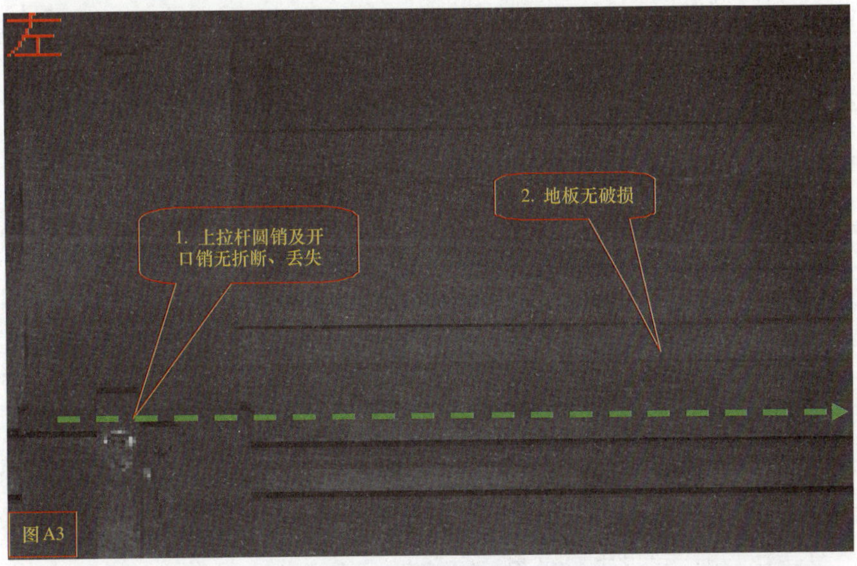

图 5-5　图 A3 检查范围及质量标准

⚠ 该部位重车地板破损时，易发生货物脱出。脱出严重危及行车安全的，按拦停故障处理。

故障表征具体如下：

上拉杆圆销及开口销折断、丢失：拉铆销套环丢失、缺损、圆销折断有明显缺失痕迹，并伴有黑印或发亮的断痕，丢失时配件部位空缺，销孔处呈黑洞状；开口销折断时局部缺损，形状不完整。

地板破损：破损为局部呈黑色或灰白色，并有明显不规则的破损痕迹。

（4）图 A4 检查范围及质量标准，见图 5-6。

图 5-6　图 A4 检查范围及质量标准

故障表征具体如下：

上拉杆吊架脱落：吊架脱落时发生翻转垂落。

（5）图 A5 检查范围及质量标准，见图 5-7。

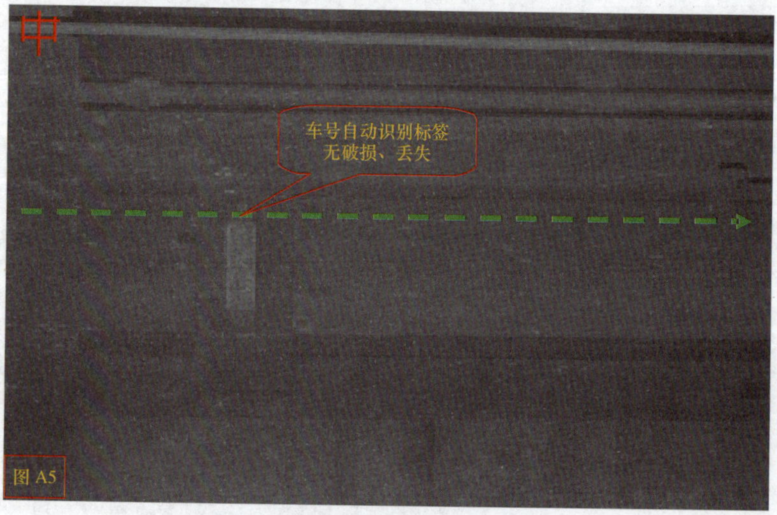

图 5-7　图 A5 检查范围及质量标准

故障表征具体如下：

车号自动识别标签破损、丢失：破损处呈灰白色或黑色破损痕迹。

（6）图 A6 检查范围及质量标准，见图 5-8。

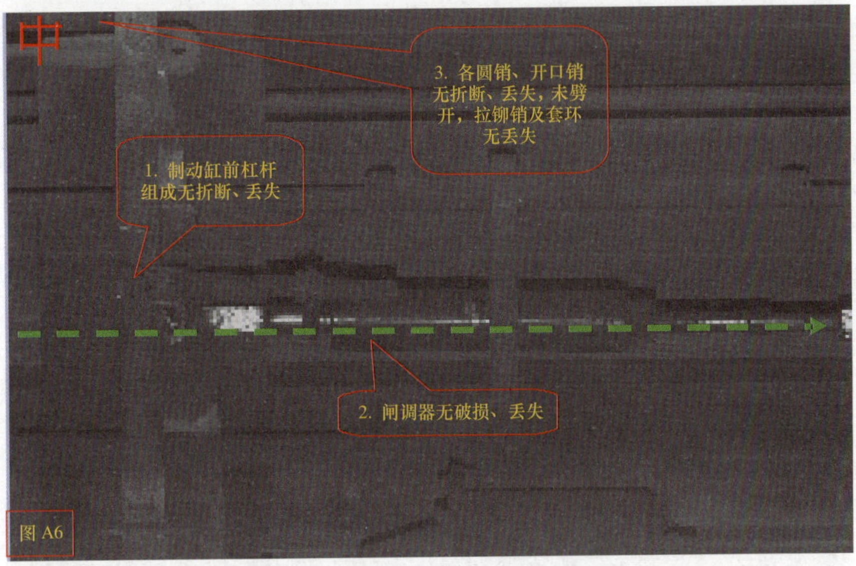

图 5-8　图 A6 检查范围及质量标准

该部位存在的安全风险为闸调器破损脱落，脱落会危及行车安全。

故障表征具体如下：

制动缸前杠杆组成折断、丢失：折断时位置上发生侧移、倾斜或脱落，丢失时配件缺失。

闸调器破损、丢失：闸调器破损时可看到有油迹渗出，部分可见内部弹簧，丢失时配件缺失。

（7）图 A7 检查范围及质量标准，见图 5-9。

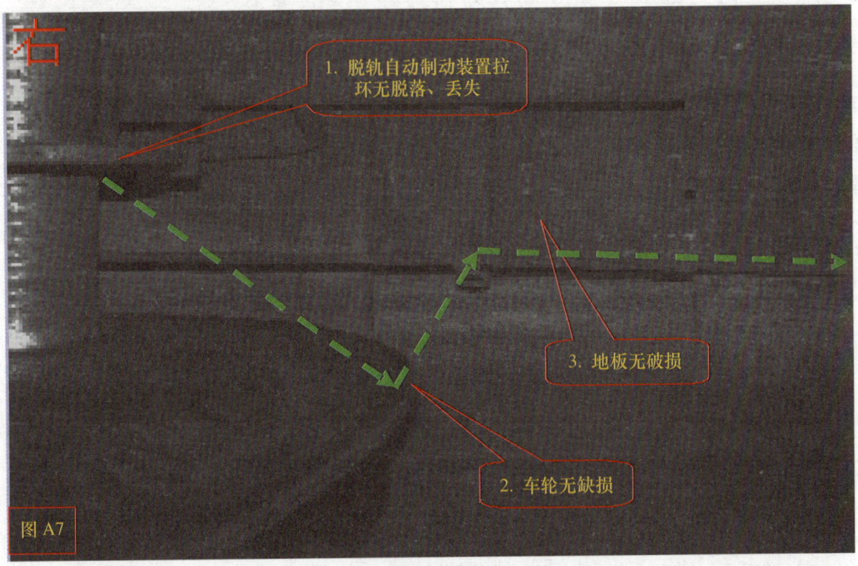

图 5-9　图 A7 检查范围及质量标准

该部位存在的安全风险为脱轨自动制动装置拉环脱落；重车地板破损时，易发生货物脱出。脱出严重危及行车安全的，按拦停故障处理。

故障表征具体如下：

脱轨自动制动装置拉环脱落、丢失：发生脱落时严重倾斜并磨车轴，完全脱落时可看到防脱拉环发生翻转；丢失时该配件部位空缺。

车轮缺损：车轮局部有缺失，缺失部位呈灰白色或黑色缺损痕迹。

地板破损：破损为局部呈黑色或灰白色，并有明显不规则的破损痕迹。

（8）图 A8 检查范围及质量标准，见图 5-10。

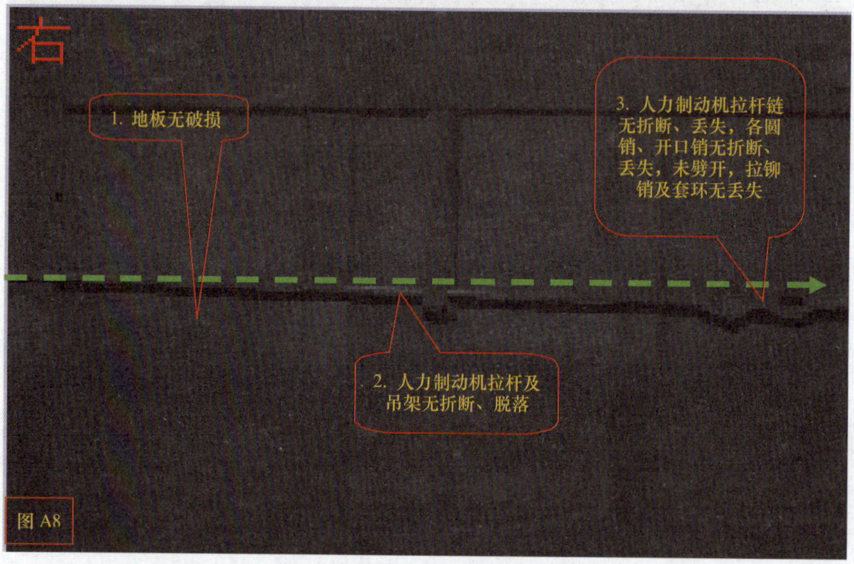

图 5-10 图 A8 检查范围及质量标准

该部位重车地板破损时，易发生货物脱出。脱出严重危及行车安全的，按拦停故障处理。

故障表征具体如下：

地板破损：破损为局部呈黑色或灰白色，并有明显不规则的破损痕迹。

人力制动机拉杆及吊架折断、脱落：折断时为灰白色或黑色断裂痕迹，脱落时拉杆脱离原位置呈下垂状，吊架脱落时发生翻转垂落。

人力制动机拉杆链折断、丢失：折断时链有断裂痕迹，折断脱落时下垂脱落，丢失时配件缺失。

（9）图 A9 检查范围及质量标准，见图 5-11。

该部位存在的安全风险为制动缸及吊架脱落，配件脱落危及行车安全。制动缸脱落为拦停故障，要立即通知动态检车组长。

故障表征具体如下：

制动缸活塞推杆丢失，圆销、开口销折断、丢失：活塞推杆丢失时制动缸前部与前杠杆间无推杆；拉铆销套环丢失、缺损、圆销折断有明显缺失痕迹，并伴有黑印或发亮的断痕，

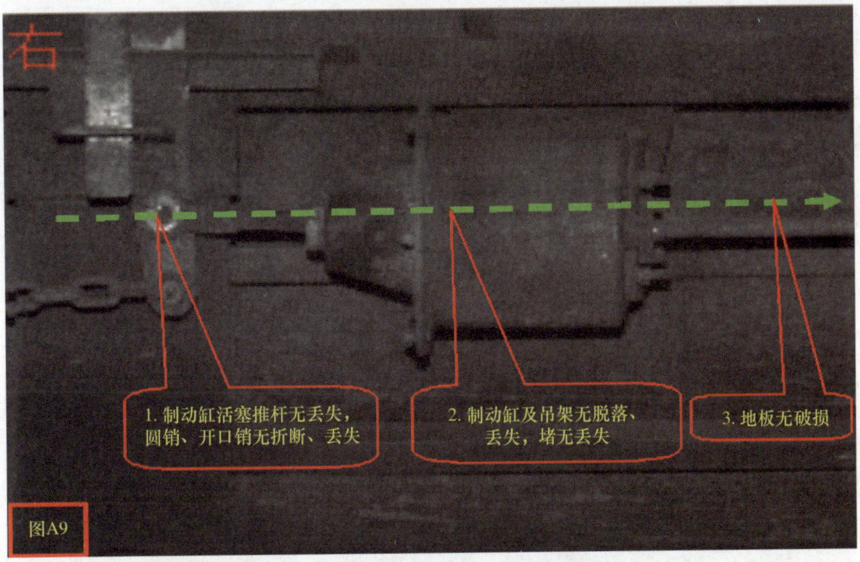

图 5-11　图 A9 检查范围及质量标准

丢失时配件部位空缺，销孔处呈黑洞状；开口销折断时局部缺损，形状不完整。

制动缸及吊架脱落、丢失，堵丢失：脱落时制动缸及吊架发生侧移、倾斜，制动缸连通管发生弯曲；堵丢失时呈黑洞状。

地板破损：破损为局部呈黑色或灰白色，并有明显不规则的破损痕迹。

2. 60 t 级货车中间部 I

目前全路运行的主型 60 t 级货车主要有 $C_{64K(H)}$、C_{62BK}、$P_{62K(NK)}$、$P_{64(A)K}$、$P_{64(G)K}$、G_{60}、G_{17K}、N_{17} 系列、X_6 系列等，本作业指导书以 C_{64K} 型车为例，其余车型参考 C_{64K} 型车进行检查。

1）作业流程

中间部 I 采用"三"字检查法，图上部为运行方向左侧车底架，图下部为运行方向右侧车底架，图中部为底架中梁部，虚线为鼠标运行轨迹，见图 5-12。

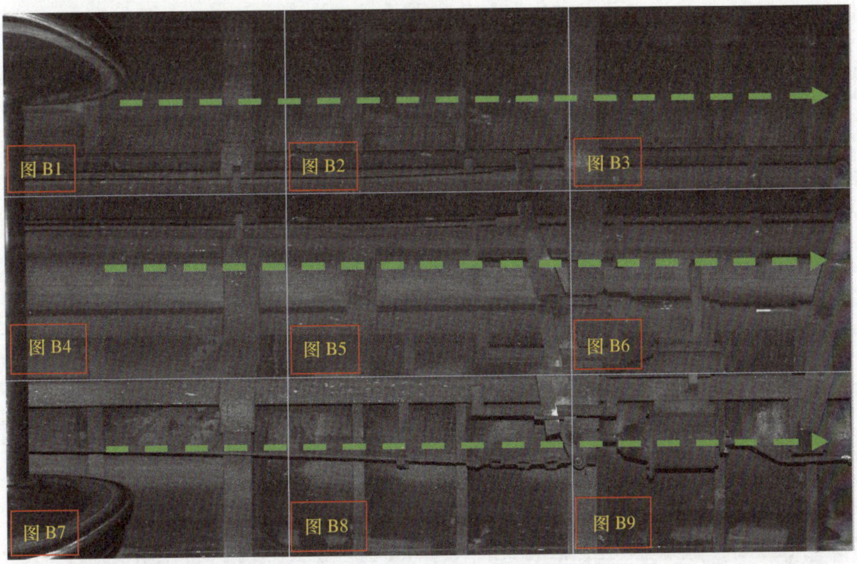

图 5-12　中间部 I 采用"三"字检查法

中间部Ⅰ作业流程：上拉杆吊架—上拉杆—车地板 1—车号自动识别标签—制动缸前杠杆组成—闸调器—人力制动机拉杆及吊架—车地板 2—人力制动机拉杆及链—制动缸活塞推杆—制动缸。

2）检查范围及质量标准

中间部Ⅰ合计由 9 张小图组成，现将中间部Ⅰ图分解如下：

（1）图 B1 检查范围及质量标准，见图 5-13。

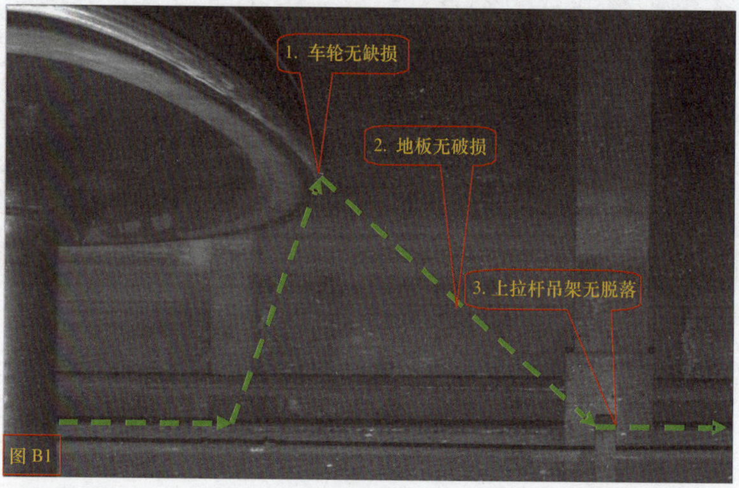

图 5-13　图 B1 检查范围及质量标准

> ⚠ 该部位重车地板破损时，易发生货物脱出。脱出严重危及行车安全的，按拦停故障处理。

故障表征具体如下：

车轮缺损：车轮局部有缺失，缺失部位呈灰白色或黑色缺损痕迹。

地板破损：破损为局部呈黑色或灰白色，并有明显不规则的破损痕迹。

上拉杆吊架脱落：吊架脱落时发生翻转垂落。

（2）图 B2 检查范围及质量标准，见图 5-14。

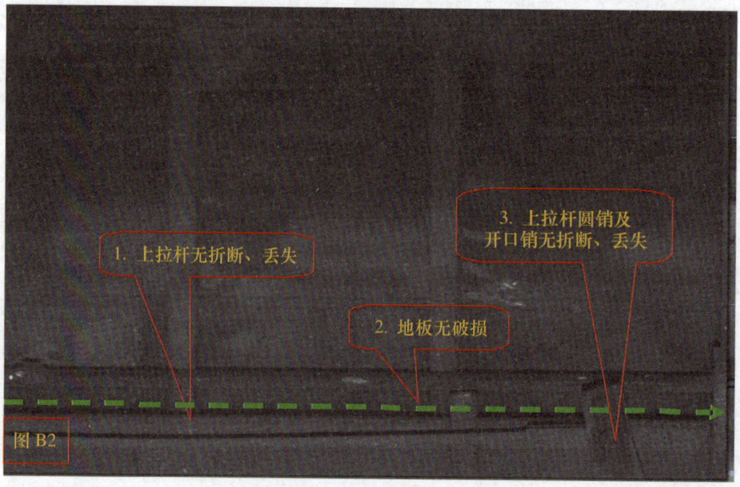

图 5-14　图 B2 检查范围及质量标准

该部位重车地板破损时，易发生货物脱出。脱出严重危及行车安全的，按拦停故障处理。

故障表征具体如下：

上拉杆折断、丢失：折断时为灰白色或黑色断裂痕迹，部分断裂垂下；丢失时配件缺失。

地板破损：破损为局部呈黑色或灰白色，并有明显不规则的破损痕迹。

上拉杆圆销及开口销折断、丢失：拉铆销套环丢失、缺损、圆销折断有明显缺失痕迹，并伴有黑印或发亮的断痕，丢失时配件部位空缺，销孔处呈黑洞状；开口销折断时局部缺损，形状不完整。

（3）图B3检查范围及质量标准，见图5-15。

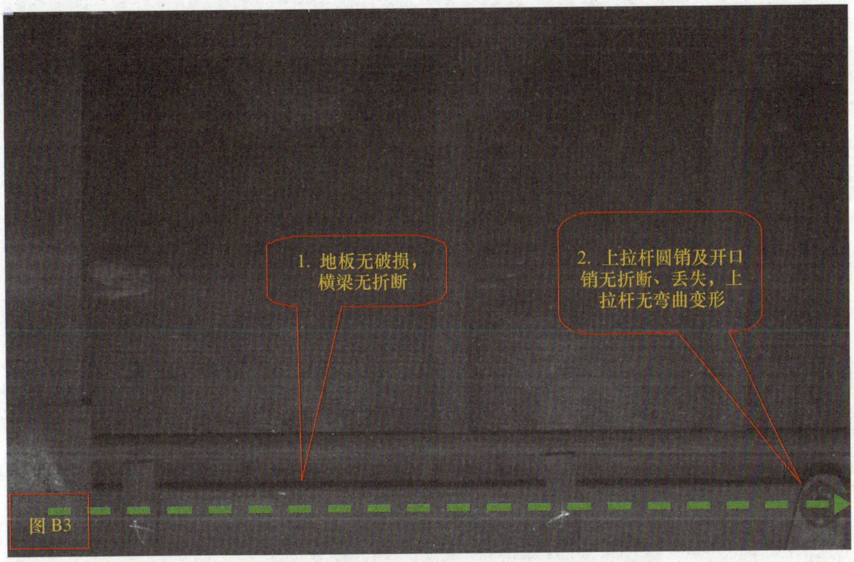

图5-15　图B3检查范围及质量标准

该部位重车地板破损时，易发生货物脱出。脱出严重危及行车安全的，按拦停故障处理。

故障表征具体如下：

地板破损：破损为局部呈黑色或灰白色，并有明显不规则的破损痕迹。

上拉杆圆销及开口销折断、丢失：拉铆销套环丢失、缺损、圆销折断有明显缺失痕迹，并伴有黑印或发亮的断痕，丢失时配件部位空缺，销孔处呈黑洞状；开口销折断时局部缺损，形状不完整。

（4）图B4检查范围及质量标准，见图5-16。

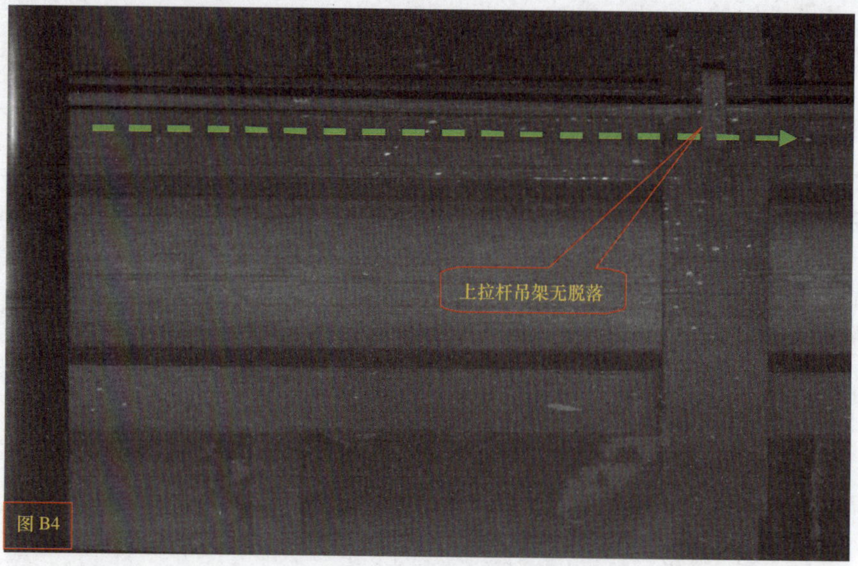

图 5-16　图 B4 检查范围及质量标准

故障表征具体如下：

上拉杆吊架脱落：吊架脱落时发生翻转垂落。

（5）图 B5 检查范围及质量标准，见图 5-17。

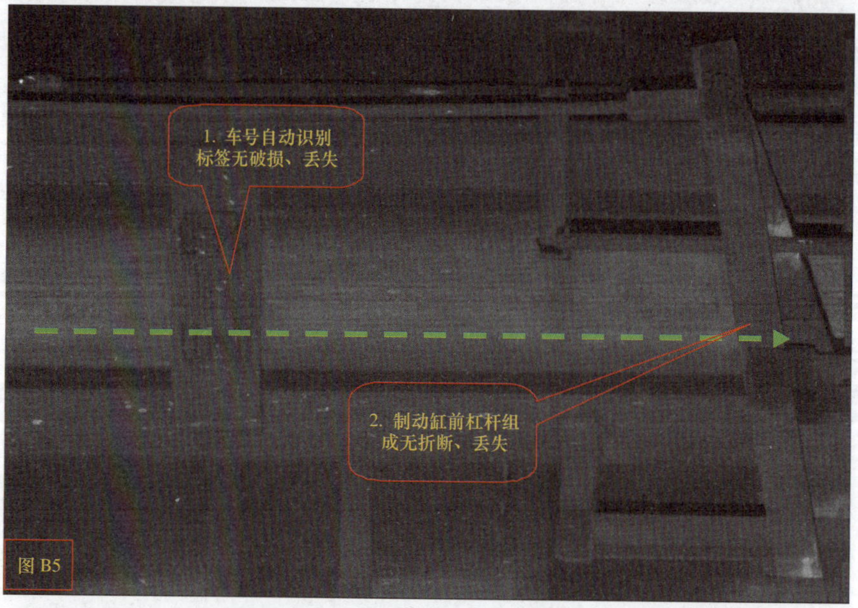

图 5-17　图 B5 检查范围及质量标准

故障表征具体如下：

车号自动识别标签破损、丢失：破损处呈灰白色或黑色破损痕迹。

制动缸前杠杆组成折断、丢失：折断时位置上发生侧移、倾斜或脱落，丢失时配件缺失。

（6）图 B6 检查范围及质量标准，见图 5-18。

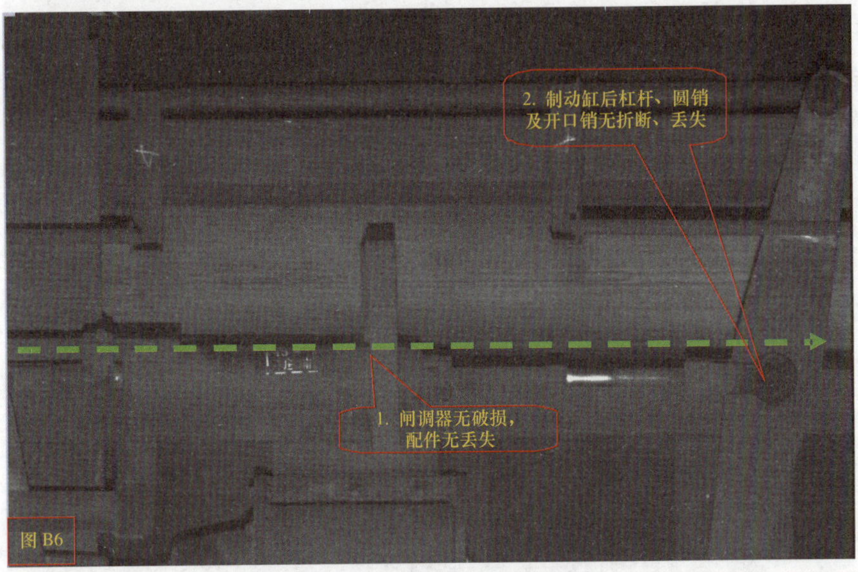

图 5-18　图 B6 检查范围及质量标准

该部位存在的安全风险为闸调器破损脱落，配件脱落危及行车安全。

故障表征具体如下：

闸调器破损，配件丢失：闸调器破损时可看到有油迹渗出，部分可见内部弹簧，丢失时配件缺失。

制动缸后杠杆、圆销及开口销折断、丢失：杠杆折断时位置上发生侧移、倾斜或脱落；拉铆销套环丢失、缺损、圆销折断有明显缺失痕迹，并伴有黑印或发亮的断痕，丢失时配件部位空缺，销孔处呈黑洞状；开口销折断时局部缺损，形状不完整。

（7）图 B7 检查范围及质量标准，见图 5-19。

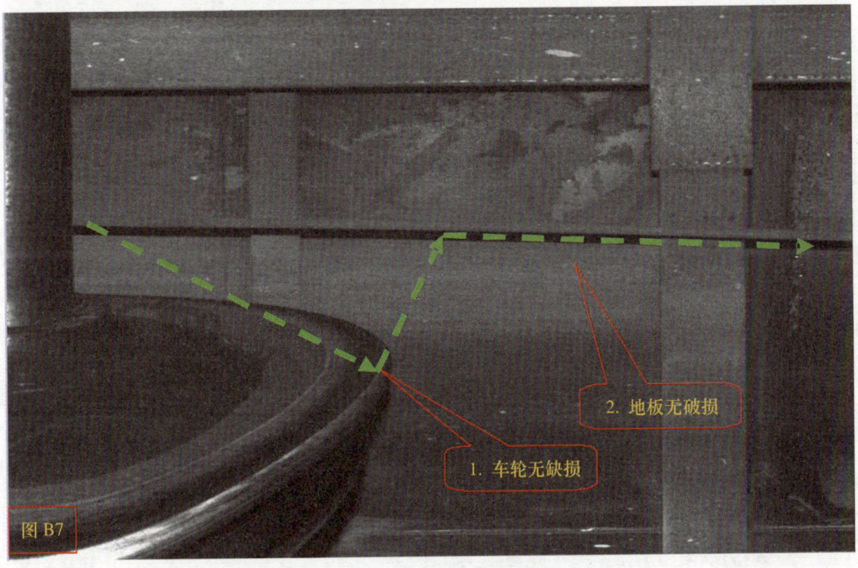

图 5-19　图 B7 检查范围及质量标准

⚠ 该部位重车地板破损时，易发生货物脱出。脱出严重危及行车安全的，按拦停故障处理。

故障表征具体如下：

车轮缺损：车轮局部有缺失，缺失部位呈灰白色或黑色缺损痕迹。

地板破损：破损为局部呈黑色或灰白色，并有明显不规则的破损痕迹。

（8）图 B8 检查范围及质量标准，见图 5-20。

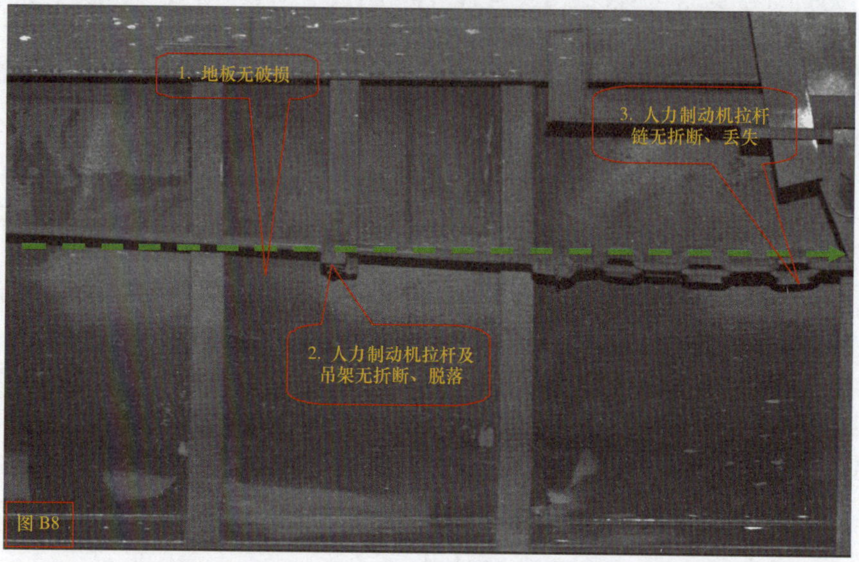

图 5-20 图 B8 检查范围及质量标准

⚠ 该部位重车地板破损时，易发生货物脱出。脱出严重危及行车安全的，按拦停故障处理。

故障表征具体如下：

地板破损：破损为局部呈黑色或灰白色，并有明显不规则的破损痕迹。

人力制动机拉杆及吊架折断、脱落：折断时为灰白色或黑色断裂痕迹，脱落时拉杆折断脱离原位置呈下垂状，吊架脱落时发生翻转垂落。

人力制动机拉杆链折断、丢失：折断时链有断裂痕迹，折断脱落时下垂脱落，丢失时配件缺失。

（9）图 B9 检查范围及质量标准，见图 5-21。

⚠ 该部位存在的安全风险为制动缸及吊架脱落，配件脱落危及行车安全。制动缸脱落为拦停故障，要立即通知检车组长。

故障表征具体如下：

制动缸活塞推杆丢失，圆销、开口销折断、丢失：活塞推杆丢失时制动缸前部与前杠杆间无推杆；拉铆销套环无丢失、缺损，圆销折断有明显缺失痕迹，并伴有黑印或发亮的断痕，丢失时配件部位空缺，销孔处呈黑洞状；开口销折断时局部缺损，形状不完整。

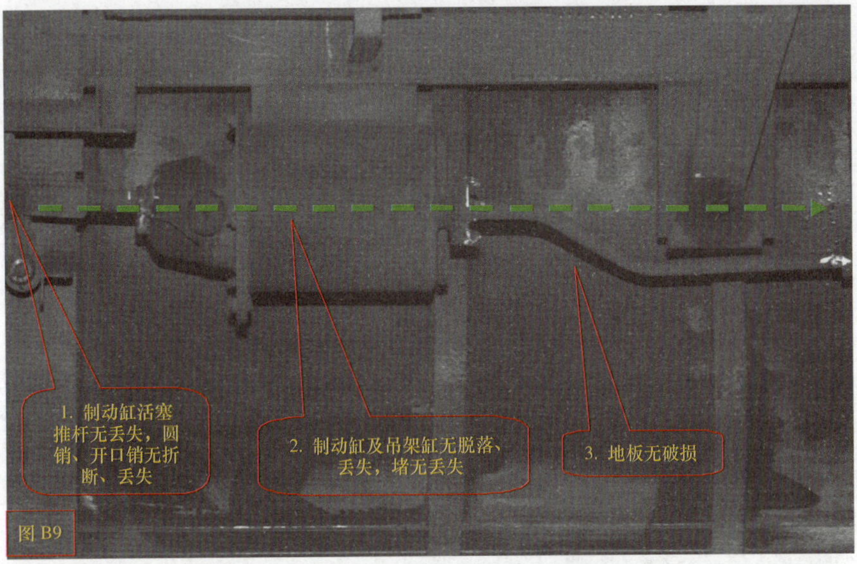

图 5-21　图 B9 检查范围及质量标准

制动缸及吊架脱落、丢失，堵丢失：脱落时制动缸及吊架发生侧移、倾斜，制动缸连通管发生弯曲；堵丢失时为黑洞状。

地板破损：破损为局部呈黑色或灰白色，并有明显不规则的破损痕迹。

3. 其他级货车中间部Ⅰ

1）作业流程

中间部Ⅰ采用“三”字检查法，图上部为运行方向左侧车底架，图下部为运行方向右侧车底架，图中部为底架中梁部。

2）检查范围及质量标准

（1）空气制动机配件无丢失，防盗罩无脱落，空重车自动调整装置限压阀、调整阀配件无丢失，制动缸同各风缸及堵无脱落、丢失，制动缸活塞推杆无丢失，连接管无折断，制动软管连接状态良好，折角塞门、截断塞门手把无关闭、丢失，闸调器无破损、丢失，拉杆圆销、开口销无折断、丢失，缓解阀无丢失，缓解阀拉杆无折断、脱落、丢失，脱轨自动制动装置拉环无脱落、丢失，组合式集尘器无破损、丢失，横跨梁无折断、丢失，组装螺栓螺母无丢失。

（2）人力制动机拉杆及吊架无折断、脱落、丢失，滑轮无丢失，轴链、拉杆链及圆销、开口销无折断、丢失。

（3）铁路货车车号自动识别标签无丢失。

（4）车体地板、端墙板无破损，牵引梁、端梁无弯曲、破损。

任务 5.2　TFDS 动态检查中间部Ⅱ、Ⅲ及其他作业

1. 70 t 级货车中间部Ⅱ、Ⅲ及其他

目前全路运行的主型 70 t 级货车主要有 $C_{70(H)}$、$C_{70E(H)}$、P_{70}、$NX_{70(A)}$、X_{70}、GQ_{70}、GL_{70}、KM_{70} 等，本作业指导书以 C_{70} 型车为例，其余车型参考 C_{70} 型车进行检查。部分换长较大的车型还有中间部Ⅲ及中间部其他，作业流程及检查范围与中间部Ⅱ一致。

1）作业流程

中间部Ⅱ采用“三”字检查法，图上部为运行方向左侧车底架，图下部为运行方向右侧车底架，图中部为底架中梁部，虚线为鼠标运行轨迹，见图 5-22。

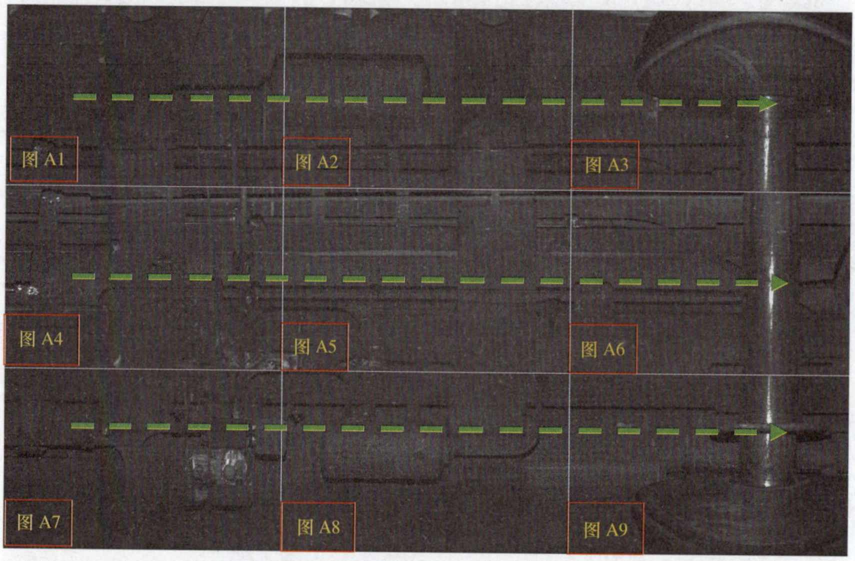

图 5-22 中间部Ⅱ采用“三”字检查法

中间部Ⅱ作业流程：上拉杆圆销及开口销—地板 1—连接管 1—缓解阀拉杆 1—副风缸—上拉杆及吊架—制动主管—地板 2—闸调器圆销及开口销—制动缸后杠杆组成—制动支管—截断塞门—组合式集尘器—连接管 2—地板 3—调整阀—120 型控制阀—缓解阀拉杆 2—防盗罩—双室风缸—加速缓解风缸—地板 4。

2）检查范围及质量标准

中间部Ⅱ部位合计由 9 张小图组成，现将中间部Ⅱ图分解如下：

（1）图 A1 检查范围及质量标准，见图 5-23。

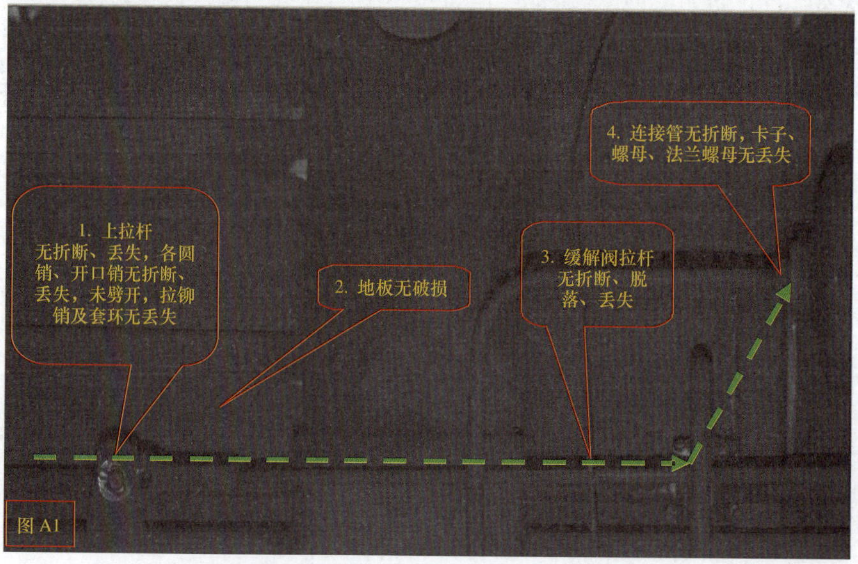

图 5-23 图 A1 检查范围及质量标准

⚠ 该部位存在的安全风险为连接管折断、缓解阀拉杆脱落，连接管折断会导致漏风抱闸，配件脱落危及行车安全。重车地板破损时，易发生货物脱出，脱出严重危及行车安全的，按拦停故障处理。

故障表征具体如下：

上拉杆圆销、开口销折断、丢失：圆销折断有明显缺失痕迹，并伴有黑印或发亮的断痕，丢失时配件部位空缺，销孔处呈黑洞状；开口销折断时局部缺损，形状不完整。

地板破损：破损为局部呈黑色或灰白色，并有明显不规则的破损痕迹。

缓解阀拉杆折断、脱落、丢失：折断脱落时发生倾斜或折断垂下，无法确认时要对照中间部侧部综合判断。

连接管折断，卡子、螺母、法兰螺母丢失：折断一般发生在管的根部，折断时断裂处发生错位，丢失时配件缺失。

（2）图 A2 检查范围及质量标准，见图 5–24。

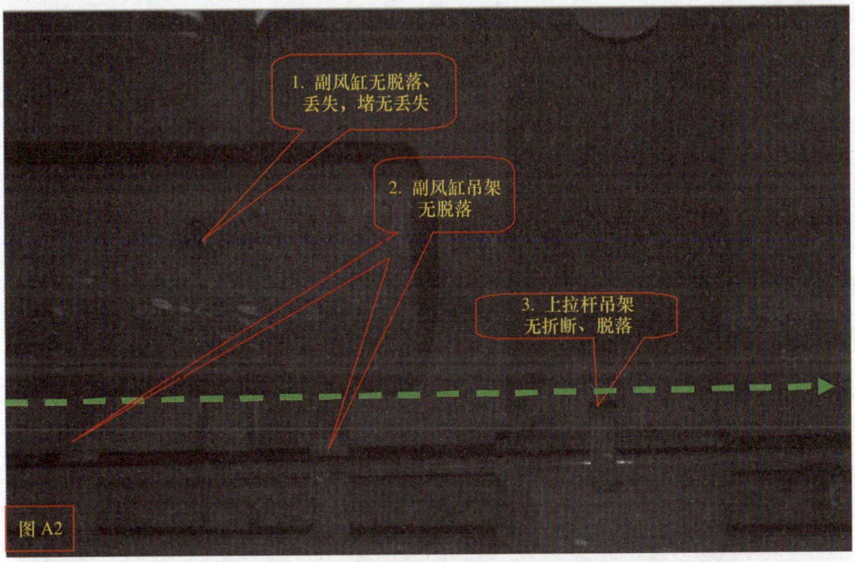

图 5–24　图 A2 检查范围及质量标准

⚠ 该部位存在的安全风险为副风缸及吊架脱落，配件脱落危及行车安全。副风缸脱落为拦停故障，要立即通知动态检车组长。

故障表征具体如下：

副风缸脱落、丢失，堵丢失：脱落时副风缸发生侧移、倾斜，制动缸连通管发生弯曲；堵丢失时为黑洞状。

副风缸吊架脱落：副风缸吊架裂损多发生在根部，吊架脱落时副风缸发生侧移、倾斜。

上拉杆吊架折断、脱落：吊架脱落时发生翻转垂落。

（3）图 A3 检查范围及质量标准，见图 5–25。

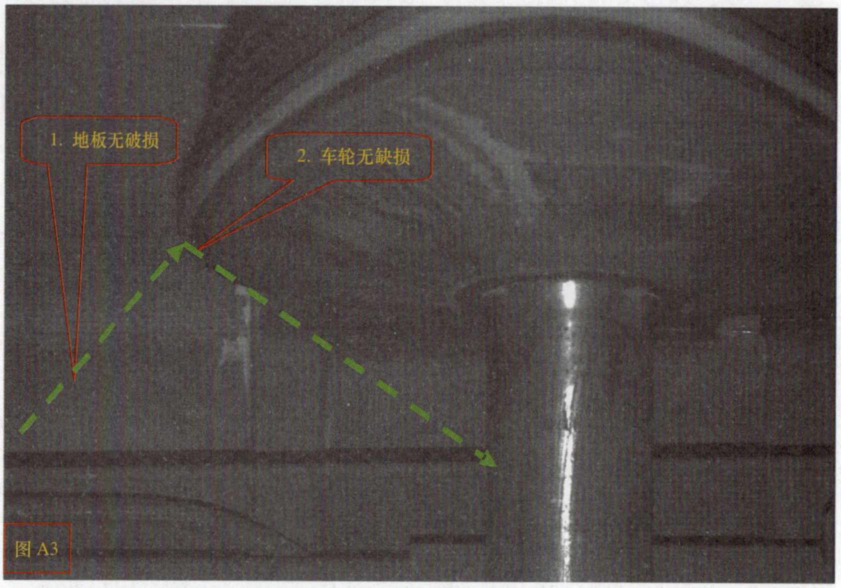

图 5-25　图 A3 检查范围及质量标准

⚠ 该部位存在的安全风险为重车地板破损时，易发生货物脱出。脱出严重危及行车安全的，按拦停故障处理。

故障表征具体如下：

地板破损：破损为局部呈黑色或灰白色，并有明显不规则的痕迹。

车轮缺损：车轮局部有缺失，缺失部位呈灰白色或黑色缺损痕迹。

（4）图 A4 检查范围及质量标准，见图 5-26。

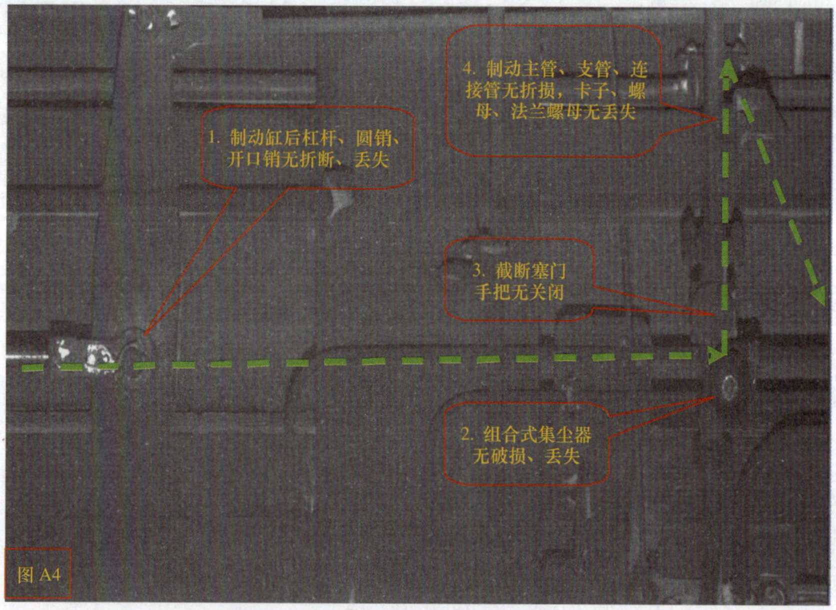

图 5-26　图 A4 检查范围及质量标准

⚠ 该部位存在的安全风险为制动主管、支管、连接管折断，折断引起漏风抱闸。

故障表征具体如下：

制动缸后杠杆、圆销、开口销折断、丢失：杠杆折断时位置上发生侧移、倾斜或脱落；拉铆销、圆销折断或缺损有明显缺失痕迹，并伴有黑印或发亮的断痕，丢失时配件部位空缺，销孔处呈黑洞状；开口销折断时局部缺损，形状不完整。

组合式集尘器破损、丢失：破损有缺损痕迹，丢失时配件缺失。

截断塞门手把关闭：正常时看不到手把，手把关闭时与制动支管处于垂直状态。

制动主管、支管、连接管折损，卡子、螺母、法兰螺母丢失：折损一般发生在管的根部，折断时断裂处发生错位，丢失时配件缺失。

（5）图 A5 检查范围及质量标准，见图 5-27。

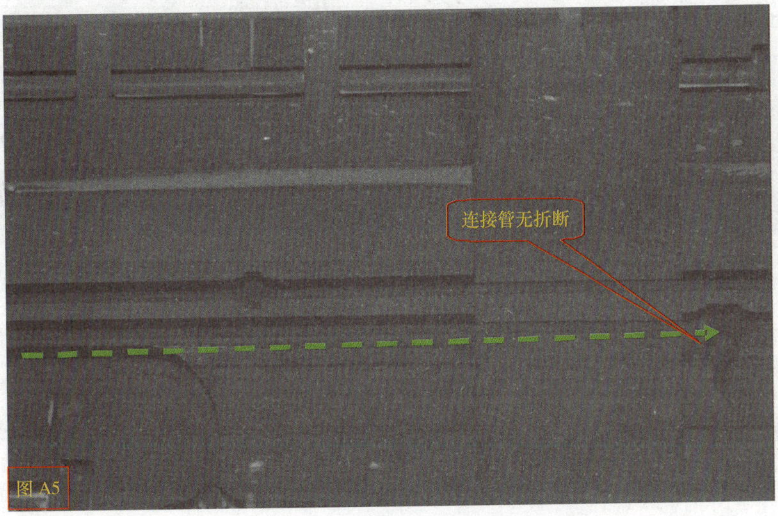

图 5-27　图 A5 检查范围及质量标准

故障表征具体如下：

连接管折断：连接管折断时连接处呈分离状态。

（6）图 A6 检查范围及质量标准，见图 5-28。

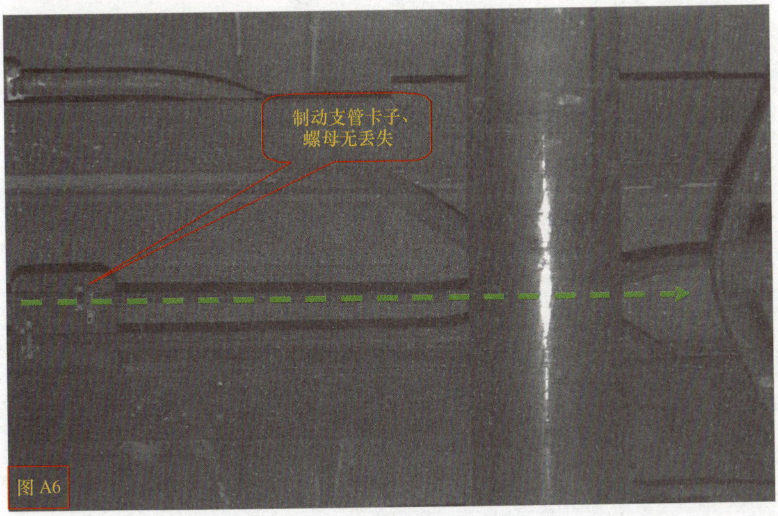

图 5-28　图 A6 检查范围及质量标准

故障表征具体如下：

制动支管卡子、螺母丢失：丢失时配件缺失。

（7）图 A7 检查范围及质量标准，见图 5-29。

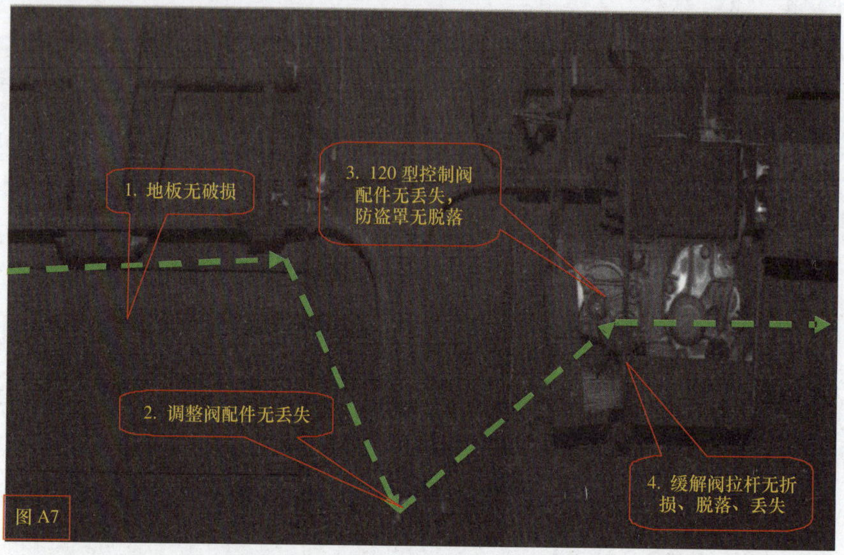

图 5-29 图 A7 检查范围及质量标准

⚠ 该部位存在的安全风险为 120 型控制阀破损，防盗罩、缓解阀拉杆脱落，配件脱落危及行车安全。重车地板破损时，易发生货物脱出，脱出严重危及行车安全的，按拦停故障处理。

故障表征具体如下：

地板破损：破损为局部呈黑色或灰白色，并有明显不规则的破损痕迹。

调整阀配件丢失：丢失时配件缺失。

120 型控制阀配件丢失，防盗罩脱落：控制阀配件或螺栓丢失，防盗罩严重破损时发生脱落，部分与控制阀分离。

缓解阀拉杆折损、脱落、丢失：折损脱落时发生倾斜或折断垂下，无法确认时要对照中间部侧部综合判断。

（8）图 A8 检查范围及质量标准，见图 5-30。

⚠ 该部位存在的安全风险为降压风缸、加速缓解风缸及吊架脱落，配件脱落危及行车安全。各风缸脱落为拦停故障，要及时通知动态检车组长。

故障表征具体如下：

降压风缸、加速缓解风缸脱落、丢失，堵丢失：缸体脱落时发生侧移、倾斜，连接管发生弯曲，堵丢失时为黑洞状。

副风缸吊架裂损、脱落：副风缸吊架裂损多发生在根部，吊架脱落时缸体发生侧移、倾斜。

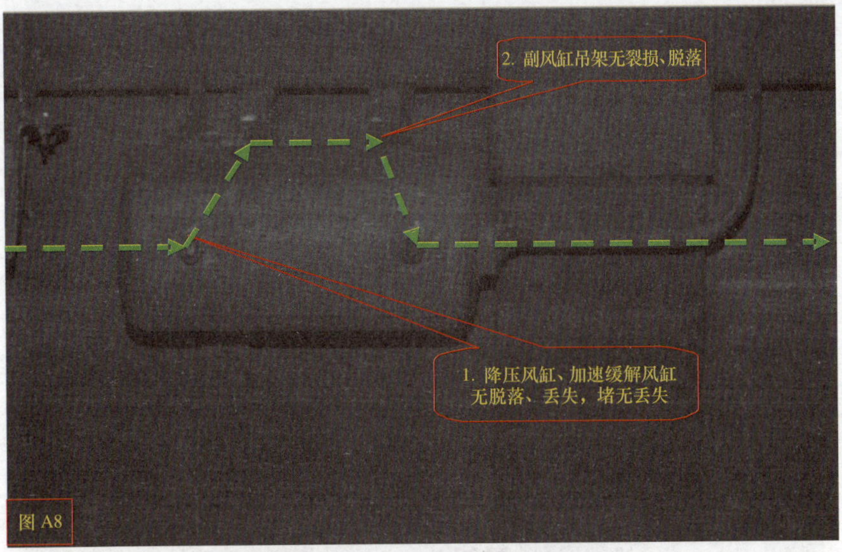

图 5-30　图 A8 检查范围及质量标准

（9）图 A9 检查范围及质量标准，见图 5-31。

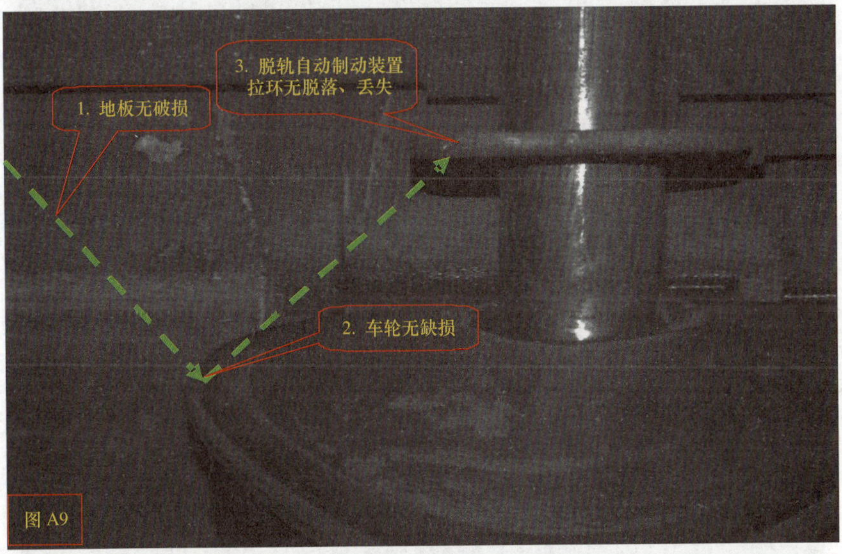

图 5-31　图 A9 检查范围及质量标准

⚠ 该部位存在的安全风险为脱轨自动制动装置拉环脱落，配件脱落危及行车安全。重车地板破损时，易发生货物脱出，脱出严重危及行车安全的，按拦停故障处理。

故障表征具体如下：

地板破损：破损为局部呈黑色或灰白色，并有明显不规则的破损痕迹。

车轮缺损：车轮局部有缺失，缺失部位呈灰白色或黑色缺损痕迹。

脱轨自动制动装置拉环脱落、丢失：发生脱落时严重倾斜并磨车轴，完全脱落时可看到脱轨自动制动装置拉环发生翻转；丢失时该配件部位空缺。

2. 60 t 级货车中间部Ⅱ、Ⅲ及其他

目前全路运行的主型 60 t 级货车主要有 $C_{64K(H)}$、C_{62BK}、$P_{62K(NK)}$、$P_{64(A)K}$、$P_{64(G)K}$、G_{60}、

G_{17K}、N_{17}系列、X_6系列等，本作业指导书以C_{64K}型车为例，其余车型参考C_{64K}型车进行检查。部分换长较大的车型还有中间部Ⅲ及中间部其他，作业流程及检查范围与中间部Ⅱ一致。

1）作业流程

中间部Ⅱ采用“三”字检查法，图上部为运行方向左侧车底架，图下部为运行方向右侧车底架，图中部为底架中梁部，虚线为鼠标运行轨迹，见图 5-32。

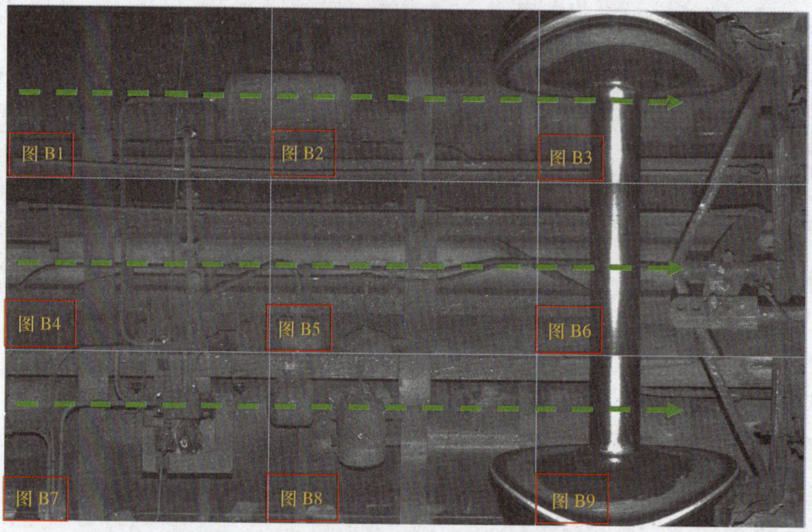

图 5-32　中间部Ⅱ采用“三”字检查法

中间部Ⅱ作业流程：地板 1—连接管 1—缓解阀拉杆 1—副风缸—上拉杆及吊架—制动主管—地板 2—制动支管—截断塞门—组合式集尘器—连接管 2—地板 3—调整阀—120 型控制阀—缓解阀拉杆 2—防盗罩—降压风缸—加速缓解风缸—地板 4。

2）检查范围及质量标准

中间部Ⅱ部位合计由 9 张小图组成，现将中间部Ⅱ图分解如下：

（1）图 B1 检查范围及质量标准，见图 5-33。

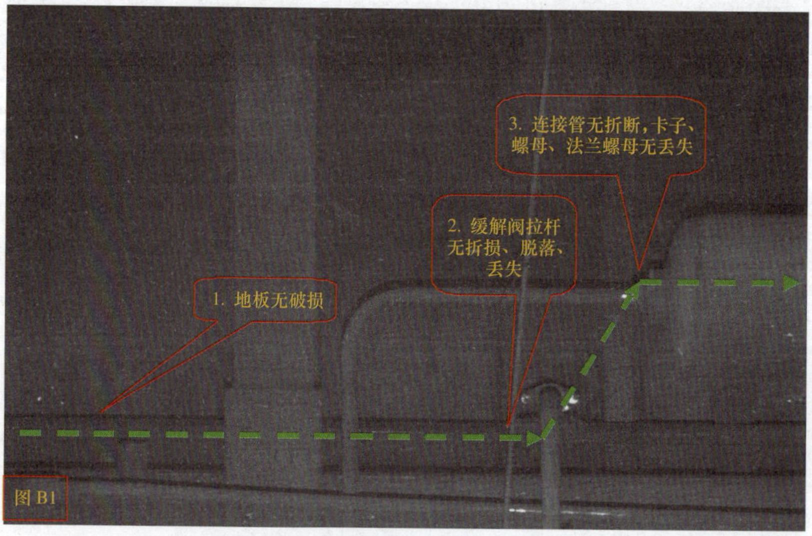

图 5-33　图 B1 检查范围及质量标准

该部位存在的安全风险为连接管折断、缓解阀拉杆脱落，连接管折断会导致漏风抱闸，配件脱落危及行车安全。重车地板破损时，易发生货物脱出。脱出严重危及行车安全的，按拦停故障处理。

故障表征具体如下：

地板破损：破损为局部呈黑色或灰白色，并有明显不规则的破损痕迹。

缓解阀拉杆折损、脱落、丢失：折损脱落时发生倾斜或折断垂下，无法确认时要对照中间部侧部综合判断。

连接管折断，卡子、螺母、法兰螺母丢失：折损一般发生在管的根部，折断时断裂处发生错位，丢失时配件缺失。

（2）图B2检查范围及质量标准，见图5-34。

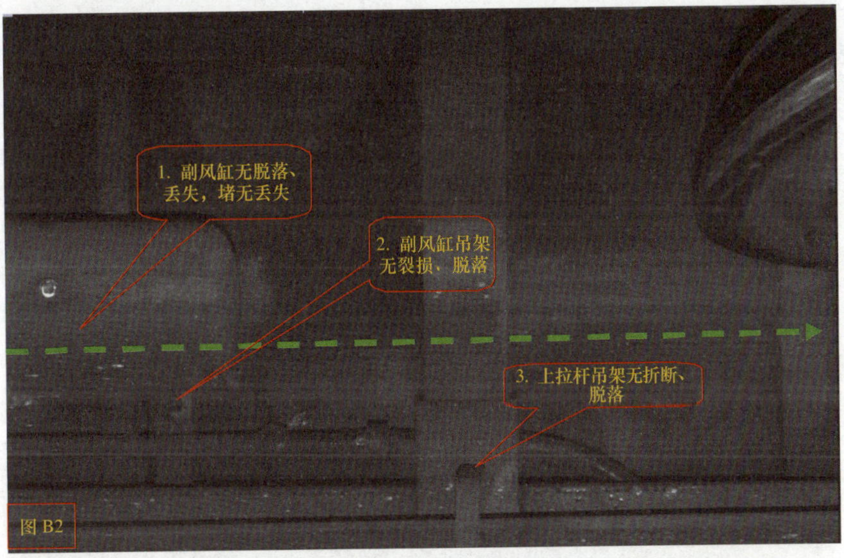

图5-34 图B2检查范围及质量标准

该部位存在的安全风险为副风缸及其吊架脱落，配件脱落危及行车安全。副风缸脱落为拦停故障，要立即通知动态检车组长。

故障表征具体如下：

副风缸脱落、丢失，堵丢失：脱落时副风缸发生侧移、倾斜，制动缸连通管发生弯曲；堵丢失时为黑洞状。

副风缸吊架裂损、脱落：副风缸吊架裂损多发生在根部，吊架脱落时副风缸发生侧移、倾斜。

上拉杆吊架折断、脱落：吊架脱落时发生翻转垂落。

（3）图B3检查范围及质量标准，见图5-35。

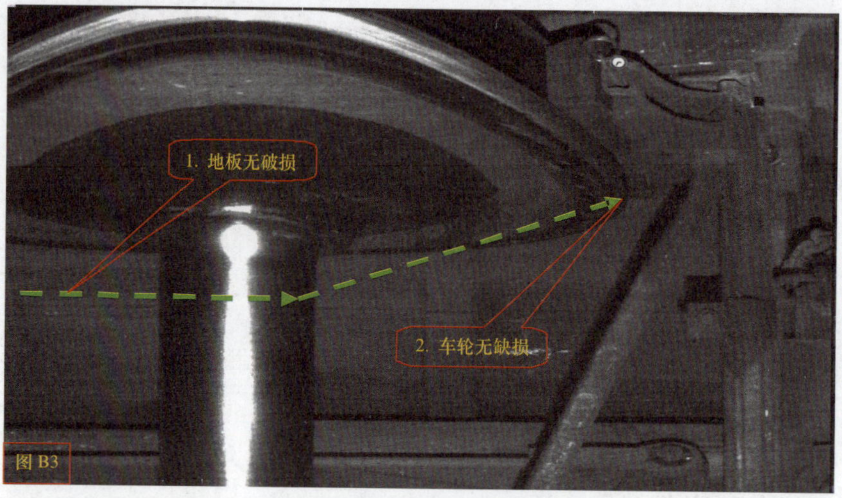

图 5-35　图 B3 检查范围及质量标准

故障表征具体如下：

地板破损：破损为局部呈黑色或灰白色，并有明显不规则的破损痕迹。

车轮缺损：车轮局部有缺失，缺失部位呈灰白色或黑色缺损痕迹。

（4）图 B4 检查范围及质量标准，见图 5-36。

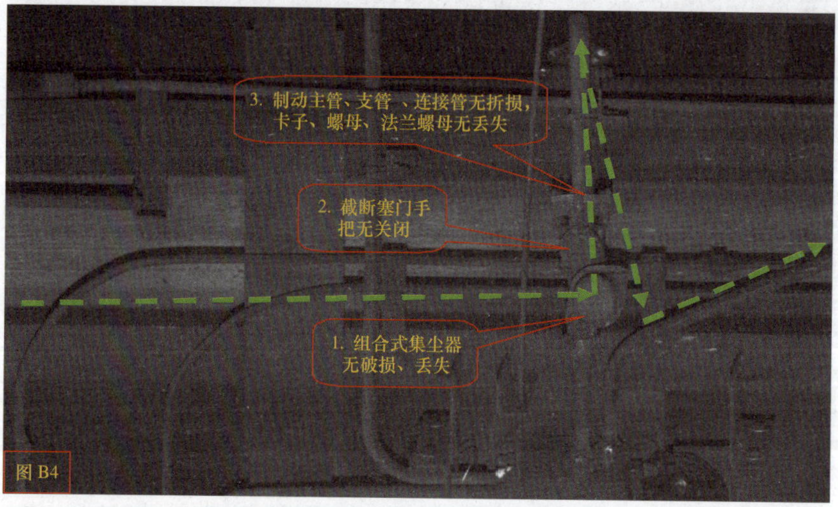

图 5-36　图 B4 检查范围及质量标准

⚠ 该部位存在的安全风险为制动主管、支管、连接管折断，折断引起漏风抱闸。

故障表征具体如下：

组合式集尘器破损、丢失：破损有缺损痕迹，丢失时配件缺失。

截断塞门手把关闭：正常时看不到手把，手把关闭时与制动支管处于垂直状态。

制动主管、支管、连接管折损，卡子、螺母、法兰螺母丢失：折损一般发生在管的根部，折断时断裂处发生错位，丢失时配件缺失。

（5）图 B5 检查范围及质量标准，见图 5-37。

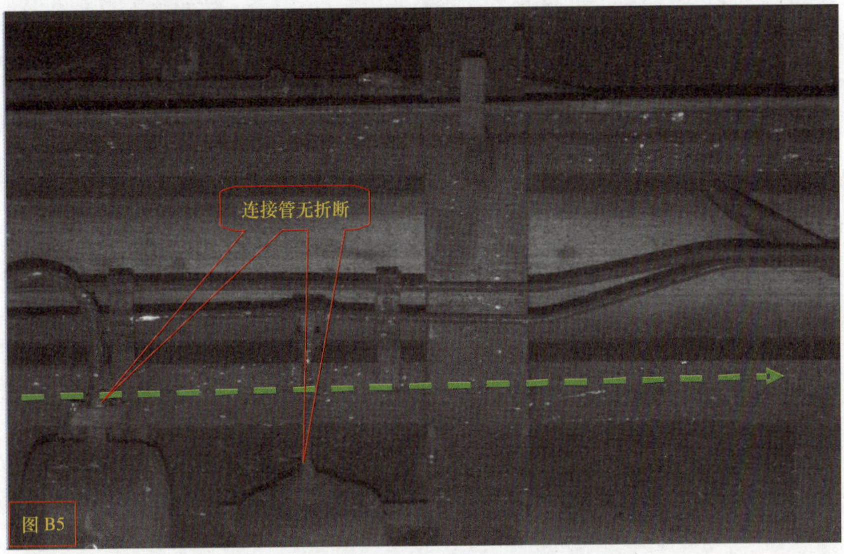

图 5-37　图 B5 检查范围及质量标准

故障表征具体如下：

连接管折断：连接管折断时连接处呈分离状态。

（6）图 B6 检查范围及质量标准，见图 5-38。

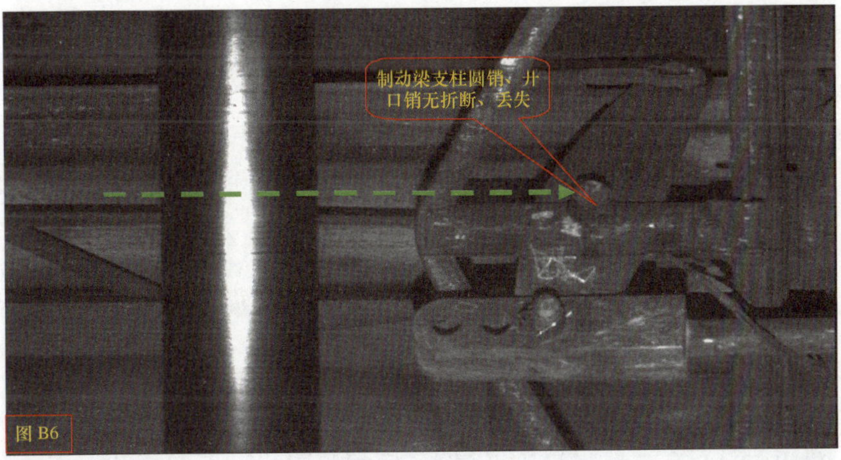

图 5-38　图 B6 检查范围及质量标准

故障表征具体如下：

制动梁支柱圆销、开口销折断、丢失：拉铆销套环缺损、丢失、圆销折断有明显缺失痕迹，并伴有黑印或发亮的断痕，丢失时配件部位空缺，销孔处呈黑洞状；开口销折断时局部缺损，形状不完整。

（7）图 B7 检查范围及质量标准，见图 5-39。

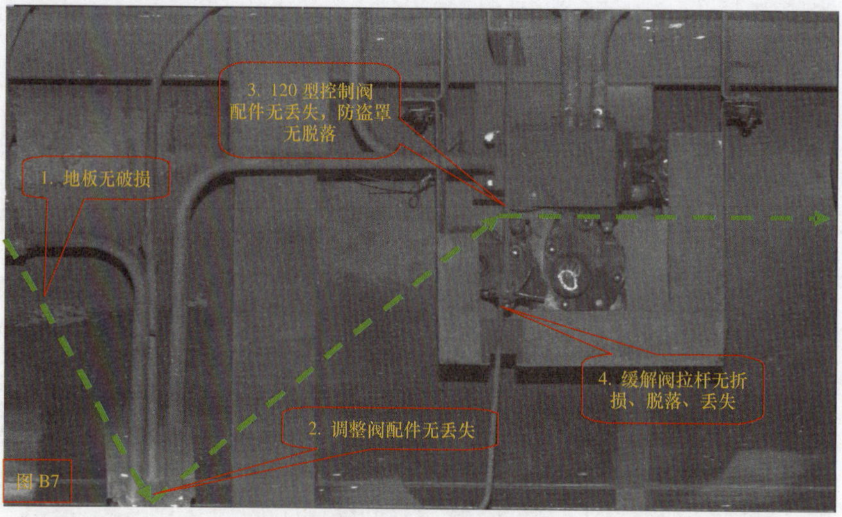

图 5-39　图 B7 检查范围及质量标准

> 该部位存在的安全风险为 120 型控制阀破损，防盗罩、缓解阀拉杆脱落，配件脱落危及行车安全。重车地板破损时，易发生货物脱出。脱出严重危及行车安全的，按拦停故障处理。

故障表征具体如下：

地板破损：破损为局部呈黑色或灰白色，并有明显不规则的破损痕迹。

调整阀配件丢失：丢失时配件缺失。

120 型控制阀配件丢失，防盗罩脱落：控制阀配件或螺栓丢失，防盗罩严重破损时发生脱落，部分与控制阀分离。

缓解阀拉杆折损、脱落、丢失：折损脱落时发生倾斜或折断垂下，无法确认时要对照中间部侧部综合判断。

（8）图 B8 检查范围及质量标准，见图 5-40。

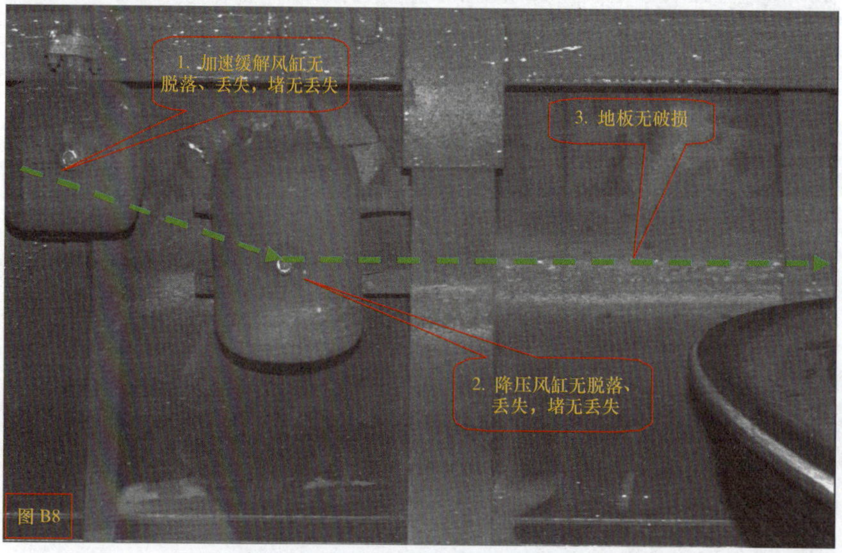

图 5-40　图 B8 检查范围及质量标准

该部位存在的安全风险为降压风缸、加速缓解风缸及吊架脱落，配件脱落危及行车安全。各风缸脱落为拦停故障，要及时通知动态检车组长。重车地板破损时，易发生货物脱出。脱出严重危及行车安全的，按拦停故障处理。

故障表征具体如下：

降压风缸、加速缓解风缸脱落、丢失，堵丢失：缸体脱落时发生侧移、倾斜，连接管发生弯曲，堵丢失时为黑洞状。

副风缸吊架裂损、脱落：副风缸吊架裂损多发生在根部，吊架脱落时缸体发生侧移、倾斜。

地板破损：破损为局部呈黑色或灰白色，并有明显不规则的破损痕迹。

（9）图 B9 检查范围及质量标准，见图 5-41。

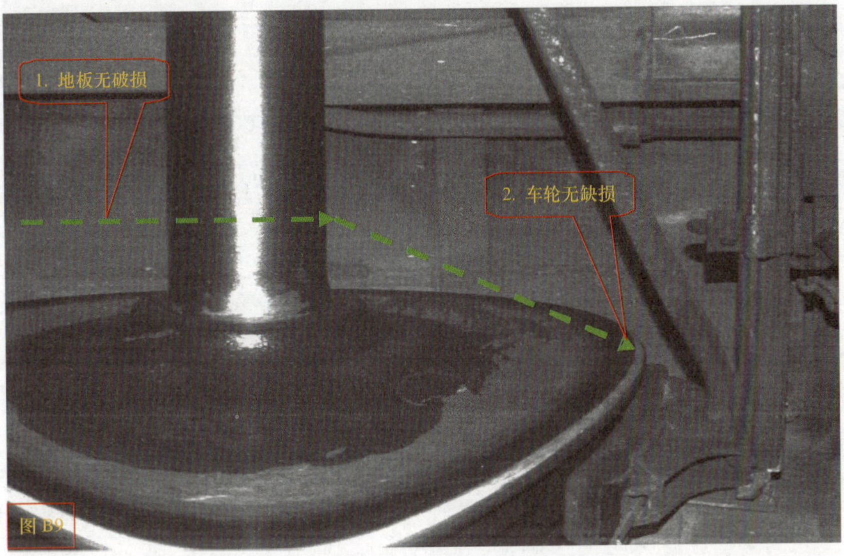

图 5-41　图 B9 检查范围及质量标准

该部位存在的安全风险为重车地板破损时，易发生货物脱出，脱出严重危及行车安全的，按拦停故障处理。

故障表征具体如下：

地板破损：破损为局部呈黑色或灰白色，并有明显不规则的破损痕迹。

车轮缺损：车轮局部有缺失，缺失部位呈灰白色或黑色缺损痕迹。

3. 其他级货车中间部Ⅱ、Ⅲ及其他

1）作业流程

中间部Ⅱ采用“三”字检查法，图上部为运行方向左侧车底架，图下部为运行方向右侧车底架，图中部为底架中梁部。部分换长较大的车型还有中间部Ⅲ及中间部其他，作业流程及检查范围与中间部Ⅱ一致。

2）检查范围及质量标准

（1）空气制动机配件无丢失，防盗罩无脱落，空重车自动调整装置限压阀、调整阀配件无丢失，制动缸同各风缸及堵无脱落、丢失，制动缸活塞推杆无丢失，连接管无折断，制动软管连接状态良好，折角塞门、截断塞门手把无关闭、丢失，闸调器无破损、丢失，拉杆圆销、开口销无折断、丢失，缓解阀无丢失，缓解阀拉杆无折断、脱落、丢失，脱轨自动制动装置拉环无脱落、丢失，组合式集尘器无破损、丢失，横跨梁无折断、丢失，组装螺栓螺母无丢失。

（2）人力制动机拉杆及吊架无折断、脱落、丢失，滑轮无丢失，轴链、拉杆链及圆销、开口销无折断、丢失。

（3）铁路货车车号自动识别标签无破损、丢失。

（4）车体地板、端墙板无破损，牵引梁、端梁无弯曲、破损。

工装设备

检查工装设备包括微机主机 1 台，显示器 1 台，键盘 1 个，鼠标 1 个，如表 5-1 所示。

表 5-1　工装设备

序号	名称	规格型号	单位	数量	备注
1	微机主机		台	1	
2	显示器		台	1	
3	键盘		个	1	
4	鼠标		个	1	

项目 6　TFDS 动态检查互钩差作业

作业介绍

1. 作业地点

各路局集团公司货车车辆段管辖运用车间动态检车室及各高等职业院校建设的 TFDS 动态检车（测）实训室。

2. 适用范围

适用于各路局集团公司货车车辆段管辖各列检作业场、动态检查作业场执行动态检查的作业人员、各高等职业院校铁道车辆技术等相关专业学生。

3. 人员要求

能够熟练掌握 TFDS 动态检查互钩差作业技能，从而满足 TFDS 动态检车员岗位需求。

4. 作业要点

（1）作业前须单击“刷新”按钮后开始动态检车。

（2）每幅图的动态检查时间不少于 2 s。

（3）图像需放大检查时，单击鼠标右键或双击鼠标左键进行放大检查。

（4）发现故障时，要通过三级菜单选择正确的故障名称进行添加。

（5）检查发现图像异常、无法正常作业时，要及时报告动态检车组长。

（6）检查发现典型故障及危及行车安全的故障时，要立即报告动态检车组长。

TFDS 动态检查互钩差作业流程

一辆车包车检查作业流程，包括：作业准备—单击“开始”按钮—前台侧架—后台侧架—前台制动梁—后台制动梁—车钩缓冲部—中间部Ⅰ—中间部Ⅱ—互钩差—中间部侧部Ⅰ—中间部侧部Ⅱ—车体侧面Ⅰ—车体侧面Ⅱ—车体侧面Ⅲ—车体侧面Ⅳ—2～N 辆车作业—完工整理。TFDS 动态检查互钩差作业流程，如图 6-1 所示。

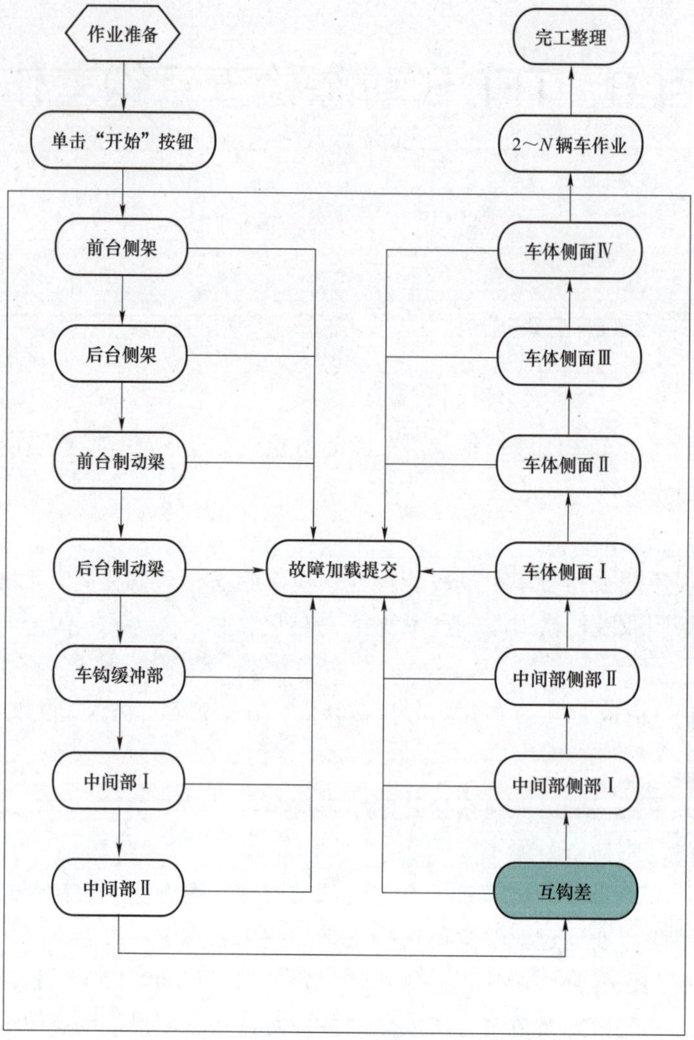

图 6–1　TFDS 动态检查互钩差作业流程

作业程序、标准及示范

1. 16 号、17 号车钩互钩差

1）作业流程

互钩差部位采用“V”字检查法，图 A1 为前车与本车互钩差处左侧图，图 A2 为前车与本车互钩差处右侧图，虚线为鼠标运行轨迹，见图 6–2。

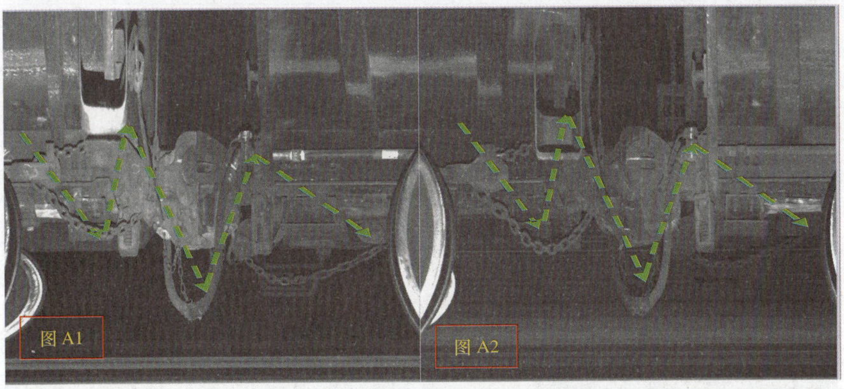

图6-2 互钩差部位采用“V”字检查法

互钩差左侧作业流程（右同左）：人力制动机轴链1—钩提杆及座—车钩—17号防跳插销及链—制动软管连接器—折角塞门手把—人力制动机轴链2。

2）检查范围及质量标准

互钩差部位合计由2张小图组成，现将互钩差部位图分解如下：

（1）图A1检查范围及质量标准，见图6-3。

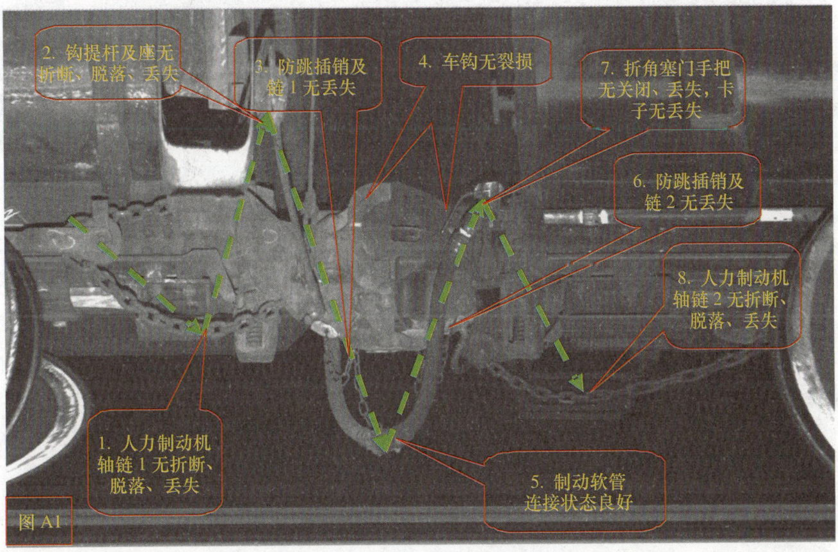

图6-3 图A1检查范围及质量标准

⚠ 该部位存在的安全风险为人力制动机轴链脱落、钩提杆及座脱落、折角塞门手把关闭。折角塞门手把关闭、人力制动机轴链脱落、钩提杆及座脱落为拦停故障，要立即通知动态检车组长。

故障表征具体如下：

人力制动机轴链折断、脱落、丢失：折断时轴链有断裂痕迹，折断脱落时下垂脱落，丢失时配件缺失。

钩提杆及座折断、脱落、丢失：钩提杆折断脱落时发生倾斜，全部或部分脱离原位置呈下垂状，丢失时配件缺失。

防跳插销及链丢失：丢失时配件缺失。

车钩裂损：裂损时有破损缺失痕迹。

制动软管连接状态不良：软管连接不良时连接器连接处为上翘状。

折角塞门手把关闭、丢失，卡子丢失：折角塞门手把关闭时手把与塞门体相垂直，丢失为配件缺失。

（2）图 A2 检查范围及质量标准，见图 6–4。

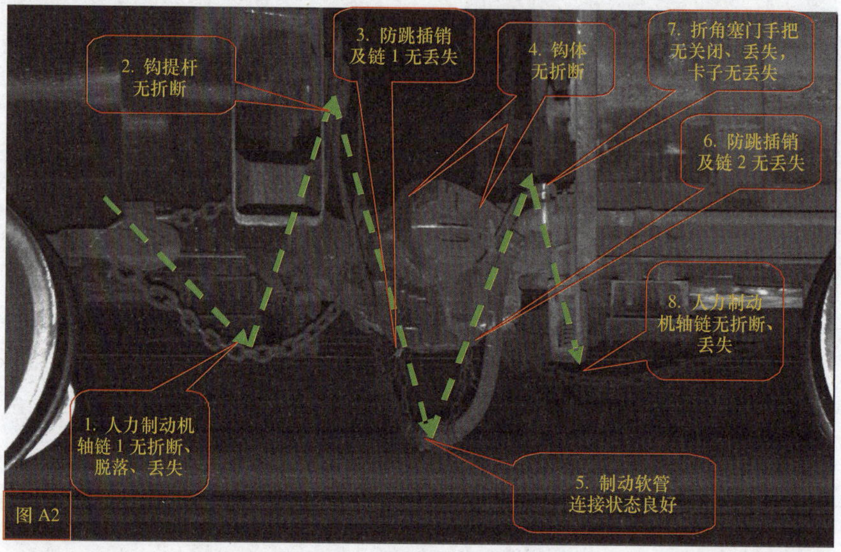

图 6–4　图 A2 检查范围及质量标准

> ⚠ 该部位存在的安全风险为人力制动机轴链脱落、钩提杆及座脱落、折角塞门手把关闭。人力制动机轴链脱落、钩提杆及座脱落、折角塞门手把关闭为拦停故障，要立即通知动态检车组长。

故障表征具体如下：

人力制动机轴链折断、脱落、丢失：折断时链有断裂痕迹，折断脱落时下垂脱落，丢失时配件缺失。

钩提杆折断：钩提杆折断时与原形发生显著变化，钩提杆会下垂脱落。

防跳插销及链丢失：丢失时配件缺失。

钩体折断：钩体折断会有明显的破损痕迹。

制动软管连接状态不良：软管连接不良时连接器连接处为上翘状。

折角塞门手把关闭、丢失，卡子丢失：折角塞门手把关闭时手把与塞门体相垂直，丢失时为配件缺失。

2. 13 号（系列）车钩互钩差

1）作业流程

互钩差部位采用“V”字检查法，图 B1 为前车与本车互钩差处左侧图，图 B2 为前车与本车互钩差处右侧图，虚线为鼠标运行轨迹，见图 6–5。

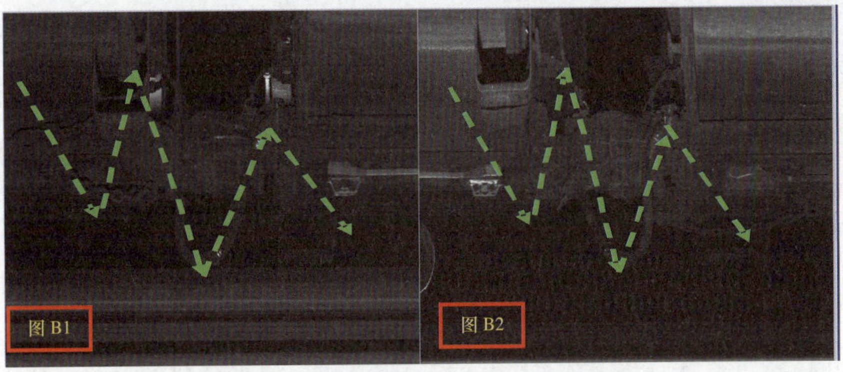

图 6-5　互钩差部位采用"V"字检查法

互钩差左侧作业流程（右同左）：人力制动机轴链 1—钩提杆及座—车钩—制动软管连接器—折角塞门。

2）检查范围及质量标准

互钩差部位合计由 2 张小图组成，现将互钩差部位图分解如下：

（1）图 B1 检查范围及质量标准，见图 6-6。

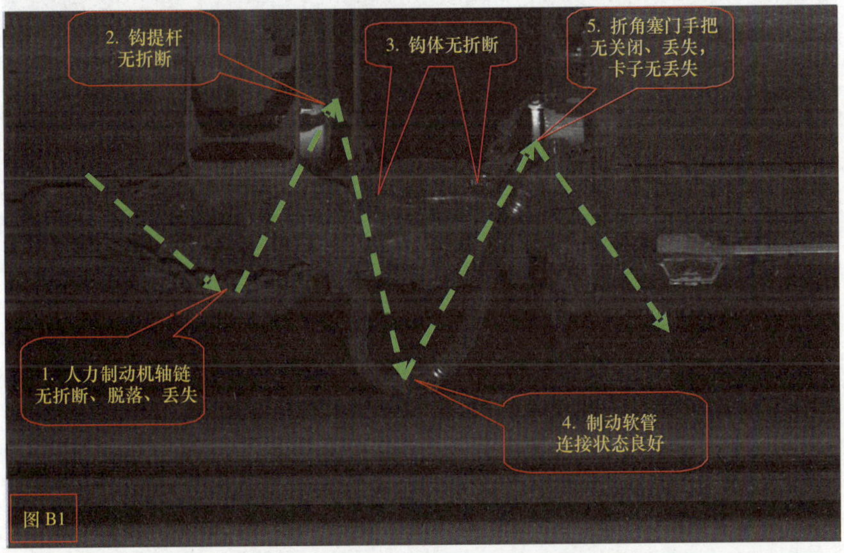

图 6-6　图 B1 检查范围及质量标准

该部位存在的安全风险为人力制动机轴链脱落、钩提杆及座脱落、折角塞门手把关闭。人力制动机轴链脱落、钩提杆及座脱落、折角塞门手把关闭为拦停故障，要立即通知动态检车组长。

故障表征具体如下：

人力制动机轴链折断、脱落、丢失：折断时链有断裂痕迹，折断脱落时下垂脱落，丢失时配件缺失。

钩提杆折断：钩提杆折断时与原形发生显著变化，钩提杆会下垂脱落。

钩体折断：钩体折断会有明显的破损痕迹。

制动软管连接状态不良：软管连接不良时连接器连接处为上翘状。

折角塞门手把关闭、丢失，卡子丢失：折角塞门手把关闭时手把与塞门体相垂直，丢失时为配件缺失。

（2）图 B2 检查范围及质量标准，见图 6-7。

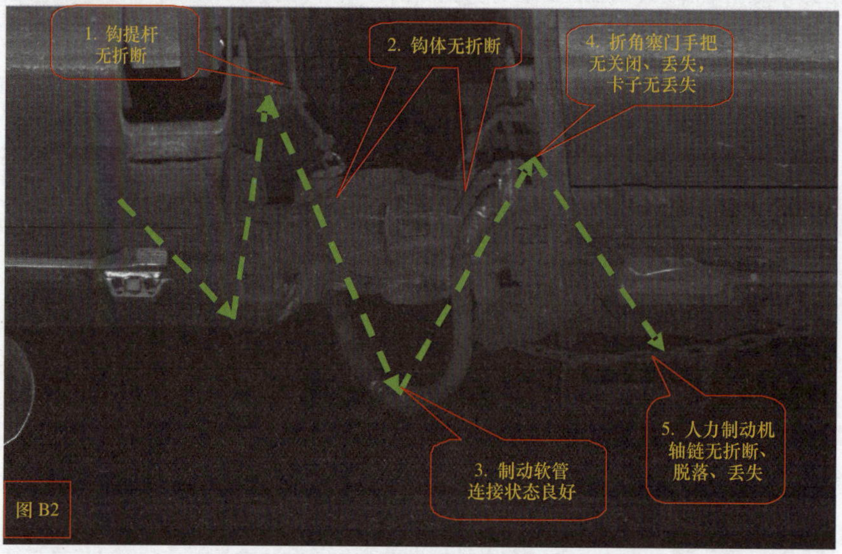

图 6-7　图 B2 检查范围及质量标准

> 该部位存在的安全风险为人力制动机轴链脱落，钩提杆及座脱落，折角塞门手把关闭。人力制动机轴链脱落、钩提杆及座脱落、折角塞门手把关闭为拦停故障，要立即通知动态检车组长。

故障表征具体如下：

钩提杆折断：钩提杆折断时与原形发生显著变化，钩提杆会下垂脱落。

钩体折断：钩体折断会有明显的破损痕迹。

制动软管连接状态不良：软管连接不良时连接器连接处为上翘状。

折角塞门手把关闭、丢失，卡子丢失：折角塞门手把关闭时手把与塞门体相垂直，丢失时为配件缺失。

人力制动机轴链折断、脱落、丢失：折断时链有断裂痕迹，折断脱落时下垂脱落，丢失时配件缺失。

3. 16 号、17 号与 13 号（系列）车钩混合连挂互钩差

1）作业流程

互钩差部位采用“V”字检查法，前图为前车与本车互钩差处左侧图，后图为前车与本车互钩差处右侧图。

2）检查范围及质量标准

互钩差部位合计由 2 张小图组成，参考 16 号、17 号与 13 号（系列）车钩互钩差检查范围和质量标准。

4. 客货混编车互钩差

1）作业流程

互钩差部位采用“V”字检查法，前图为前车与本车互钩差处左侧图，后图为前车与本

车互钩差处右侧图。

2）检查范围及质量标准

互钩差部位合计由 2 张小图组成，参考货车 16 号、17 号与 13 号（系列）车钩互钩差检查范围和质量标准。

5. 车列尾互钩差

1）作业流程

互钩差部位采用“V”字检查法，前图为本列最后一辆车互钩差处左侧图，后图为本列最后一辆车互钩差处右侧图。

2）检查范围及质量标准

互钩差部位合计由 2 张小图组成，参考 16 号、17 号与 13 号（系列）车钩互钩差检查范围和质量标准。

工装设备

检查工装设备包括微机主机 1 台，显示器 1 台，键盘 1 个，鼠标 1 个，如表 6–1 所示。

表 6–1　工装设备

序号	名称	规格型号	单位	数量	备注
1	微机主机		台	1	
2	显示器		台	1	
3	键盘		个	1	
4	鼠标		个	1	

项目 7　TFDS 动态检查中间部侧部作业

作业介绍

1. 作业地点

各路局集团公司货车车辆段管辖运用车间动态检车室及各高等职业院校建设的 TFDS 动态检车（测）实训室。

2. 适用范围

适用于各路局集团公司货车车辆段管辖各列检作业场、动态检查作业场执行动态检查的作业人员、各高等职业院校铁道车辆技术等相关专业学生。

3. 人员要求

能够熟练掌握 TFDS 动态检查中间部侧部作业技能，从而满足 TFDS 动态检车员岗位需求。

4. 作业要点

（1）作业前须单击“刷新”按钮后开始动态检车。

（2）每幅图的动态检查时间不少于 2 s。

（3）图像需放大检查时，单击鼠标右键或双击鼠标左键进行放大检查。

（4）发现故障时，要通过三级菜单选择正确的故障名称进行添加。

（5）检查发现图像异常、无法正常作业时，要及时报告动态检车组长。

（6）检查发现典型故障及危及行车安全的故障时，要立即报告动态检车组长。

TFDS 动态检查中间部侧部作业流程

一辆车包车检查作业流程，包括：作业准备—单击“开始”按钮—前台侧架—后台侧架—前台制动梁—后台制动梁—车钩缓冲部—中间部Ⅰ—中间部Ⅱ—互钩差—中间部侧部Ⅰ—中间部侧部Ⅱ—车体侧面Ⅰ—车体侧面Ⅱ—车体侧面Ⅲ—车体侧面Ⅳ—2～N 辆车作业—完工整理。TFDS 动态检查中间部侧部作业流程，包括中间部侧部Ⅰ检查、中间部侧部Ⅱ检查，如图 7-1 所示。

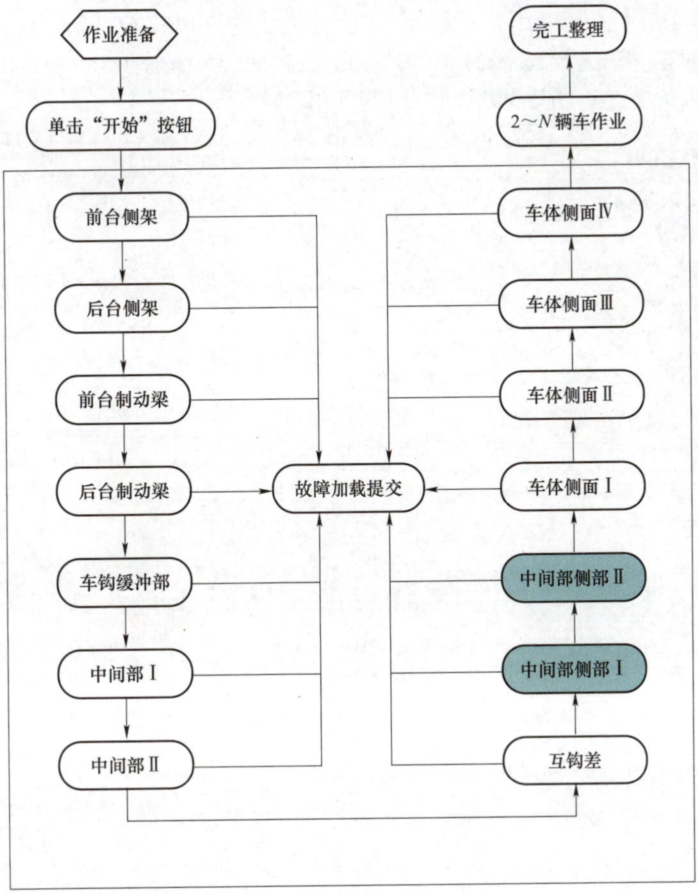

图 7-1　TFDS 动态检查中间部侧部作业流程

作业程序、标准及示范

任务 7.1　TFDS 动态检查中间部侧部 I 作业

1. 70 t 级货车中间部侧部 I

目前全路运行的主型 70 t 级货车主要有 $C_{70(H)}$、$C_{70E(H)}$、P_{70}、$NX_{70(A)}$、X_{70}、GQ_{70}、GL_{70}、KM_{70} 等，本作业指导书以 C_{70} 型车为例，其余车型参考 C_{70} 型车进行检查。

1）作业流程

中间部侧部 I 采用“一”字检查法，图上部为列车运行方向左侧中间部侧部，图下部为列车运行方向中间部侧部，虚线为鼠标运行轨迹，见图 7-2。

中间部侧部 I 作业流程：上拉杆及吊架—制动缸前杠杆组成—闸调器及吊架—人力制动机拉杆及拉杆链—制动缸及吊架。

2）检查范围及质量标准

中间部侧部 I 合计由 6 张小图组成，现将图片分解如下：

（1）图 A1 检查范围及质量标准，见图 7-3。

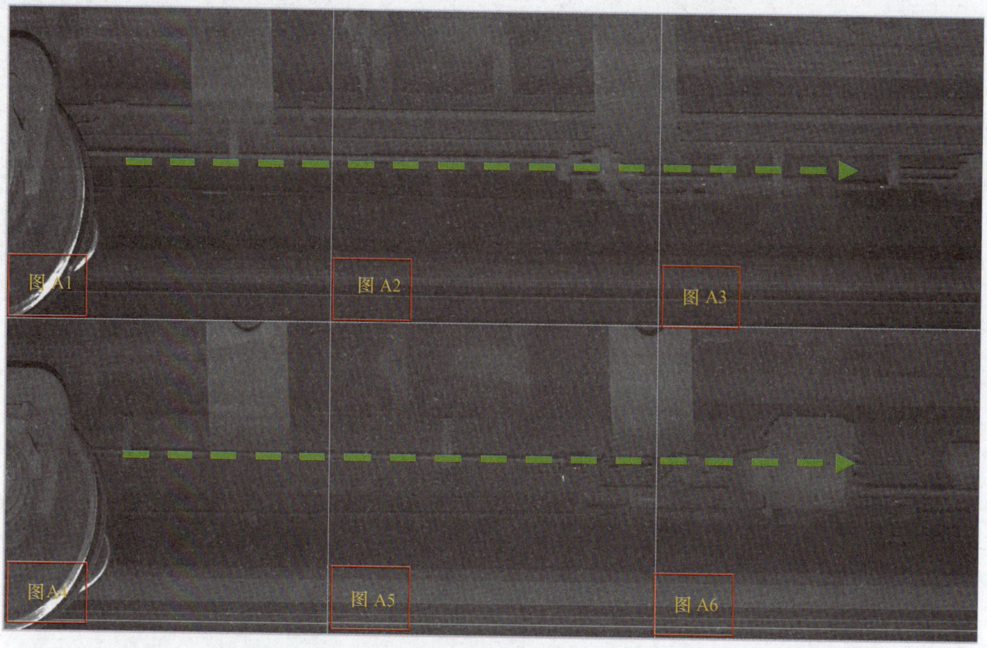

图 7-2　中间部侧部 I 采用“一”字检查法

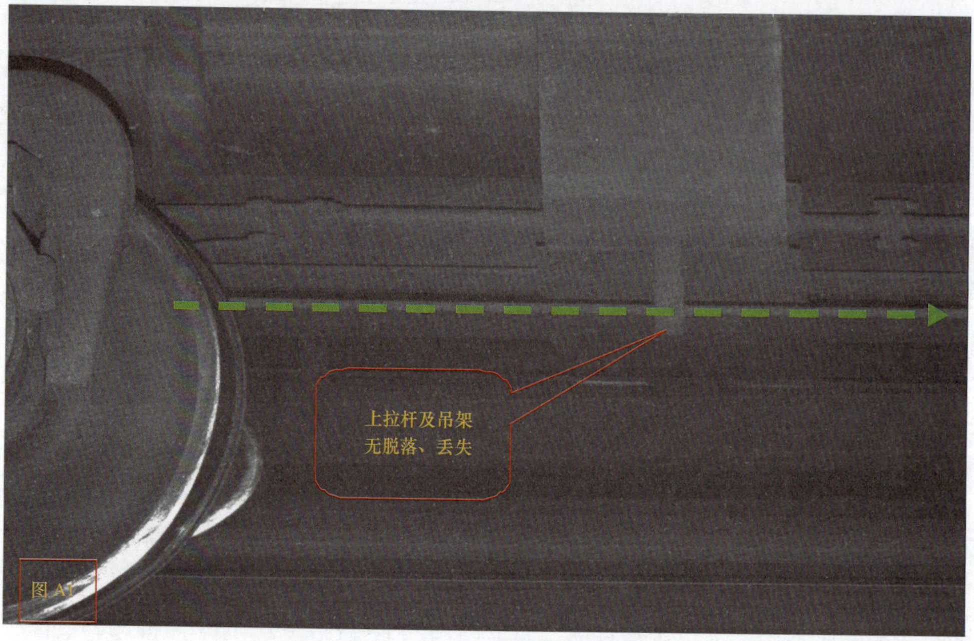

图 7-3　图 A1 检查范围及质量标准

故障表征具体如下：

上拉杆及吊架脱落、丢失：吊架脱落时发生翻转垂落。

（2）图 A2 检查范围及质量标准，见图 7-4。

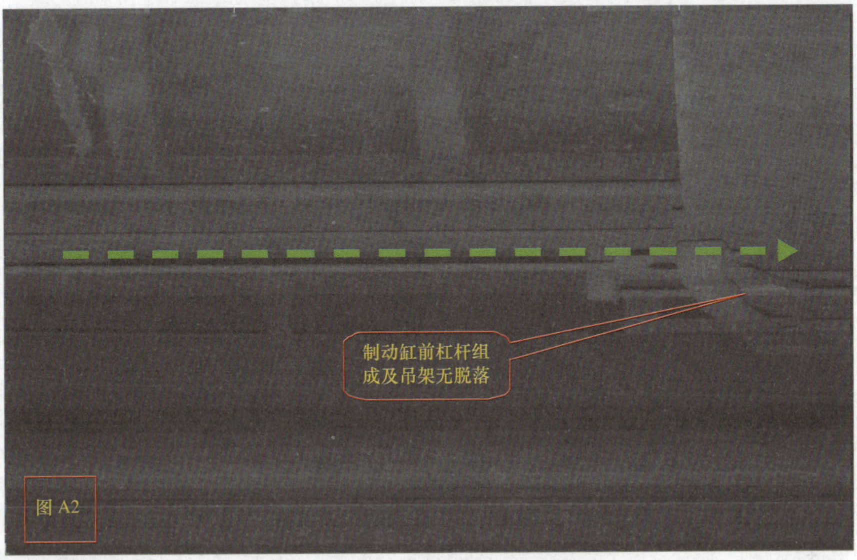

图 7–4　图 A2 检查范围及质量标准

故障表征具体如下：

制动缸前杠杆组成及吊架脱落：裂损或脱落时，在位置上发生侧移、倾斜、扭转，部分与车体脱离呈下垂状。

（3）图 A3 检查范围及质量标准，见图 7–5。

图 7–5　图 A3 检查范围及质量标准

故障表征具体如下：

闸调器及吊架脱落：闸调器及吊架脱落时，在位置上发生侧移，部分与车体脱离呈下垂状。

制动缸后杠杆及吊架脱落：杠杆及吊架脱落时，在位置上发生侧移、倾斜、扭转，部分与车体脱离呈下垂状。

（4）图 A4 检查范围及质量标准，见图 7-6。

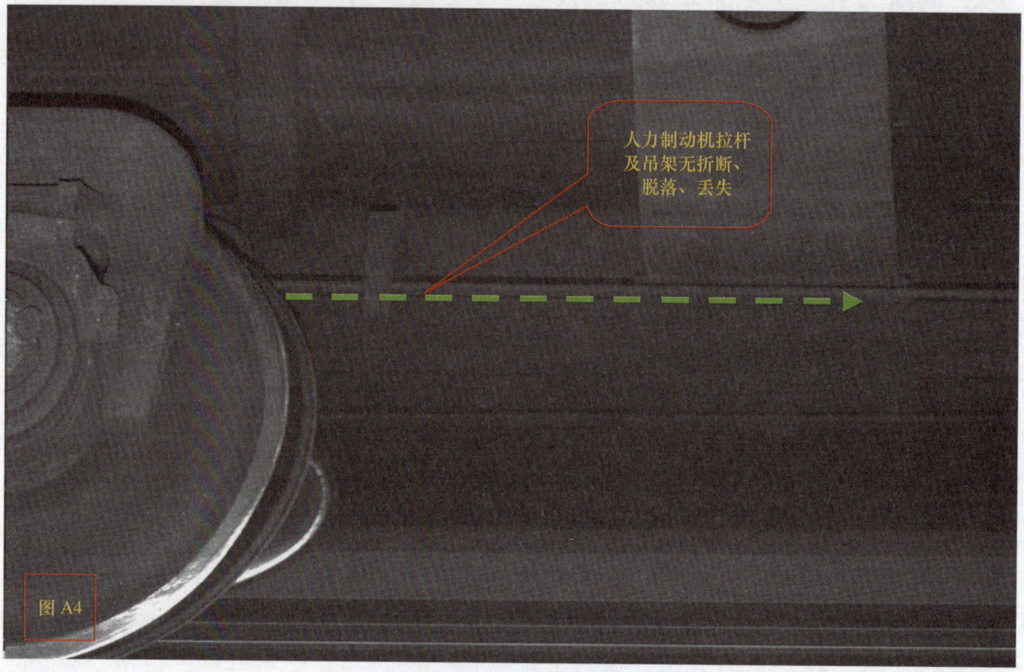

图 7-6　图 A4 检查范围及质量标准

故障表征具体如下：

人力制动机拉杆及吊架折断、脱落、丢失：折断时为黑印或亮痕断痕，脱落时拉杆折断脱离原位置呈下垂状，吊架脱落时发生翻转垂落。

（5）图 A5 检查范围及质量标准，见图 7-7。

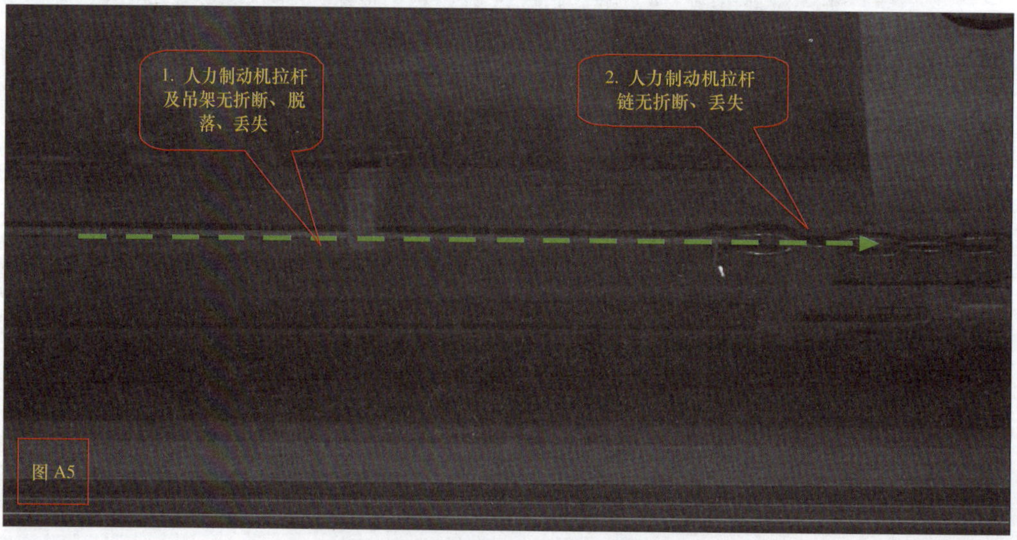

图 7-7　图 A5 检查范围及质量标准

故障表征具体如下：

人力制动机拉杆及吊架折断、脱落、丢失：折断时为黑印或亮痕断痕，脱落时拉杆折断脱离原位置呈下垂状，吊架脱落时发生翻转垂落。

人力制动机拉杆链折断、丢失：拉杆链折断脱落时呈下垂状。

（6）图 A6 检查范围及质量标准，见图 7-8。

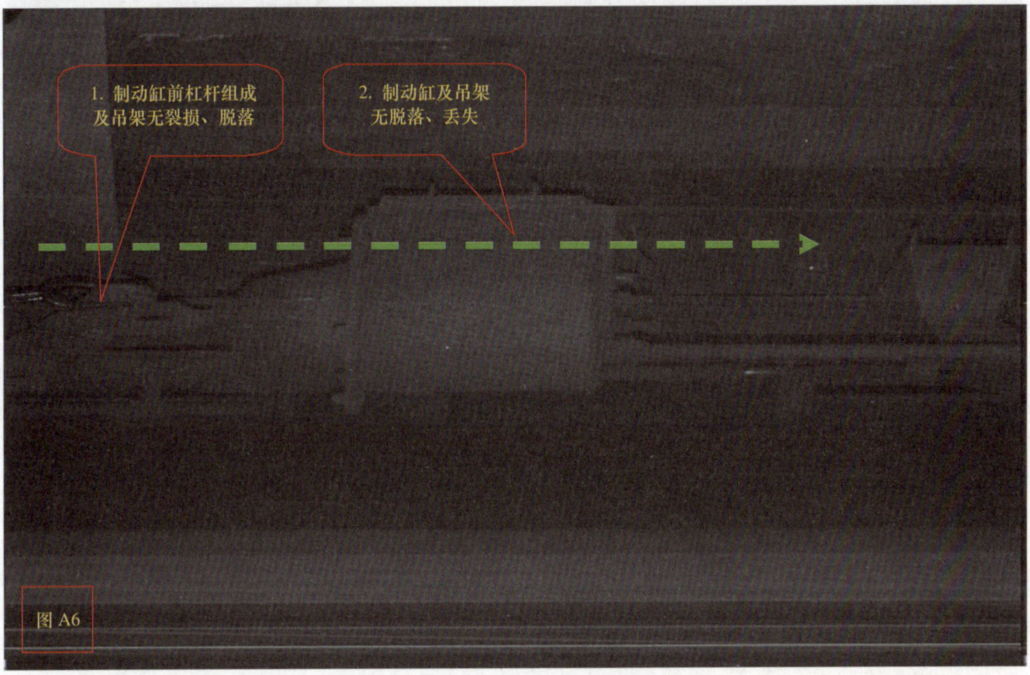

图 7-8 图 A6 检查范围及质量标准

该部位存在的安全风险为制动缸及吊架脱落，配件脱落危及行车安全。制动缸脱落为拦停故障，要立即通知动态检车组长。

故障表征具体如下：

制动缸前杠杆组成及吊架裂损、脱落：裂损或脱落时，在位置上发生侧移、倾斜、扭转，部分与车体脱离呈下垂状。

制动缸及吊架脱落、丢失：脱落时制动缸及吊架发生侧移、倾斜、扭转，制动缸连通管发生弯曲，在重力作用下呈下垂状。

2. 60 t 级货车中间部侧部 Ⅰ

目前全路运行的主型 60 t 级货车主要有 $C_{64K(H)}$、C_{62BK}、$P_{62K(NK)}$、$P_{64(A)K}$、$P_{64(G)K}$、G_{60}、G_{17K}、N_{17} 系列、X_6 系列等，本作业指导书以 C_{64K} 型车为例，其余车型参考 C_{64K} 型车进行检查。

1）作业流程

中间部侧部 Ⅰ 采用“一”字检查法，图上部为列车运行方向左侧中间部侧部，图下部为列车运行方向中间部侧部，虚线为鼠标运行轨迹，见图 7-9。

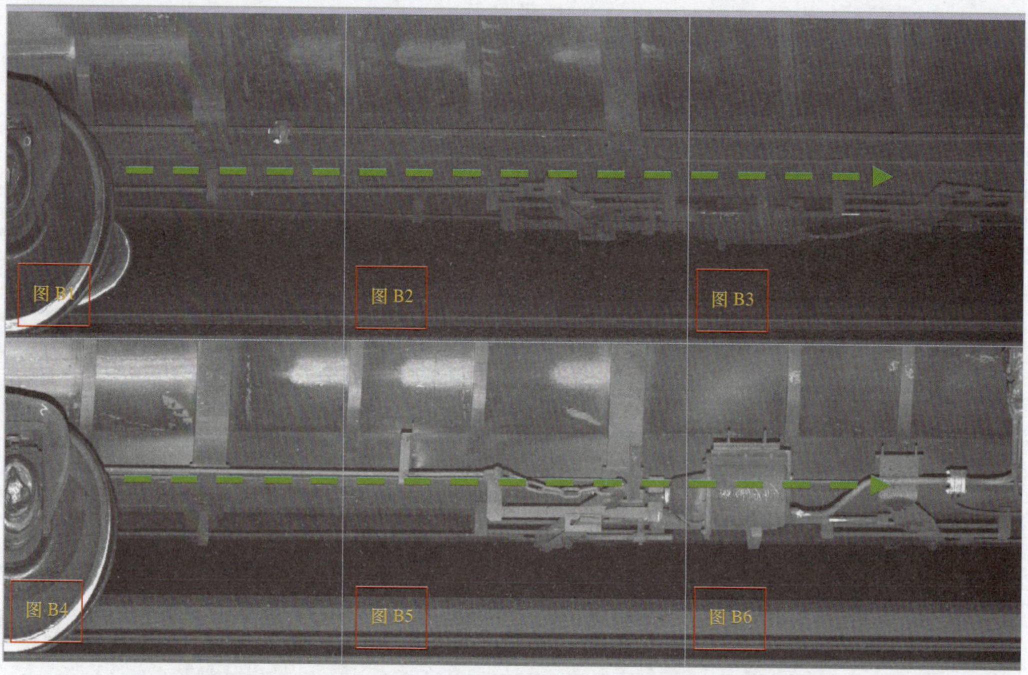

图 7-9 中间部侧部 I 采用"一"字检查法

中间部侧部 I 作业流程：上拉杆及吊架—制动缸前杠杆组成—闸调器及吊架—人力制动机拉杆及拉杆链—制动缸及吊架。

2）检查范围及质量标准

中间部侧部 I 合计由 6 张小图组成，现将图片分解如下：

（1）图 B1 检查范围及质量标准，见图 7-10。

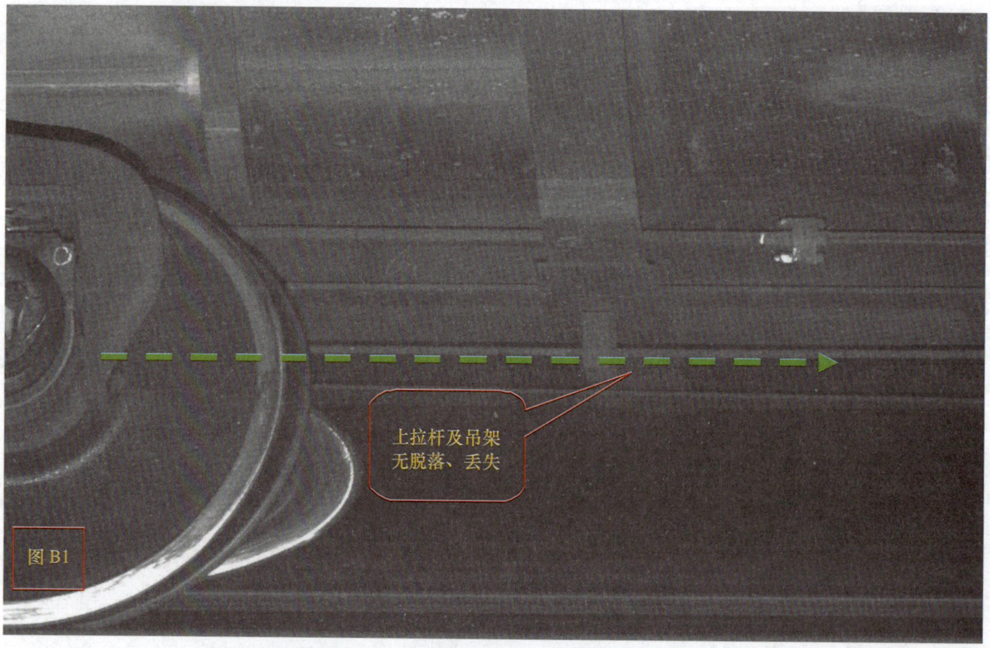

图 7-10 图 B1 检查范围及质量标准

故障表征具体如下：

上拉杆及吊架脱落、丢失：吊架脱落时发生翻转垂落。

（2）图 B2 检查范围及质量标准，见图 7–11。

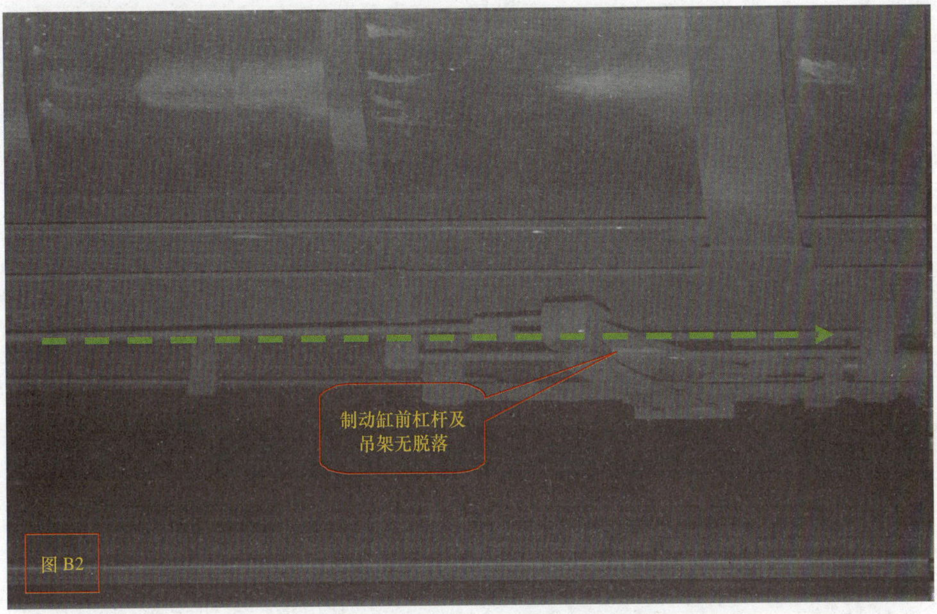

图 7–11　图 B2 检查范围及质量标准

故障表征具体如下：

制动缸前杠杆及吊架脱落：裂损或脱落时，在位置上发生侧移、倾斜、扭转，部分与车体脱离呈下垂状。

（3）图 B3 检查范围及质量标准，见图 7–12。

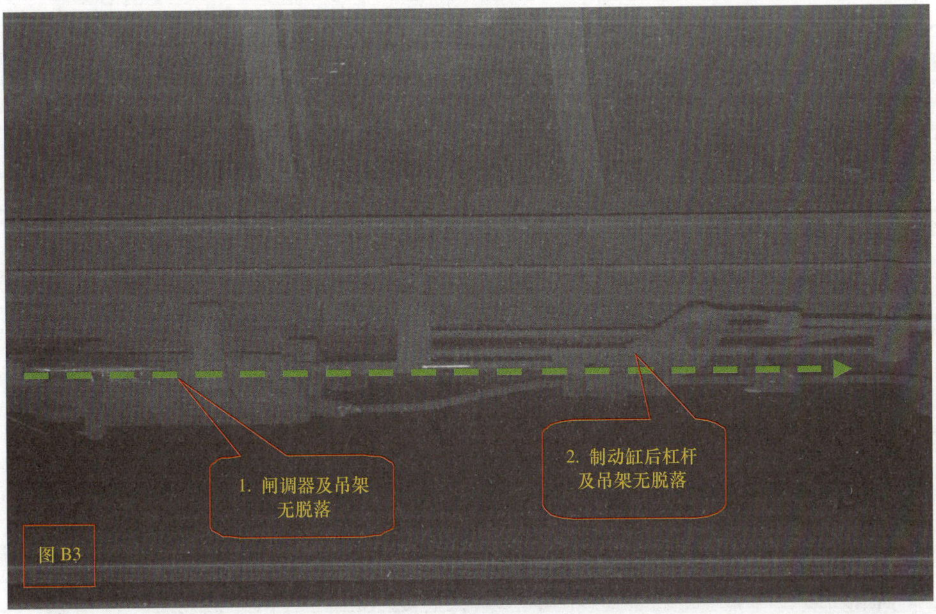

图 7–12　图 B3 检查范围及质量标准

故障表征具体如下：

闸调器及吊架脱落：闸调器及吊架脱落时，在位置上发生侧移，部分与车体脱离呈下垂状。

制动缸后杠杆及吊架脱落：杠杆及托架脱落时，在位置上发生侧移、倾斜、扭转，部分与车体脱离呈下垂状。

（4）图 B4 检查范围及质量标准，见图 7-13。

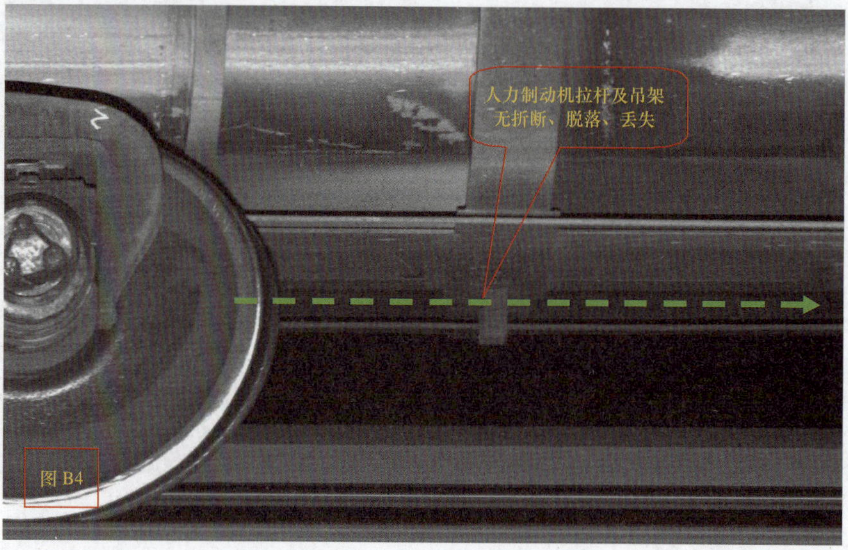

图 7-13　图 B4 检查范围及质量标准

故障表征具体如下：

人力制动机拉杆及吊架折断、脱落、丢失：折断时为黑印或亮痕断痕，脱落时拉杆折断脱离原位置呈下垂状，吊架脱落时发生翻转垂落。

（5）图 B5 检查范围及质量标准，见图 7-14。

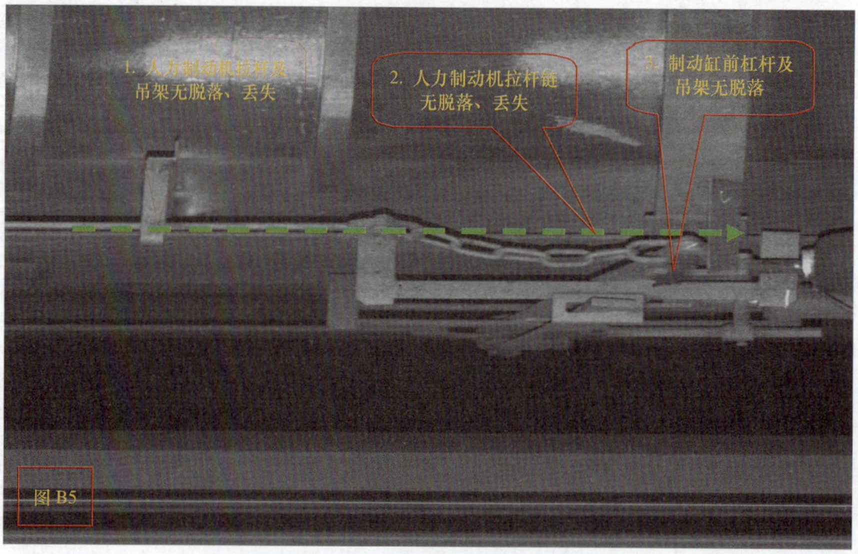

图 7-14　图 B5 检查范围及质量标准

故障表征具体如下：

人力制动机拉杆及吊架折断、脱落、丢失：折断时为黑印或亮痕断痕，脱落时拉杆折断脱离原位置呈下垂状，吊架脱落时发生翻转垂落。

人力制动机拉杆链折断、丢失：拉杆链折断脱落时呈下垂状。

制动缸前杠杆及吊架脱落：裂损或脱落时，在位置上发生侧移、倾斜、扭转，部分与车体脱离呈下垂状。

（6）图 B6 检查范围及质量标准，见图 7-15。

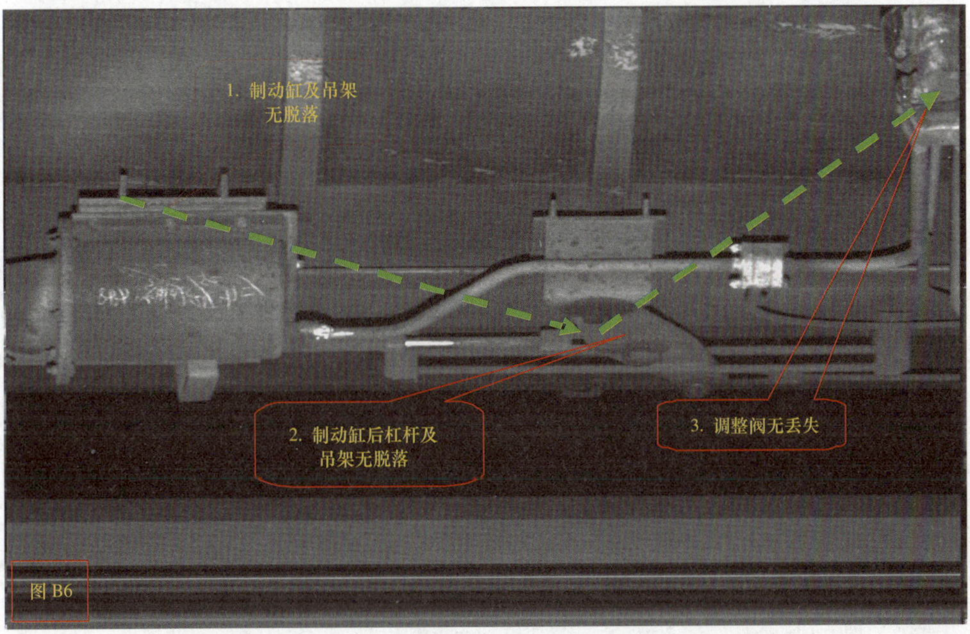

图 7-15　图 B6 检查范围及质量标准

> ⚠ 该部位存在的安全风险为制动缸及吊架脱落，配件脱落危及行车安全。制动缸脱落为拦停故障，要立即通知动态检车组长。

故障表征具体如下：

制动缸及吊架脱落：脱落时制动缸及吊架发生侧移、倾斜、扭转，制动缸连通管发生弯曲，在重力作用下呈下垂状。

制动缸后杠杆及吊架脱落：脱落时在位置上发生侧移、倾斜、扭转，部分与车体脱离呈下垂状。

调整阀丢失：丢失时配件缺失。

3. 其他级货车中间部侧部 I

1）作业流程

中间部 I 采用“三”字检查法，图上部为运行方向左侧车底架，图下部为运行方向右侧车底架，图中部为底架中梁部。

2）检查范围及质量标准

（1）制动缸及各风缸无脱落、丢失，吊架无脱落，吊架螺母无丢失。

（2）制动支管、连接管法兰螺母无丢失。

（3）制动阀防盗罩无脱落。

（4）空重车自动调整装置调整阀无破损。

任务 7.2　TFDS 动态检查中间部侧部Ⅱ作业

1. 70 t 级货车中间部侧部Ⅱ

目前全路运行的主型 70 t 级货车主要有 $C_{70(H)}$、$C_{70E(H)}$、P_{70}、$NX_{70(A)}$、X_{70}、GQ_{70}、GL_{70}、KM_{70} 等，本作业指导书以 C_{70} 型车为例，其余车型参考 C_{70} 型车进行检查。部分换长较大的车型还有中间部侧部Ⅲ及中间部侧部其他，作业流程及检查范围与中间部侧部Ⅰ、Ⅱ一致。

1）作业流程

中间部侧部Ⅱ采用“一”字检查法，图上部为列车运行方向左侧中间部侧部，图下部为列车运行方向中间部侧部，虚线为鼠标运行轨迹，见图 7-16。

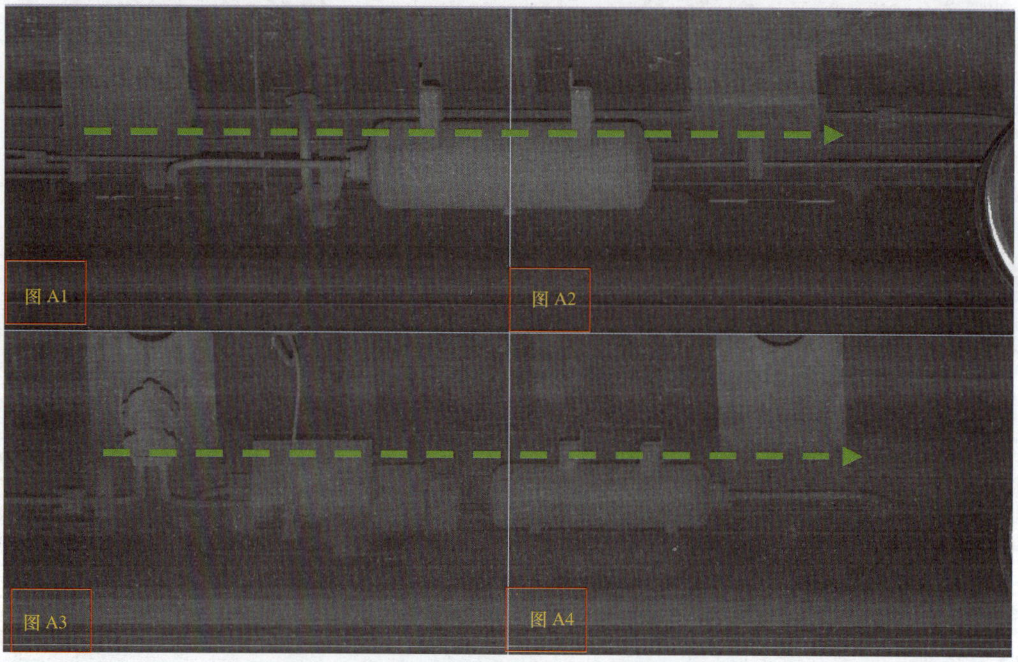

图 7-16　中间部侧部Ⅱ采用“一”字检查法

中间部侧部Ⅱ作业流程：缓解阀拉杆及吊架 1—副风缸及吊架—调整阀—缓解阀拉杆及吊架 2—120 型控制阀防盗罩—加速缓解风缸、双室风缸及吊架。

2）检查范围及质量标准

中间部侧部Ⅱ合计由 4 张（6 张）小图组成，现将图片分解如下：

（1）图 A1 检查范围及质量标准，见图 7-17。

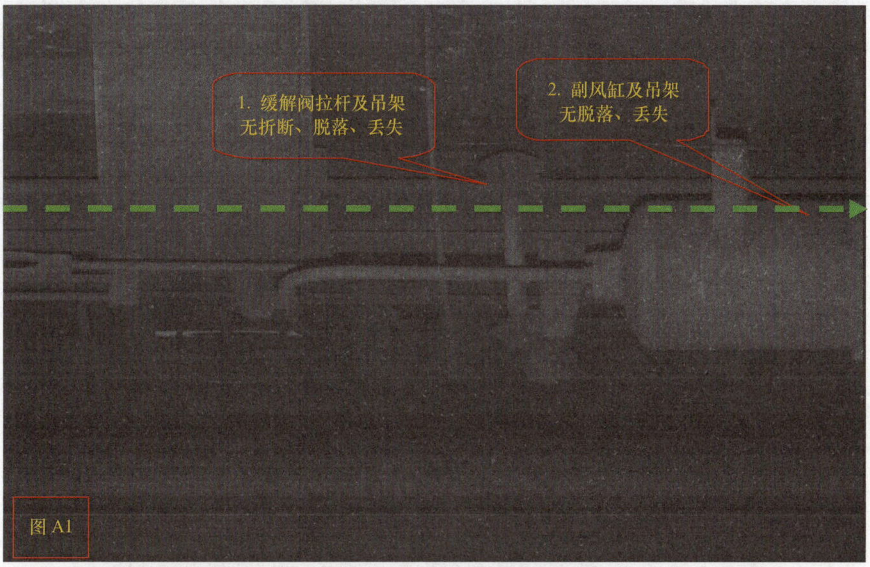

图 7-17　图 A1 检查范围及质量标准

⚠ 该部位存在的安全风险为缓解阀拉杆脱落，副风缸及吊架脱落，配件脱落危及行车安全；连接管折断会造成漏风抱闸。副风缸脱落为拦停故障，要及时通知动态检车组长。

故障表征具体如下：

缓解阀拉杆及吊架折断、脱落、丢失：折断脱落时发生倾斜或下垂脱落状，丢失时配件缺失。

副风缸及吊架脱落、丢失：副风缸及吊架脱落时，在位置上发生侧移、倾斜、扭转，连通管发生弯曲，部分与车体脱离呈下垂状；丢失时配件缺失。

（2）图 A2 检查范围及质量标准，见图 7-18。

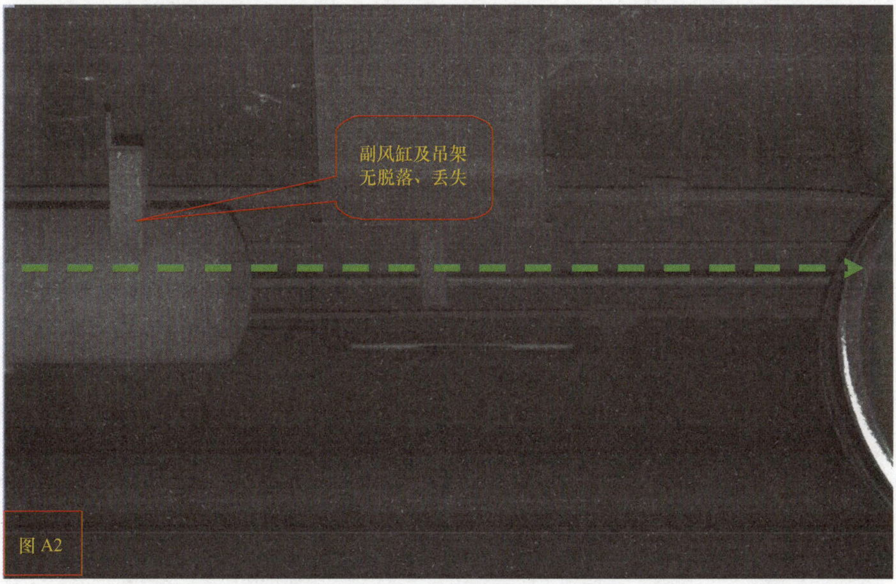

图 7-18　图 A2 检查范围及质量标准

⚠ 该部位存在的安全风险为副风缸及吊架脱落，配件脱落危及行车安全。副风缸脱落为拦停故障，要及时通知动态检车组长。

故障表征具体如下：

副风缸及吊架脱落、丢失：副风缸及吊架脱落时，在位置上发生侧移、倾斜、扭转，连通管发生弯曲，部分与车体脱离呈下垂状；丢失时配件缺失。

（3）图 A3 检查范围及质量标准，见图 7-19。

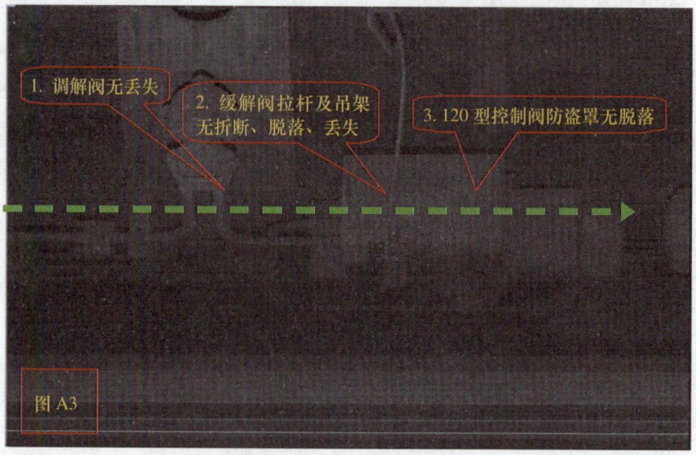

图 7-19　图 A3 检查范围及质量标准

⚠ 该部位存在的安全风险为 120 型控制阀防盗罩脱落、缓解阀拉杆脱落，配件脱落危及行车安全。

故障表征具体如下：

调整阀丢失：丢失时配件缺失。

缓解阀拉杆及吊架折断、脱落、丢失：折断、脱落时发生倾斜或下垂脱落状，丢失时配件缺失。

120 型控制阀防盗罩脱落：防盗罩严重破损时发生脱落，脱落部分与控制阀分离。

（4）图 A4 检查范围及质量标准，见图 7-20。

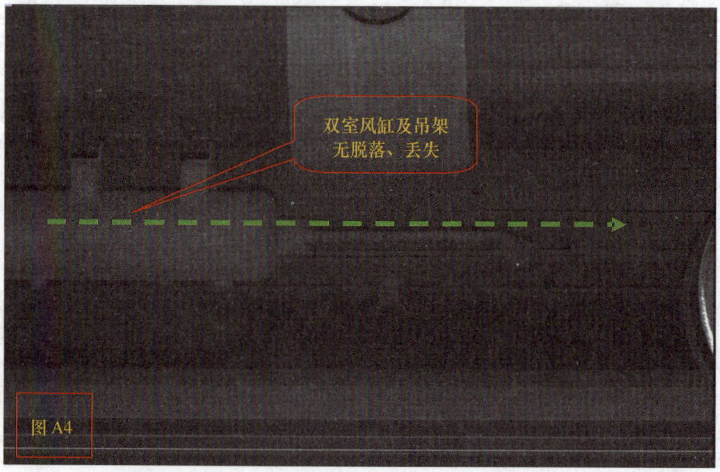

图 7-20　图 A4 检查范围及质量标准

⚠ 该部位存在的安全风险为双室风缸及吊架脱落，配件脱落危及行车安全。双室风缸脱落为拦停故障，要及时通知动态检车组长。

故障表征具体如下：

双室风缸及吊架脱落、丢失：脱落时风缸及吊架发生侧移、倾斜、扭转，连通管发生弯曲，在重力作用下呈下垂状；丢失时配件缺失。

2. 60 t 级货车中间部侧部Ⅱ

目前全路运行的主型 60 t 级货车主要有 $C_{64K(H)}$、C_{62BK}、$P_{62K(NK)}$、$P_{64(A)K}$、$P_{64(G)K}$、G_{60}、G_{17K}、N_{17} 系列、X_6 系列等，本作业指导书以 C_{64K} 型车为例，其余车型参考 C_{64K} 型车进行检查。部分换长较大的车型还有中间部侧部Ⅲ及中间部侧部其他，作业流程及检查范围与中间部侧部Ⅰ、Ⅱ一致。

1）作业流程

中间部侧部Ⅱ采用“一”字检查法，图上部为列车运行方向左侧中间部侧部，图下部为列车运行方向右侧中间部侧部，虚线为鼠标运行轨迹，见图 7-21。

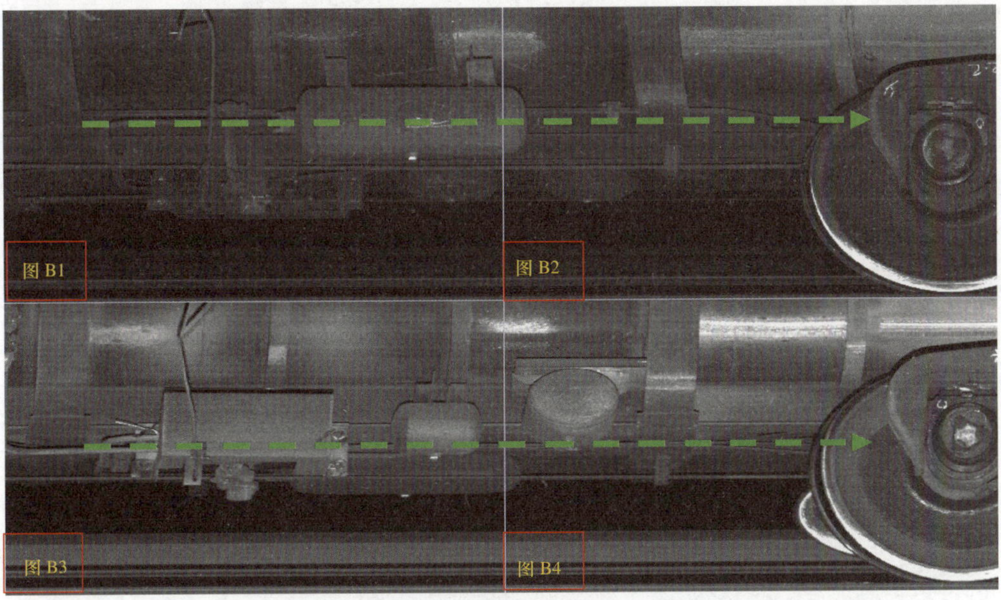

图 7-21　中间部侧部Ⅱ采用“一”字检查法

中间部侧部Ⅱ作业流程：缓解阀拉杆及吊架—副风缸及吊架—缓解阀拉杆及吊架—120 型控制阀防盗罩—加速缓解风缸、降压风缸及吊架。

2）检查范围及质量标准

中间部侧部Ⅱ合计由 4 张小图组成，现将图片分解如下：

（1）图 B1 检查范围及质量标准，见图 7-22。

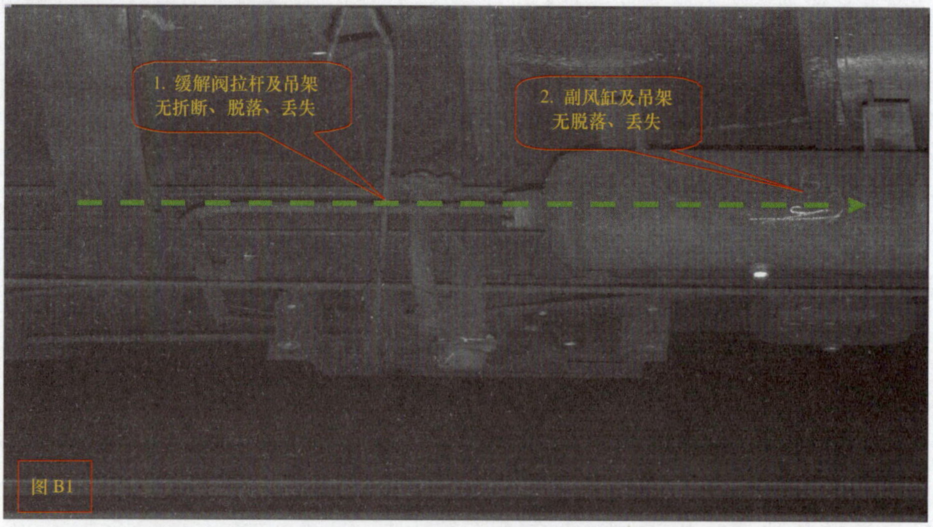

图 7–22　图 B1 检查范围及质量标准

⚠ 该部位存在的安全风险为缓解阀拉杆脱落、副风缸及吊架脱落，配件脱落危及行车安全；连接管折断会造成漏风抱闸。副风缸脱落为拦停故障，要及时通知动态检车组长。

故障表征具体如下：

缓解阀拉杆及吊架折断、脱落、丢失：折断脱落时发生倾斜或下垂脱落状，丢失时配件缺失。

副风缸及吊架脱落、丢失：副风缸及吊架脱落时，在位置上发生侧移、倾斜、扭转，连通管发生弯曲，部分与车体脱离呈下垂状；丢失时配件缺失。

（2）图 B2 检查范围及质量标准，见图 7–23。

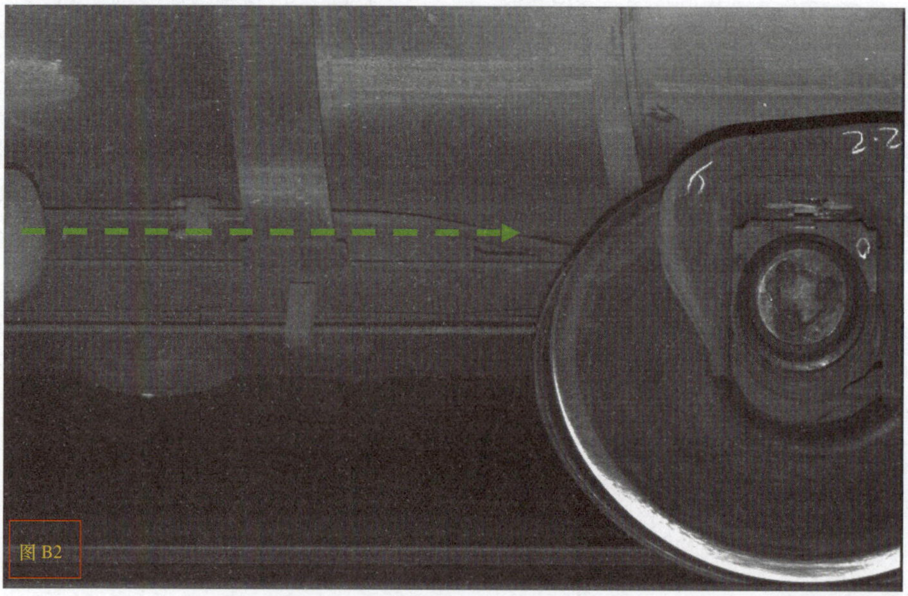

图 7–23　图 B2 检查范围及质量标准

> ⚠ 该部位存在的安全风险为支管折损、限压风缸脱落，配件脱落危及行车安全。加速缓解风缸脱落为拦停故障，要及时通知动态检车组长。

故障表征具体如下：

限压风缸及吊架脱落、丢失：脱落时风缸及吊架发生侧移、倾斜、扭转，连通管发生弯曲，在重力作用下呈下垂状；丢失时配件缺失。

（3）图 B3 检查范围及质量标准，见图 7–24。

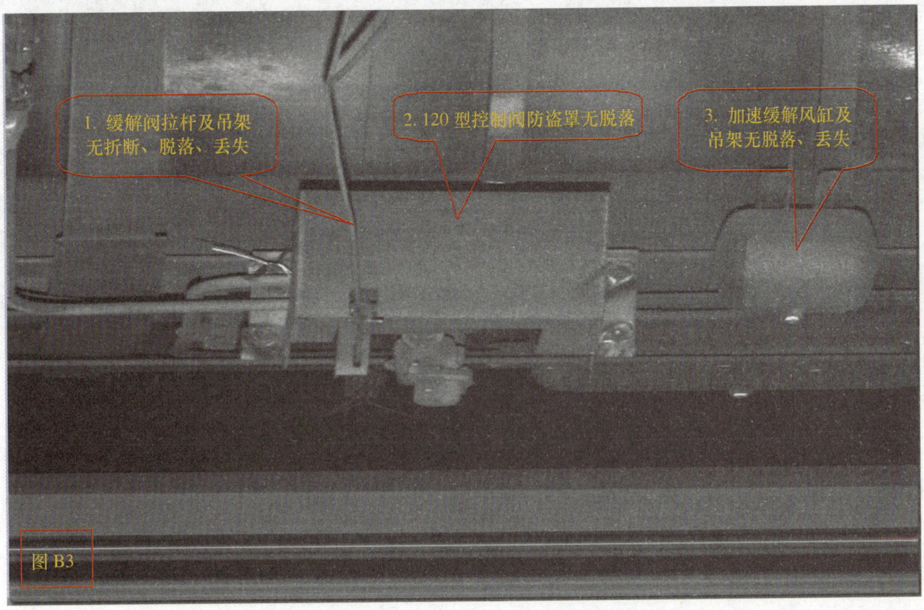

图 7–24　图 B3 检查范围及质量标准

> ⚠ 该部位存在的安全风险为 120 型控制阀防盗罩、缓解阀拉杆、加速缓解风缸脱落，配件脱落危及行车安全。加速缓解风缸脱落为拦停故障，要及时通知动态检车组长。

故障表征具体如下：

缓解阀拉杆及吊架折断、脱落、丢失：折断脱落时发生倾斜或下垂脱落状，丢失时配件缺失。

120 型控制阀防盗罩脱落：防盗罩严重破损时发生脱落，脱落部分与控制阀分离。

加速缓解风缸及吊架脱落、丢失：脱落时风缸及吊架发生侧移、倾斜、扭转，连通管发生弯曲，在重力作用下呈下垂状；丢失时配件缺失。

（4）图 B4 检查范围及质量标准，见图 7–25。

> ⚠ 该部位存在的安全风险为降压风缸及吊架脱落，配件脱落危及行车安全。降压风缸脱落为拦停故障，要及时通知动态检车组长。

故障表征具体如下：

降压风缸及吊架脱落、丢失：脱落时风缸及吊架发生侧移、倾斜、扭转，连通管发生弯曲，在重力作用下呈下垂状；丢失时配件缺失。

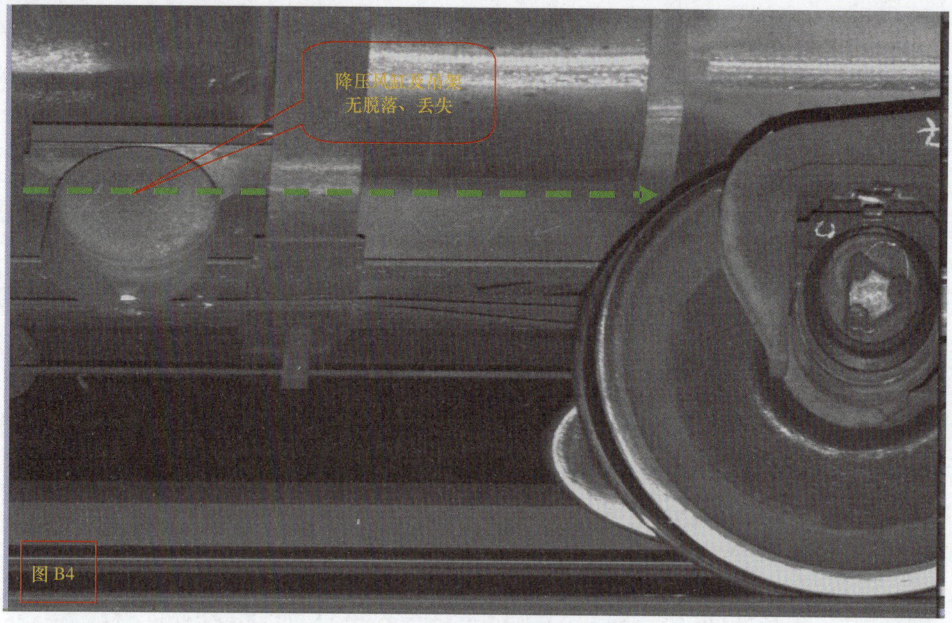

图 7-25　图 B4 检查范围及质量标准

3. 其他级货车中间部侧部Ⅱ

1）作业流程

中间部侧部Ⅱ采用“三”字检查法，图上部为运行方向左侧车底架，图下部为运行方向右侧车底架，图中部为底架中梁部。部分换长较大的车型还有中间部侧部Ⅲ及中间部侧部其他，作业流程及检查范围与中间部侧部Ⅰ、Ⅱ一致。

2）检查范围及质量标准

（1）制动缸及各风缸无脱落、丢失，吊架无裂损、脱落，吊架螺母无丢失。

（2）制动支管、连接管法兰螺母无丢失。

（3）制动阀防盗罩无脱落。

（4）空重车自动调整装置调整阀无破损。

工装设备

检查工装设备包括微机主机 1 台，显示器 1 台，键盘 1 个，鼠标 1 个，如表 7-1 所示。

表 7-1　工装设备

序号	名称	规格型号	单位	数量	备注
1	微机主机		台	1	
2	显示器		台	1	
3	键盘		个	1	
4	鼠标		个	1	

项目 8　TFDS 动态检查车体侧面作业

作业介绍

1. 作业地点

各路局集团公司货车车辆段管辖运用车间动态检车室及各高等职业院校建设的 TFDS 动态检车（测）实训室。

2. 适用范围

适用于各路局集团公司货车车辆段管辖各列检作业场、动态检查作业场执行动态检查的作业人员、各高等职业院校铁道车辆技术等相关专业学生。

3. 人员要求

能够熟练掌握 TFDS 动态检查车体侧面技能，从而满足 TFDS 动态检车员岗位需求。

4. 作业要点

（1）作业前须单击“刷新”按钮后开始动态检车。

（2）每幅图的动态检查时间不少于 2 s。

（3）图像需放大检查时，单击鼠标右键或双击鼠标左键进行放大检查。

（4）发现故障时，要通过三级菜单选择正确的故障名称进行添加。

（5）检查发现图像异常、无法正常作业时，要及时报告动态检车组长。

（6）检查发现典型故障及危及行车安全的故障时，要立即报告动态检车组长。

TFDS 动态检查车体侧面作业流程

一辆车包车检查作业流程，包括：作业准备—单击“开始”按钮—前台侧架—后台侧架—前台制动梁—后台制动梁—车钩缓冲部—中间部Ⅰ—中间部Ⅱ—互钩差—中间部侧部Ⅰ—中间部侧部Ⅱ—车体侧面Ⅰ—车体侧面Ⅱ—车体侧面Ⅲ—车体侧面Ⅳ—2～N 辆车作业—完工整理。TFDS 动态检查车体侧面作业流程，包括车体侧面Ⅰ检查、车体侧面Ⅱ检查、车体侧面Ⅲ检查、车体侧面Ⅳ检查，如图 8-1 所示。

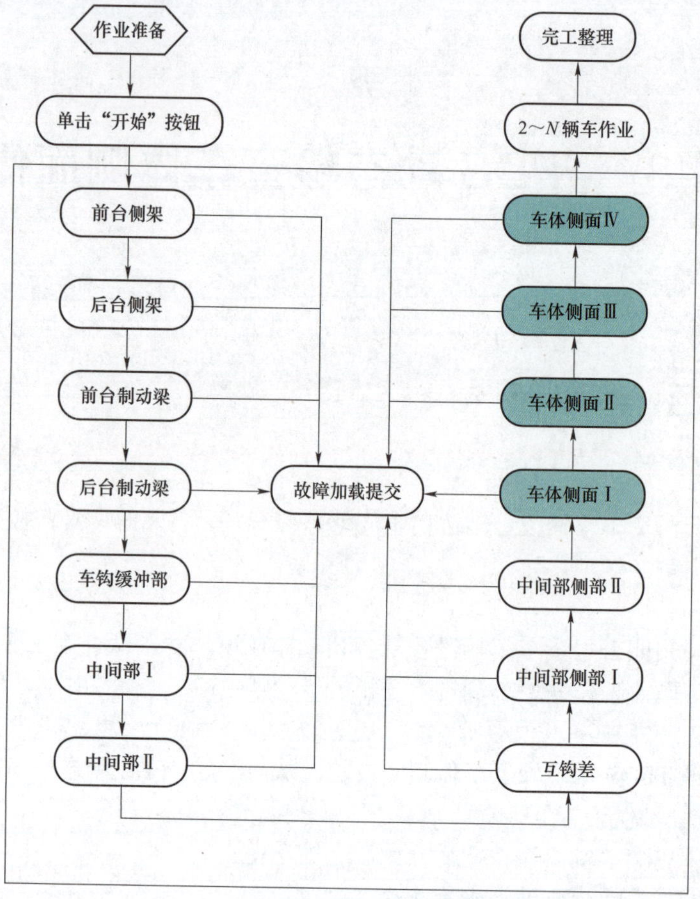

图 8-1 TFDS 动态检查车体侧面作业流程

作业程序、标准及示范

任务 8.1 TFDS 动态检查车体侧面Ⅰ作业

1. 敞车车体侧面Ⅰ

目前全路运行的主型敞车主要有 $C_{70(H)}$、$C_{70E(H)}$、$C_{64K(H)}$、C_{62BK}、C_{80}、C_{96}、C_{76} 等，本作业指导书以 C_{70} 型车为例，其余车型参考 C_{70} 型车进行检查。

1）作业流程

车体侧面Ⅰ采用“一”字检查法，图上部为列车运行方向左侧车体侧面，图下部为列车运行方向右侧车体侧面，虚线为鼠标运行轨迹，见图 8-2。

车体侧面Ⅰ作业流程：角柱 1—侧墙板 1—下侧门、折页及座 1—侧柱 1—下侧门、折页及座 2—侧墙板 2—侧柱 2—门搭扣 1—绳栓 1—门搭扣 2—门搭扣 3—绳栓 2—门搭扣 4—绳栓 3—角柱 2—侧墙板 3—下侧门、折页及座 3—侧柱 3—下侧门、折页及座 4—侧墙板 4—侧柱 4—门搭扣 5—绳栓 4—门搭扣 6—门搭扣 7—绳栓 5—门搭扣 8—绳栓 6。

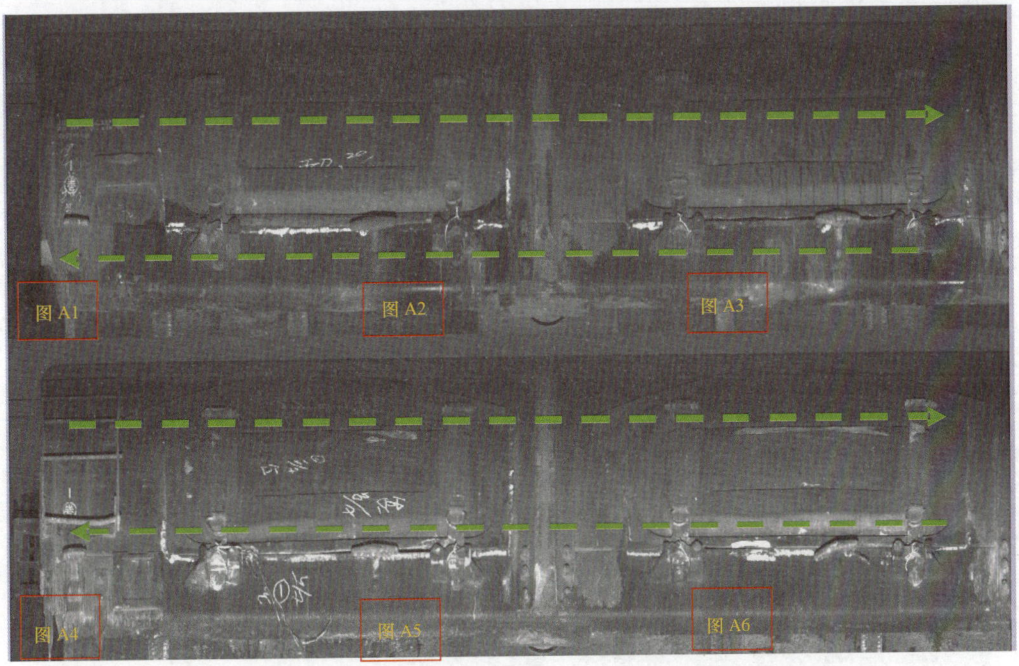

图 8-2　车体侧面 I 采用“一”字检查法

2）检查范围及质量标准

车体侧面 I 合计由 6 张小图组成，现将左侧图（左右侧相同）分解如下：

（1）图 A1 检查范围及质量标准，见图 8-3。

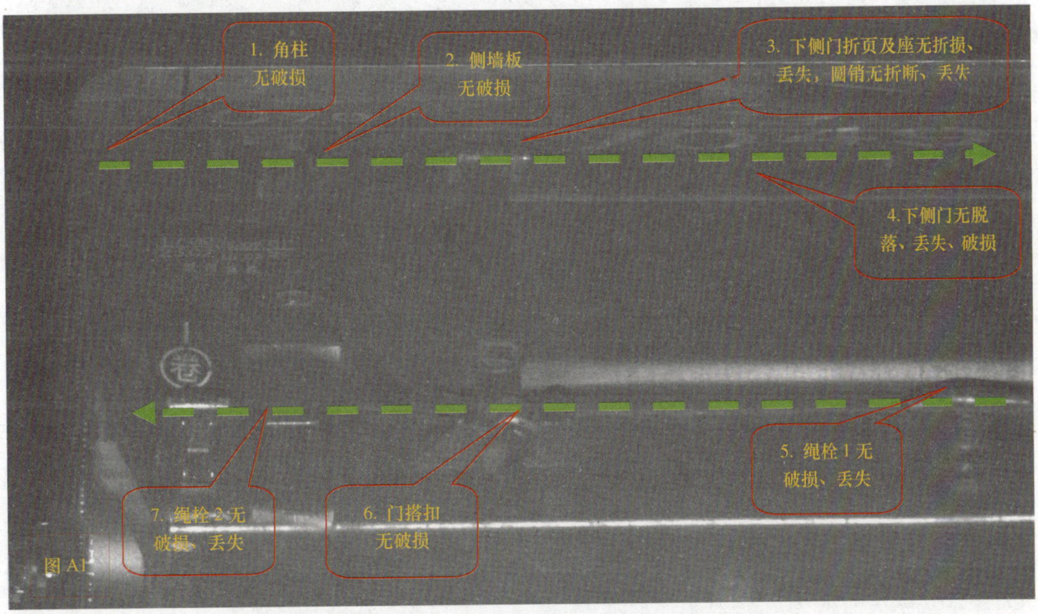

图 8-3　图 A1 检查范围及质量标准

⚠ 该部位存在的安全风险为车门折页折损、车门脱落、货物散落危及行车安全。

故障表征具体如下：

角柱破损：角柱呈凹陷状，有黑色或灰白色的不规则破损痕迹。

侧墙板破损：破损为局部呈黑色或灰白色，有明显不规则的破损痕迹。

下侧门折页及座折损、丢失，圆销折断、丢失：折页及座折损、丢失时，车门发生倾斜，折页发生破损，部分车门有损伤痕迹；圆销丢失时为缺失状。

下侧门脱落、丢失、破损：车门破损时有不规则裂痕，破损面外观呈黑色或灰白色，并伴有形变；脱落时车门发生倾斜。

绳栓破损、丢失：绳栓破损时发生扭转、变形，部分有缺损痕迹。

门搭扣破损：门搭扣破损时发生扭转、变形，部分有缺损痕迹。

（2）图 A2 检查范围及质量标准，见图 8-4。

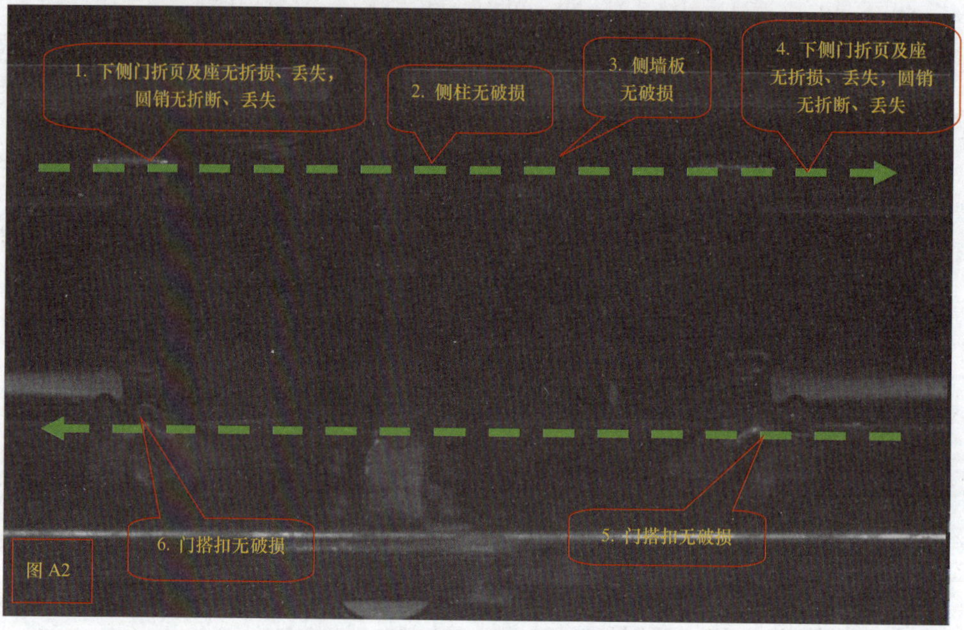

图 8-4　图 A2 检查范围及质量标准

⚠ 该部位存在的安全风险为车门折页折损、车门脱落、货物散落危及行车安全。

故障表征具体如下：

下侧门折页及座折损、丢失，圆销折断、丢失：折页及座折损、丢失时，车门发生倾斜，折页发生破损，部分车门有损伤痕迹；圆销丢失时为缺失状。

侧柱破损：侧柱呈凹陷状，有黑色或灰白色的不规则破损痕迹。

侧墙板破损：破损为局部呈黑色或灰白色，有明显不规则的破损痕迹。

门搭扣破损：门搭扣破损时发生扭转、变形，部分有缺损痕迹。

（3）图 A3 检查范围及质量标准，见图 8-5。

⚠ 该部位存在的安全风险为车门折页折损、车门脱落、货物散落危及行车安全。

故障表征具体如下：

下侧门脱落、丢失、破损：车门破损时有锯齿不规则裂痕，破损面外观呈黑色或灰白色，并伴有形变；脱落时车门发生倾斜。

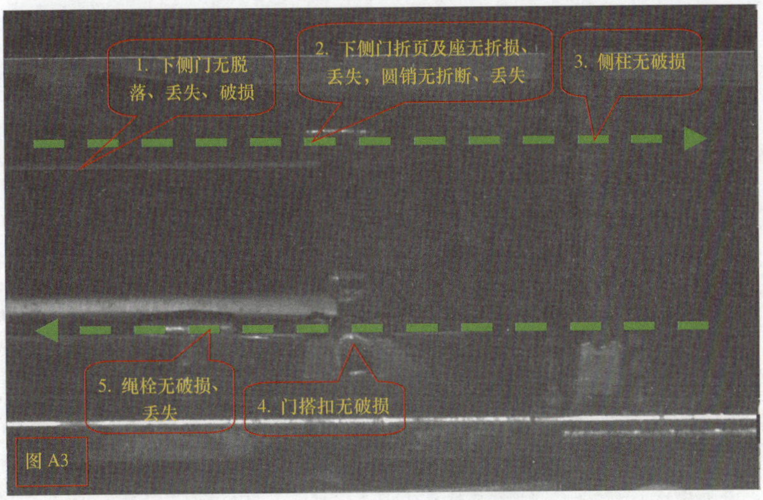

图 8-5　图 A3 检查范围及质量标准

下侧门折页及座折损、丢失，圆销折断、丢失：折页及座折损、丢失时，车门发生倾斜，折页发生破损，部分车门有损伤痕迹；圆销丢失时为缺失状。

侧柱破损：侧柱呈凹陷状，有黑色或灰白色的不规则破损痕迹。

门搭扣破损：门搭扣破损时发生扭转、变形，部分有缺损痕迹。

绳栓破损、丢失：绳栓破损时发生扭转、变形，部分有缺损痕迹。

2. 棚车车体侧面 I

目前全路运行的主型棚车主要有 $P_{70(H)}$、P_{65}、PB、$P_{64A(G)K}$、$P_{62(N)K}$、P_{63} 等，本作业指导书以 P_{70} 型车为例，其余车型参考 P_{70} 型车进行检查。

1）作业流程

车体侧面 I 采用"一"字检查法，图上部为列车运行方向左侧车体侧面，图下部为列车运行方向右侧车体侧面，虚线为鼠标运行轨迹，见图 8-6。

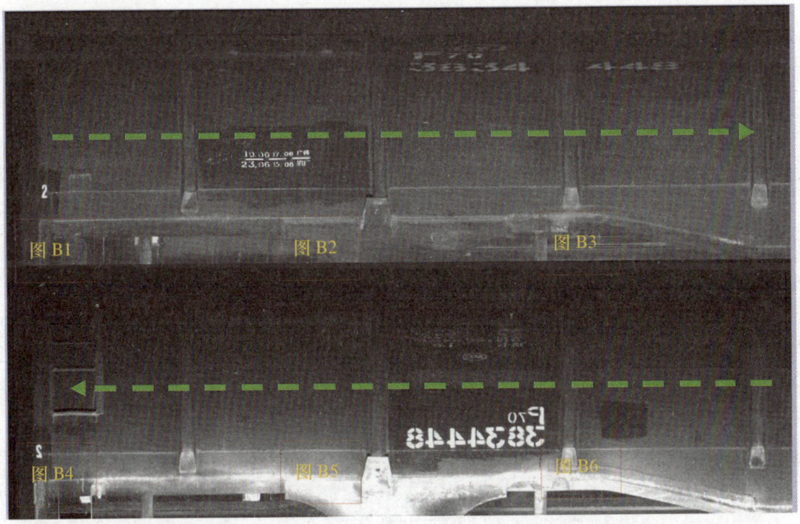

图 8-6　车体侧面 I 采用"一"字检查法

车体侧面Ⅰ作业流程：角柱 1—侧墙板 1—侧柱 1—侧墙板 2—侧柱 2—侧墙板 3—侧柱 3—侧墙板 4—侧柱 4—侧柱 5—侧墙板 5—侧柱 6—侧墙板 6—侧柱 7—侧墙板 7—侧柱 8—侧墙板 8—车梯。

2）检查范围及质量标准

车体侧面Ⅰ合计由 6 张小图组成，现将左侧图（左右侧相同）分解如下：

（1）图 B1 检查范围及质量标准，见图 8–7。

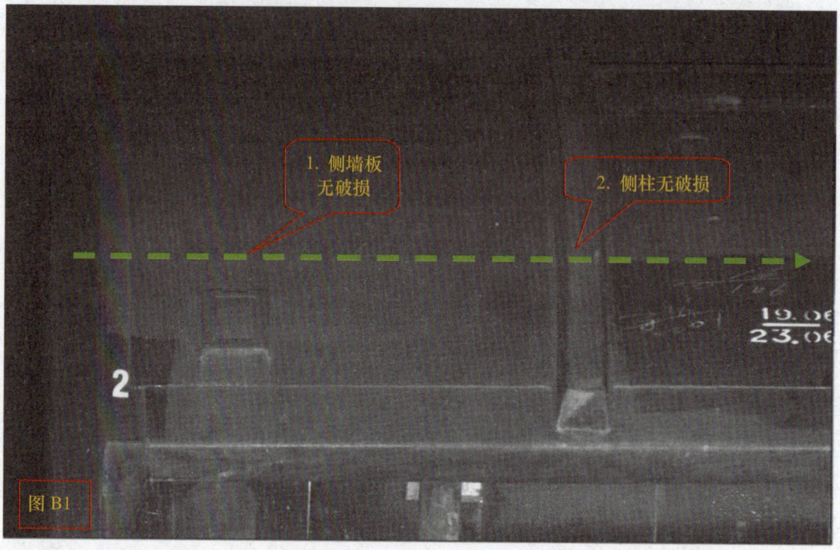

图 8–7　图 B1 检查范围及质量标准

故障表征具体如下：

侧墙板破损：破损为局部呈黑色或灰白色，有明显不规则的破损痕迹。

侧柱破损：侧柱呈凹陷状，有黑色或灰白色的不规则破损痕迹。

（2）图 B2 检查范围及质量标准，见图 8–8。

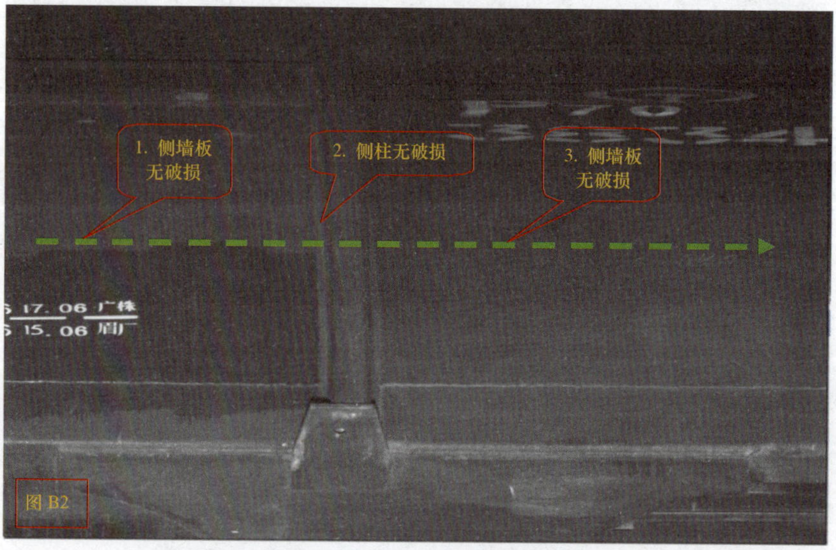

图 8–8　图 B2 检查范围及质量标准

故障表征具体如下：

侧墙板破损：破损为局部呈黑色或灰白色，有明显不规则的破损痕迹。

侧柱破损：侧柱呈凹陷状，有黑色或灰白色的不规则破损痕迹。

（3）图 B3 检查范围及质量标准，见图 8-9。

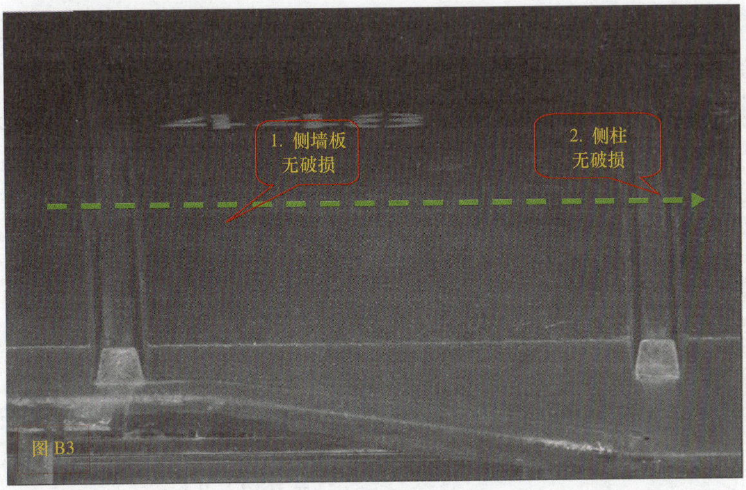

图 8-9　图 B3 检查范围及质量标准

故障表征具体如下：

侧墙板破损：破损为局部呈黑色或灰白色，有明显不规则的破损痕迹。

侧柱破损：侧柱呈凹陷状，有黑色或灰白色的不规则破损痕迹。

3. 罐车车体侧面 I

目前全路运行的主型罐车主要有 GQ_{70}、GL_{70}、GN_{70}、G_{60K}、G_{17K}、U_{61WK} 等，本作业指导书以 G_{60K} 型车为例，其余车型参考 G_{60K} 型车进行检查。

1）作业流程

车体侧面 I 采用“一”字检查法，图上部为列车运行方向左侧车体侧面，图下部为列车运行方向右侧车体侧面，虚线为鼠标运行轨迹，见图 8-10。

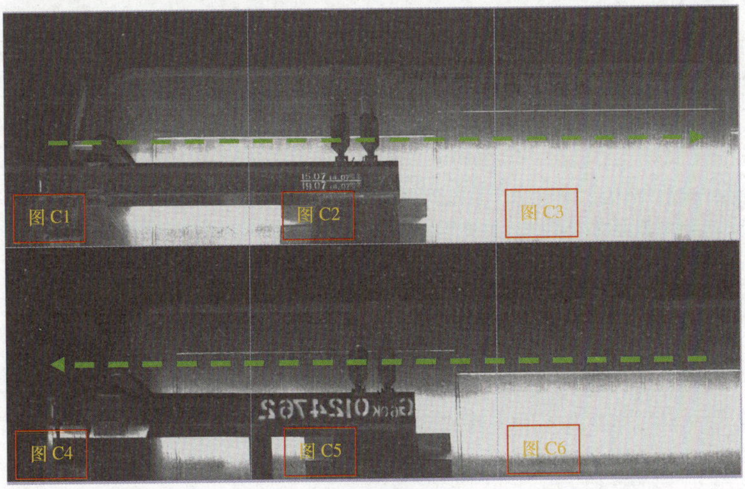

图 8-10　车体侧面 I 采用“一”字检查法

车体侧面 I 作业流程：罐车卡带 1—罐车卡带 2。

2）检查范围及质量标准

车体侧面 I 合计由 6 幅小图组成，现将左侧图分解如下：

（1）图 C1 检查范围及质量标准，见图 8–11。

图 8–11　图 C1 检查范围及质量标准

（2）图 C2、图 C3 检查范围及质量标准，见图 8–12。

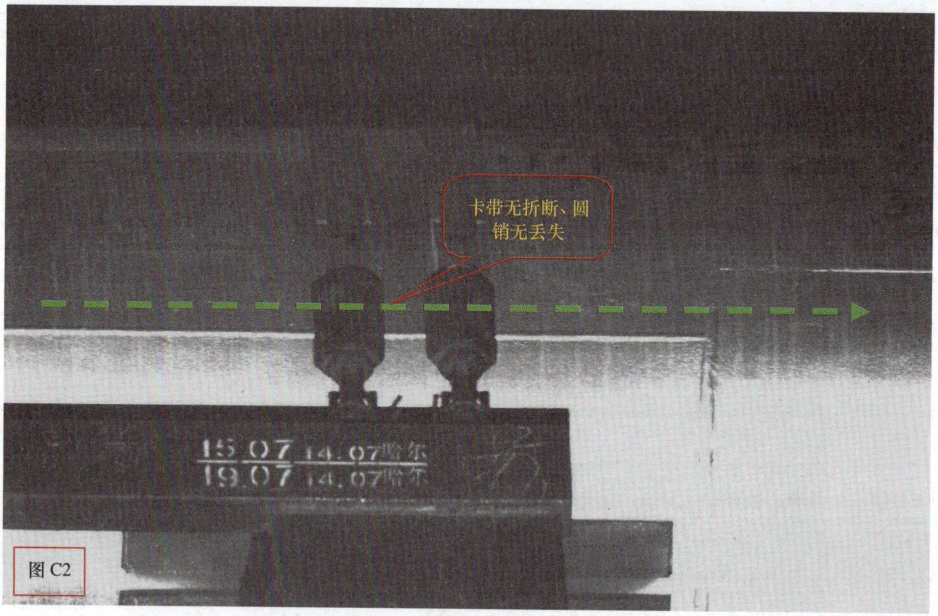

图 8–12　图 C2、C3 检查范围及质量标准

图 8-12　图 C2、C3 检查范围及质量标准（续）

故障表征具体如下：

卡带折断、圆销丢失：卡带折断时有裂纹或裂痕，部分发生断裂；圆销丢失时配件缺失。

4. 其他型货车车体侧面 I

1）作业流程

车体侧面 I 采用“一”字检查法，图上部为运行方向左侧车体，图下部为运行方向右侧车体。

2）检查范围及质量标准

（1）侧梁无裂损。

（2）侧柱、角柱无裂损，车门及车窗无脱落、丢失。

（3）车门折页及座无折断，圆销无丢失。

（4）侧墙板、门板无破损。

（5）车门锁闭装置配件齐全、无破损。

（6）绳栓、柱插无破损、丢失。

（7）脚蹬、车梯扶手及车端护栏无折断、丢失。

（8）罐车卡带无折断，圆销无丢失。

任务 8.2　TFDS 动态检查车体侧面 II 作业

1. 敞车车体侧面 II

目前全路运行的主型敞车主要有 $C_{70(H)}$、$C_{70E(H)}$、$C_{64K(H)}$、C_{62BK}、C_{80}、C_{96}、C_{76} 等，本作业指导书以 C_{70} 型车为例，其余车型参考 C_{70} 型车进行检查。

1）作业流程

车体侧面 II 采用“一”字检查法，图上部为列车运行方向左侧车体侧面，图下部为列车运行方向右侧车体侧面，虚线为鼠标运行轨迹，见图 8-13。

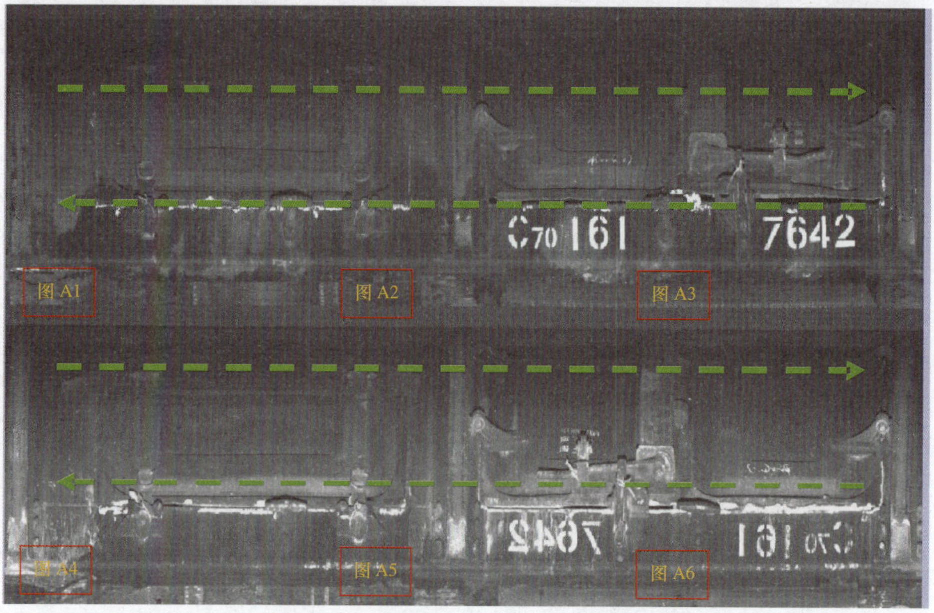

图 8-13　车体侧面Ⅱ采用"一"字检查法

车体侧面Ⅱ作业流程：下侧门、折页及座 1—侧柱 1—中侧门、折页及座 1—侧柱 2—下侧门、折页及座 2—门搭扣 1—中侧门锁闭装置 1—绳栓 1—门搭扣 2—绳栓 2—门搭扣 3—下侧门、折页及座 3—侧柱 3—中侧门、折页及座 2—侧柱 4—下侧门、折页及座 4—门搭扣 4—中侧门锁闭装置 2—绳栓 3—门搭扣 5—绳栓 4—门搭扣 6。

2）检查范围及质量标准

车体侧面Ⅱ合计由 6 张小图组成，现将左侧图（左右侧相同）分解如下：

（1）图 A1 检查范围及质量标准，见图 8-14。

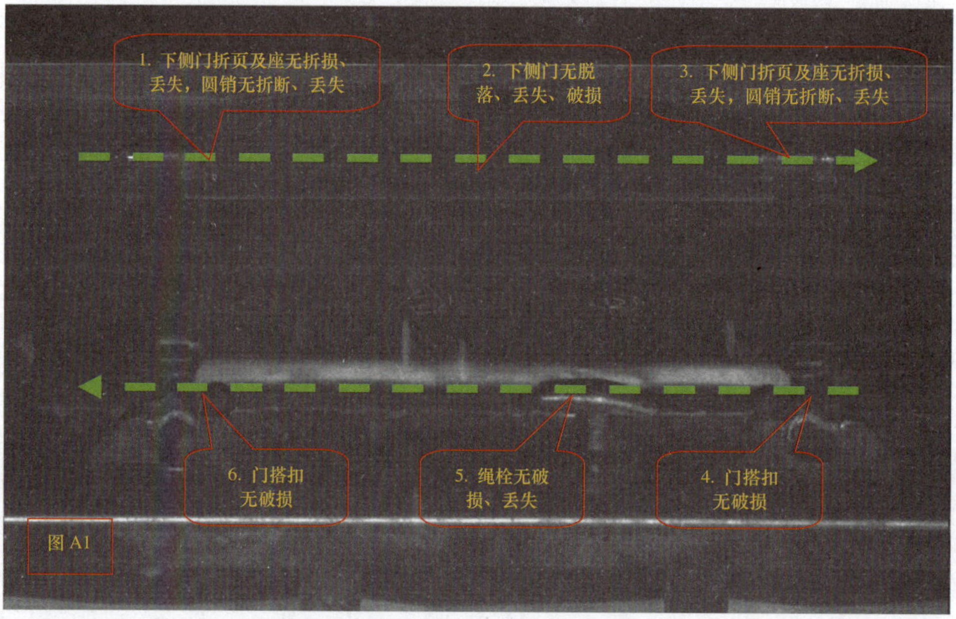

图 8-14　图 A1 检查范围及质量标准

⚠ 该部位存在的安全风险为车门折页折损、车门脱落、货物散落危及行车安全。

故障表征具体如下：

下侧门折页及座折损、丢失，圆销折断、丢失：折页及座折损、丢失时，车门发生倾斜，折页发生破损，部分车门有损伤痕迹；圆销丢失时为缺失状。

下侧门脱落、丢失、破损：车门破损时有不规则裂痕，破损面外观呈黑色或灰白色，并伴有形变；脱落时车门发生倾斜。

门搭扣破损：门搭扣破损时发生扭转、变形，部分有缺损痕迹。

绳栓破损、丢失：绳栓破损时发生扭转、变形，部分有缺损痕迹。

（2）图 A2 检查范围及质量标准，见图 8-15。

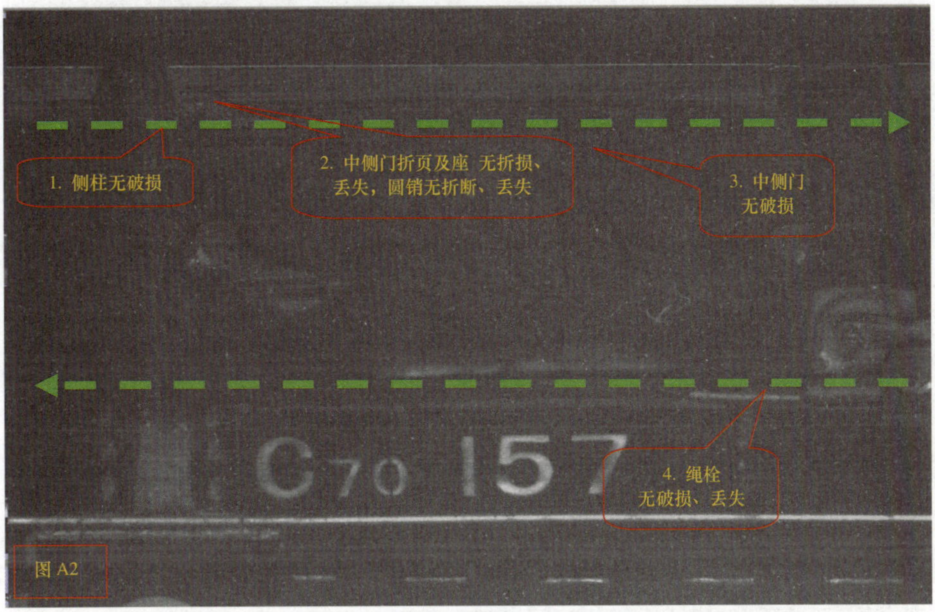

图 8-15　图 A2 检查范围及质量标准

⚠ 该部位存在的安全风险为车门折页折损、车门脱落、货物散落危及行车安全。

故障表征具体如下：

侧柱破损：侧柱呈凹陷状，有黑色或灰白色的不规则裂痕。

中侧门折页及座折损、丢失，圆销折断、丢失：折页及座折损、丢失时，车门发生倾斜，折页发生破损，部分车门有损伤痕迹；圆销丢失时为缺失状。

中侧门破损：车门破损时有不规则裂痕，破损面外观呈黑色或灰白色，并伴有形变。

绳栓破损、丢失：绳栓破损时发生扭转、变形，部分有缺损痕迹。

（3）图 A3 检查范围及质量标准，见图 8-16。

⚠ 该部位存在的安全风险为车门折页折损、车门脱落、货物散落危及行车安全。

故障表征具体如下：

中侧门破损：车门破损时有不规则裂痕，破损面外观呈黑色或灰白色，并伴有形变。

中侧门折页及座折损、丢失，圆销折断、丢失：折页及座折损、丢失时，车门发生倾斜，折页发生破损，部分车门有损伤痕迹；圆销丢失时为缺失状。

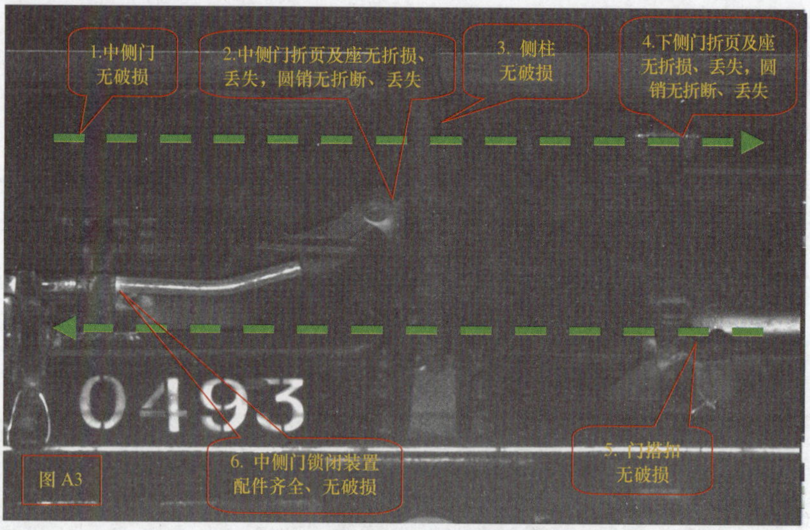

图 8-16　图 A3 检查范围及质量标准

侧柱破损：侧柱呈凹陷状，有黑色或灰白色的不规则破损痕迹。

下侧门折页及座折损、丢失，圆销折断、丢失：折页及座折损、丢失时，车门发生倾斜，折页发生破损，部分车门有损伤痕迹；圆销丢失时为缺失状。

门搭扣破损：门搭扣破损时发生扭转、变形，部分有缺损痕迹。

中侧门锁闭装置配件缺失、破损：锁闭装置相关配件发生扭转、变形，部分配件缺失。

2. 棚车车体侧面Ⅱ

目前全路运行的主型棚车主要有 $P_{70(H)}$、P_{65}、PB、$P_{64A(G)K}$、$P_{62(N)K}$、P_{63} 等，本作业指导书以 P_{70} 型车为例，其余车型参考 P_{70} 型车进行检查。

1）作业流程

车体侧面Ⅱ采用“一”字检查法，图上部为列车运行方向左侧车体侧面，图下部为列车运行方向右侧车体侧面，虚线为鼠标运行轨迹，见图 8-17。

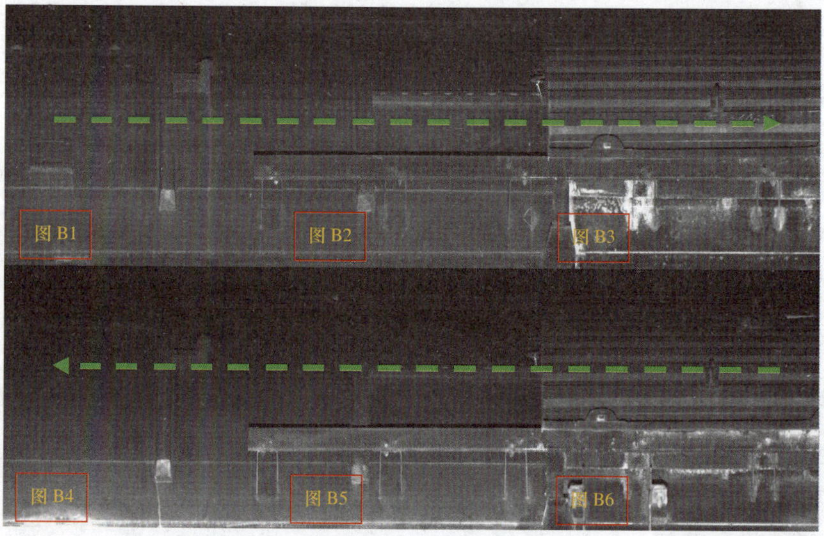

图 8-17　车体侧面Ⅱ采用“一”字检查法

车体侧面Ⅱ作业流程：侧柱 1—侧墙板 1—侧柱 2—侧墙板 2—车门 1—车门 2—侧墙板 3—侧柱 3—侧墙板 4—侧柱 4。

2）检查范围及质量标准

车体侧面Ⅱ合计由 6 张小图组成，现将左侧图（左右侧相同）分解如下：

（1）图 B1 检查范围及质量标准，见图 8-18。

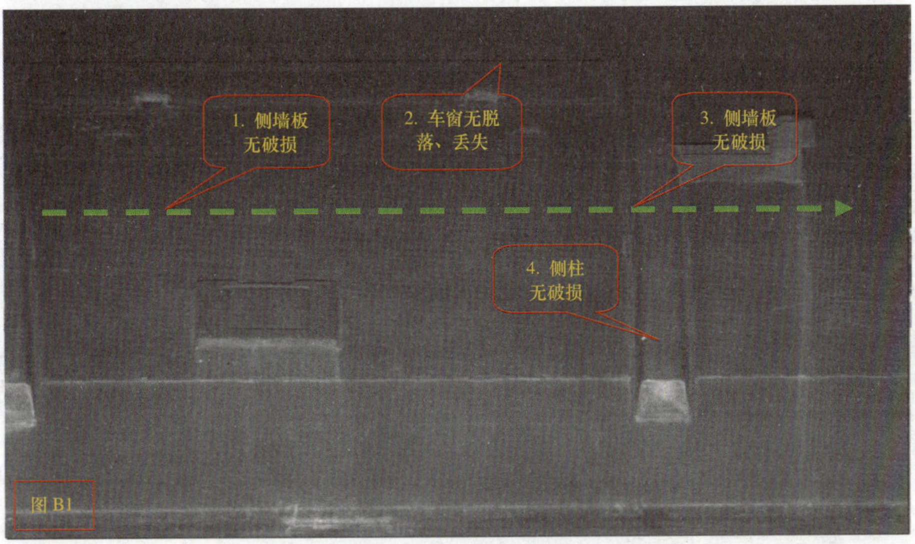

图 8-18　图 B1 检查范围及质量标准

故障表征具体如下：

侧墙板破损：破损为局部呈黑色或灰白色，有明显不规则的痕迹。

侧柱破损：侧柱呈凹陷状，有黑色或灰白色的不规则破损痕迹。

（2）图 B2 检查范围及质量标准，见图 8-19。

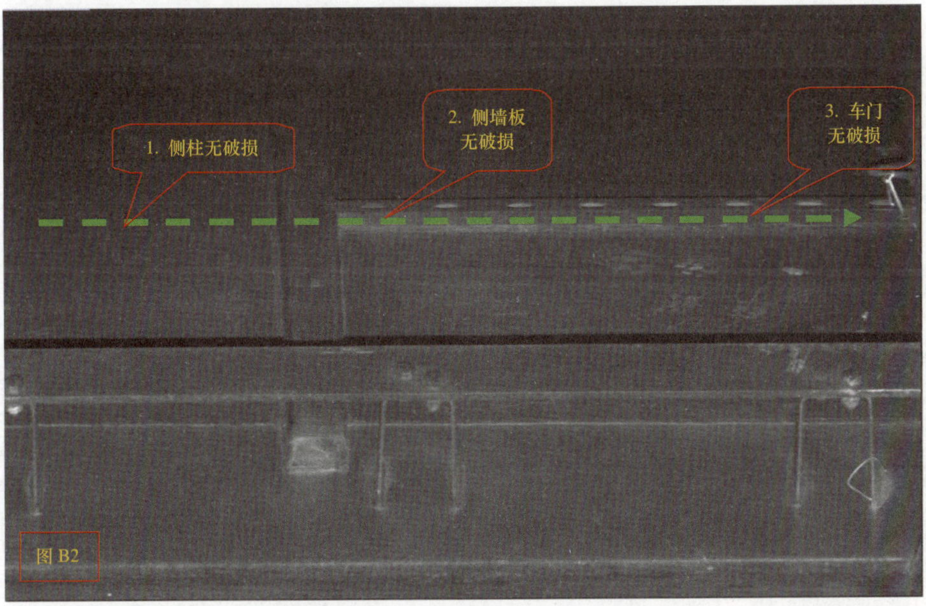

图 8-19　图 B2 检查范围及质量标准

⚠ 该部位存在的安全风险为车门导轨失效、门轮脱出、车门脱落、货物散落危及行车安全。

故障表征具体如下：

侧柱破损：侧柱呈凹陷状，有黑色或灰白色的不规则破损痕迹。

侧墙板破损：破损为局部呈黑色或灰白色，有明显不规则的破损痕迹。

车门破损：车门破损时有不规则裂痕，破损面外观呈黑色或灰白色，并伴有形变。

（3）图 B3 检查范围及质量标准，见图 8-20。

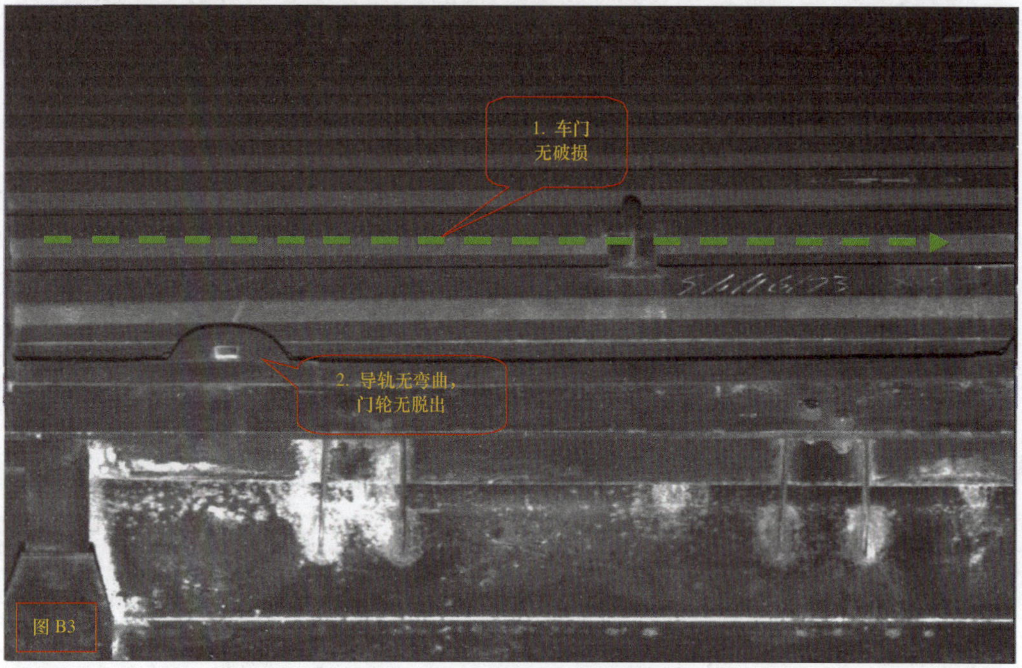

图 8-20 图 B3 检查范围及质量标准

⚠ 该部位存在的安全风险为车门导轨失效、门轮脱出、车门脱落、货物散落危及行车安全。

故障表征具体如下：

车门破损：车门破损时有不规则裂痕，破损面外观呈黑色或灰白色，并伴有形变。

导轨弯曲，门轮脱出：门轮有明显的脱离导轨痕迹。

3. 罐车车体侧面Ⅱ

目前全路运行的主型罐车主要有 GQ_{70}、GL_{70}、GN_{70}、G_{60K}、G_{17K}、U_{61WK} 等，本作业指导书以 G_{60K} 型车为例，其余车型参考 G_{60K} 型车进行检查。

作业流程具体如下：

车体侧面Ⅱ采用“一”字检查法，图上部为列车运行方向左侧车体侧面，图下部为列车运行方向右侧车体侧面，虚线为鼠标运行轨迹，该部位重点检查罐车有无漏泄，有无明暗不同的液体泄漏痕迹，见图 8-21。

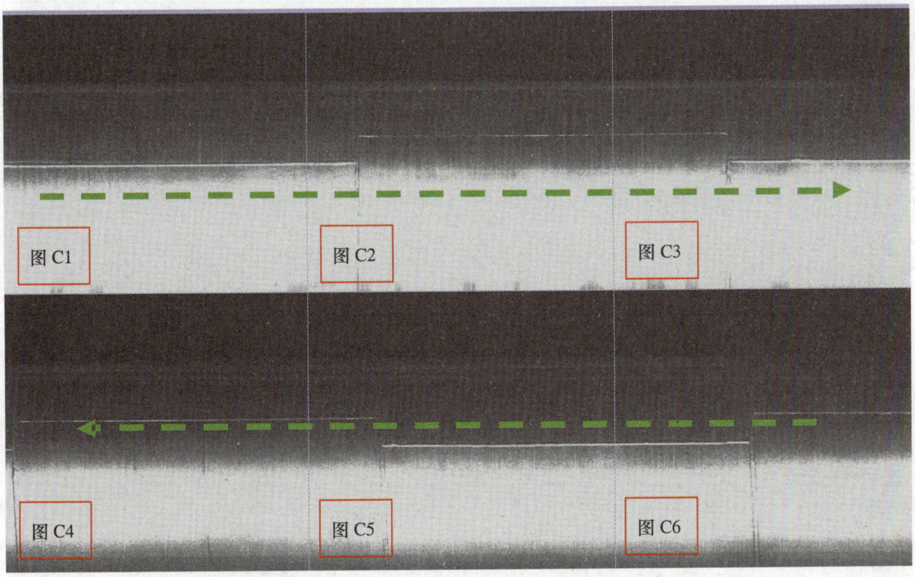

图 8-21　车体侧面Ⅱ采用“一”字检查法

4. 其他型货车车体侧面Ⅱ

1）作业流程

车体侧面Ⅱ采用“一”字检查法，图上部为运行方向左侧车体，图下部为运行方向右侧车体。

2）检查范围及质量标准

（1）侧梁无裂损。

（2）侧柱、角柱无裂损，车门及车窗无脱落、丢失。

（3）车门折页及座无折断，圆销无丢失。

（4）侧墙板、门板无破损。

（5）车门锁闭装置配件齐全、无破损。

（6）绳栓、柱插无破损、丢失。

（7）脚蹬、车梯扶手及车端护栏无折断、丢失。

（8）罐车卡带无折断，圆销无丢失。

任务 8.3　TFDS 动态检查车体侧面Ⅲ作业

1. 敞车车体侧面Ⅲ

目前全路运行的主型敞车主要有 $C_{70(H)}$、$C_{70E(H)}$、$C_{64K(H)}$、C_{62BK}、C_{80}、C_{96}、C_{76} 等，本作业指导书以 C_{70} 型车为例，其余车型参考 C_{70} 型车进行检查。

1）作业流程

车体侧面Ⅲ采用“一”字检查法，图上部为列车运行方向左侧车体侧面，图下部为列车运行方向右侧车体侧面，虚线为鼠标运行轨迹，见图 8-22。

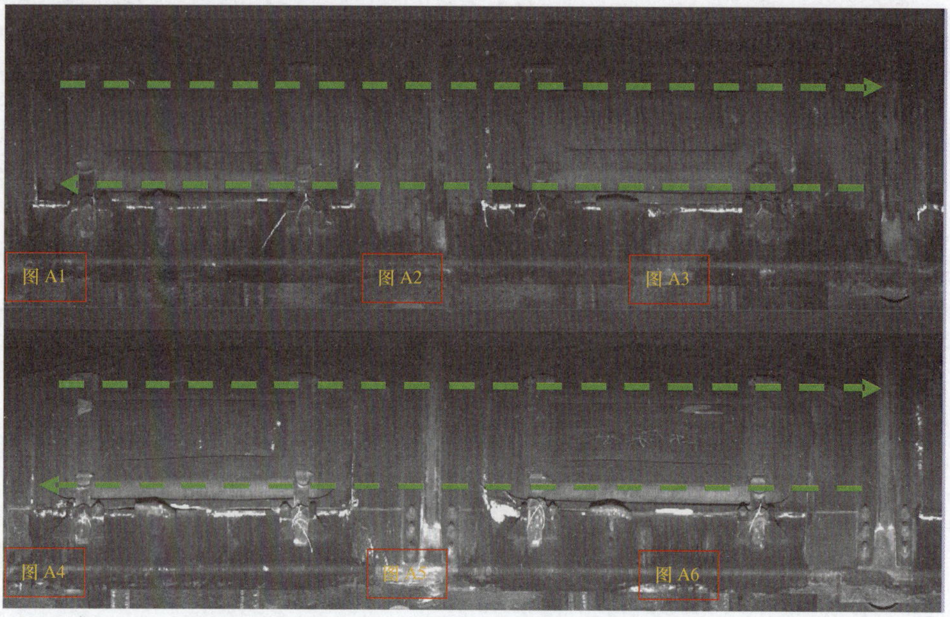

图 8-22　车体侧面Ⅲ采用"一"字检查法

车体侧面Ⅲ作业流程：下侧门 1—下侧门折页及座 1—侧柱 1—下侧门折页及座 2—下侧门 2—下侧门折页及座 3—侧柱 2—下侧门折页及座 4—绳栓 1—门搭扣 1—门搭扣 2—绳栓 2—门搭扣 3—门搭扣 4—绳栓 3—下侧门 3—下侧门折页及座 5—侧柱 3—下侧门折页及座 6—下侧门 4—下侧门折页及座 7—侧柱 4—下侧门折页及座 8—绳栓 4—门搭扣 5—门搭扣 6—绳栓 5—门搭扣 7—门搭扣 8—绳栓 6。

2）检查范围及质量标准

车体侧面Ⅲ合计由 6 张小图组成，现将左侧图（左右侧相同）分解如下：

（1）图 A1 检查范围及质量标准，见图 8-23。

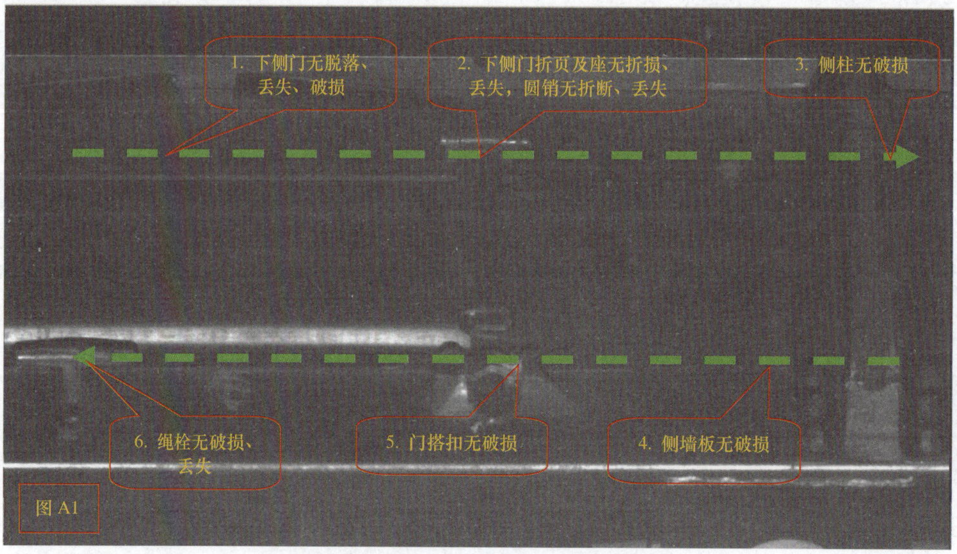

图 8-23　图 A1 检查范围及质量标准

⚠ 该部位存在的安全风险为车门折页折损、车门脱落、货物散落危及行车安全。

故障表征具体如下：

下侧门脱落、丢失、破损：车门破损时有不规则裂痕，破损面外观呈黑色或灰白色，并伴有形变；脱落时车门发生倾斜。

下侧门折页及座折损、丢失，圆销折断、丢失：折页及座折损、丢失时，车门发生倾斜，折页发生破损，部分车门有损伤痕迹；圆销丢失时为缺失状。

侧柱破损：侧柱呈凹陷状，有黑色或灰白色的不规则破损痕迹。

侧墙板破损：破损为局部呈黑色或灰白色，有明显不规则的破损痕迹。

门搭扣破损：门搭扣破损时发生扭转、变形，部分有缺损痕迹。

绳栓破损、丢失：绳栓破损时发生扭转、变形，部分有缺损痕迹。

（2）图 A2 检查范围及质量标准，见图 8-24。

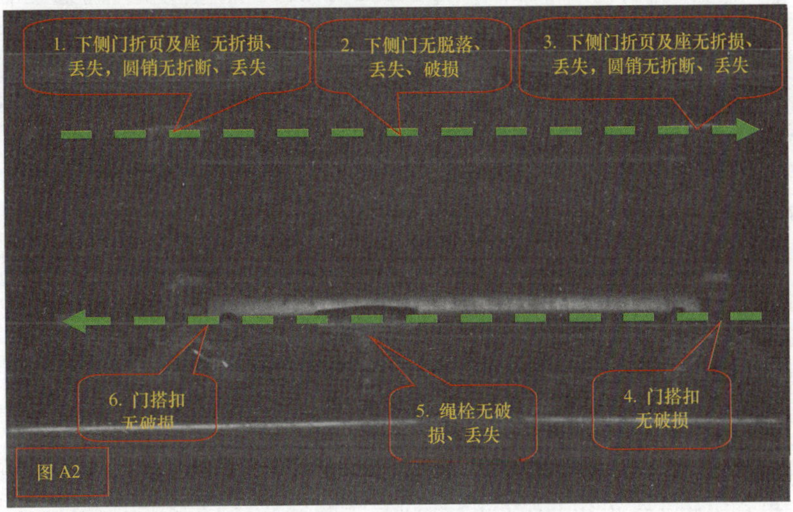

图 8-24　图 A2 检查范围及质量标准

⚠ 该部位存在的安全风险为车门折页折损、车门脱落、货物散落危及行车安全。

故障表征具体如下：

下侧门折页及座折损、丢失，圆销折断、丢失：折页及座折损、丢失时，车门发生倾斜，折页发生破损，部分车门有损伤痕迹；圆销丢失时为缺失状。

下侧门脱落、破损：车门破损时有不规则裂痕，破损面外观呈黑色或灰白色，并伴有形变；脱落时车门发生倾斜。

门搭扣破损：门搭扣破损时发生扭转、变形，部分有缺损痕迹。

绳栓破损、丢失：绳栓破损时发生扭转、变形，部分有缺损痕迹。

（3）图 A3 检查范围及质量标准，见图 8-25。

⚠ 该部位存在的安全风险为车门折页折损、车门脱落、货物散落危及行车安全。

故障表征具体如下：

侧柱破损：侧柱呈凹陷状，有黑色或灰白色的不规则破损痕迹。

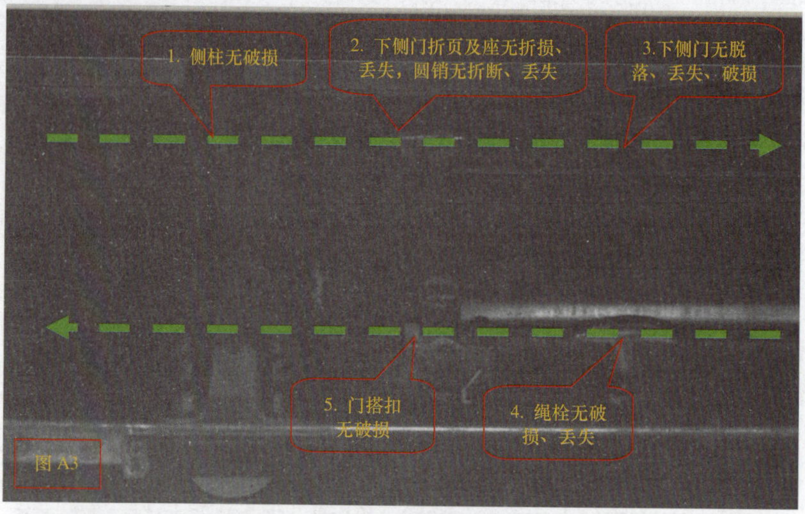

图 8-25　图 A3 检查范围及质量标准

下侧门折页及座折损、丢失，圆销折断、丢失：折页及座折损、丢失时，车门发生倾斜，折页发生破损，部分车门有损伤痕迹；圆销丢失时为缺失状。

下侧门脱落、丢失、破损：车门破损时有不规则裂痕，破损面外观呈黑色或灰白色，并伴有形变；脱落时车门发生倾斜。

绳栓破损、丢失：绳栓破损时发生扭转、变形，部分有缺损痕迹。

门搭扣破损：门搭扣破损时发生扭转、变形，部分有缺损痕迹。

2. 棚车车体侧面Ⅲ

目前全路运行的主型棚车主要有 $P_{70(H)}$、P_{65}、PB、$P_{64A(G)K}$、$P_{62(N)K}$、P_{63} 等，本作业指导书以 P_{70} 型车为例，其余车型参考 P_{70} 型车进行检查。

1）作业流程

车体侧面Ⅲ采用“一”字检查法，图上部为列车运行方向左侧车体侧面，图下部为列车运行方向右侧车体侧面，虚线为鼠标运行轨迹，见图 8-26。

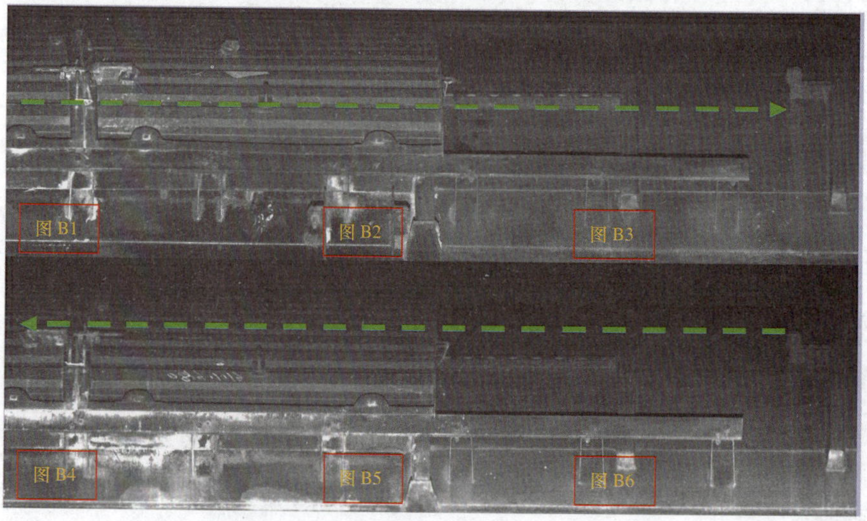

图 8-26　车体侧面Ⅲ采用“一”字检查法

车体侧面Ⅲ作业流程：车门锁闭装置 1—车门 1—侧墙板 1—侧柱 1—侧墙板 2—侧柱 2—侧墙板 3—侧墙板 4—侧柱 3—侧墙板 5—侧柱 4—侧墙板 6—车门 2—车门锁闭装置 2。

2）检查范围及质量标准

车体侧面Ⅲ合计由 6 张小图组成，现将左侧图（左右侧相同）分解如下：

（1）图 B1 检查范围及质量标准，见图 8-27。

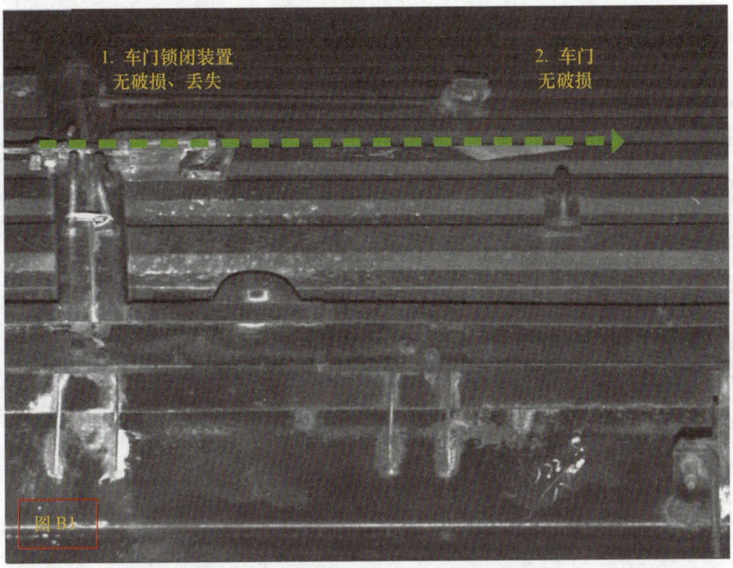

图 8-27　图 B1 检查范围及质量标准

故障表征具体如下：

车门锁闭装置破损、丢失：车门锁闭装置发生扭转、变形，部分缺失。

车门破损：车门破损时有锯齿不规则裂痕，破损面外观呈黑色或灰白色，并伴有形变。

（2）图 B2 检查范围及质量标准，见图 8-28。

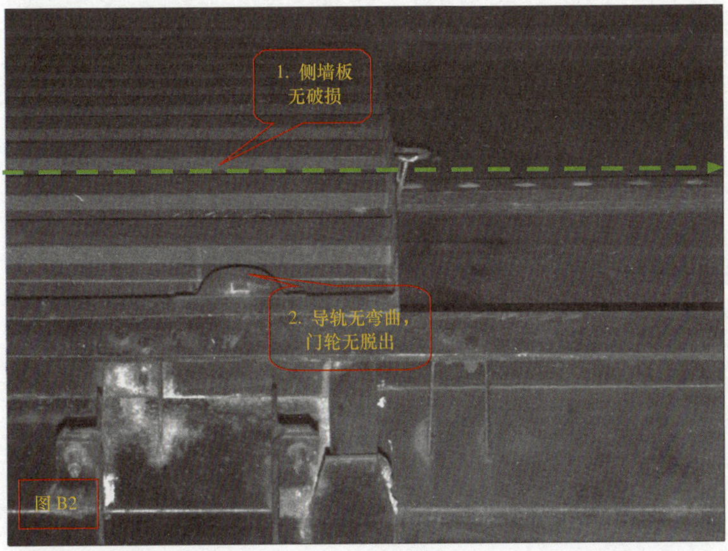

图 8-28　图 B2 检查范围及质量标准

该部位存在的安全风险为车门导轨失效、门轮脱出、车门脱落、货物散落危及行车安全。

故障表征具体如下：

侧墙板破损：破损为局部呈黑色或灰白色，有明显不规则的破损痕迹。

侧柱破损：侧柱呈凹陷状，有黑色或灰白色的不规则破损痕迹。

（3）图 B3 检查范围及质量标准，见图 8–29。

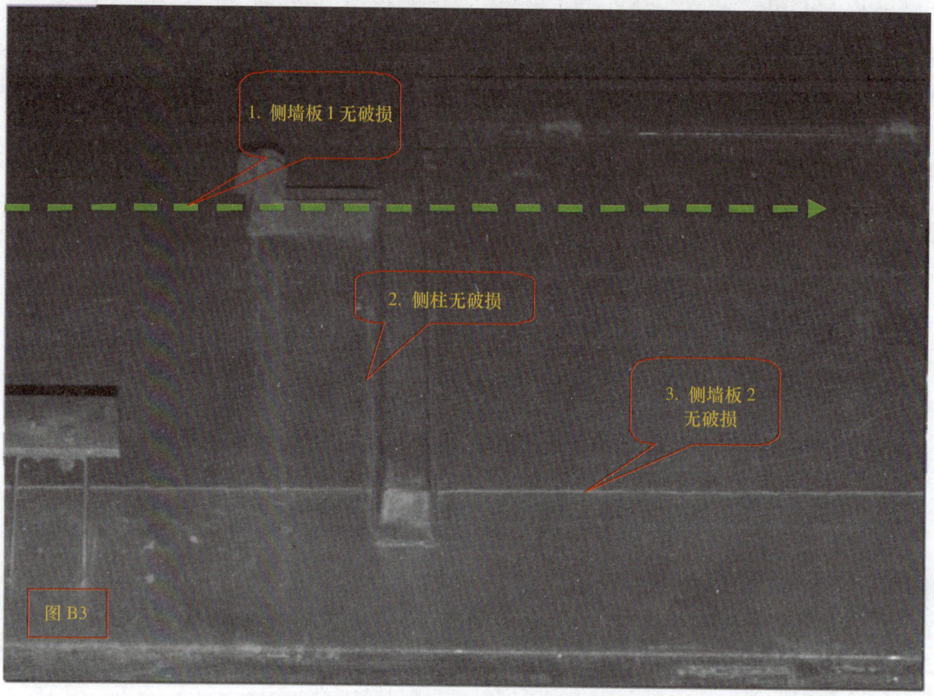

图 8–29　图 B3 检查范围及质量标准

该部位存在的安全风险为车门导轨失效、门轮脱出、车门脱落、货物散落危及行车安全。

故障表征具体如下：

侧墙板破损：破损为局部呈黑色或灰白色，有明显不规则的破损痕迹。

侧柱破损：侧柱呈凹陷状，有黑色或灰白色的不规则破损痕迹。

3. 罐车车体侧面Ⅲ

目前全路运行的主型罐车主要有 GQ_{70}、GL_{70}、GN_{70}、G_{60K}、G_{17K}、U_{61WK} 等，本作业指导书以 G_{60K} 型车为例，其余车型参考 G_{60K} 型车进行检查。

1）作业流程

车体侧面Ⅲ采用“一”字检查法，图上部为列车运行方向左侧车体侧面，图下部为列车运行方向右侧车体侧面，虚线为鼠标运行轨迹，见图 8–30。

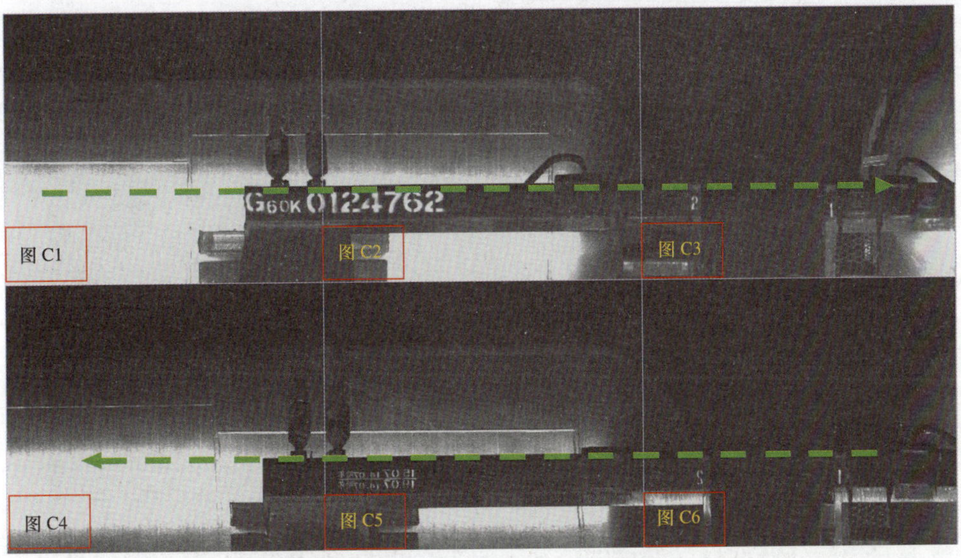

图 8-30　车体侧面Ⅲ采用“一”字检查法

车体侧面Ⅲ作业流程：罐车卡带 1—罐车卡带 2。

2）检查范围及质量标准

车体侧面Ⅲ合计由 6 张小图组成，现将左侧图（左右侧相同）分解如下：

（1）图 C1 检查范围及质量标准，见图 8-31。该部位重点检查罐车有无漏泄，有无明暗不同的液体泄漏痕迹。

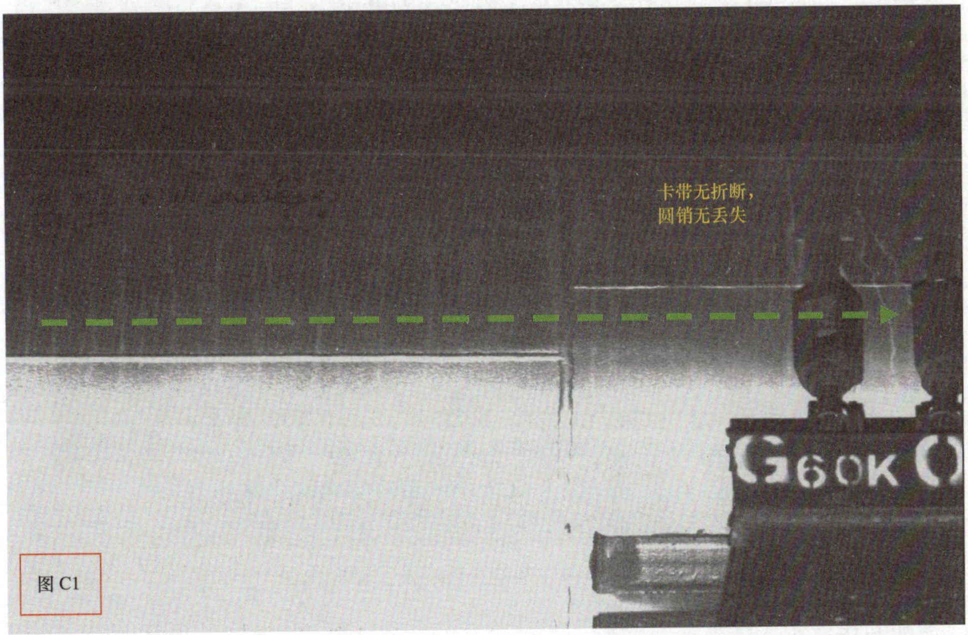

图 8-31　图 C1 检查范围及质量标准

故障表征具体如下：

卡带折断，圆销丢失：卡带折断时有裂纹或裂痕，部分发生断裂；圆销丢失时配件缺失。

（2）图 C2 检查范围及质量标准，见图 8-32。该部位重点检查罐车下卸式排油管、加油管及盖有无脱落。

图 8-32　图 C2 检查范围及质量标准

（3）图 C3 检查范围及质量标准，见图 8-33。该部位重点检查罐车下卸式排油管、加油管及盖有无脱落。

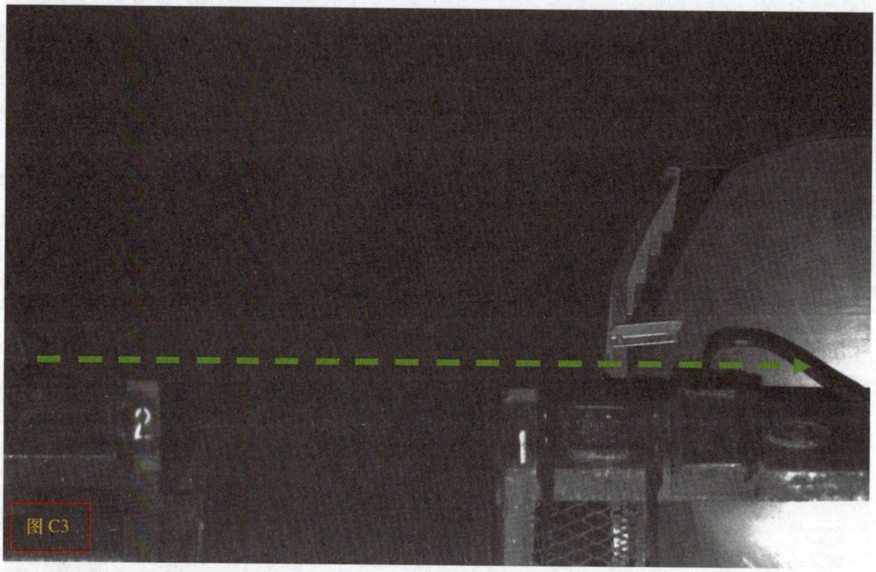

图 8-33　图 C3 检查范围及质量标准

4. 其他型货车车体侧面Ⅲ

1）作业流程

车体侧面Ⅲ采用“一”字检查法，图上部为运行方向左侧车体，图下部为运行方向右侧车体。

2）检查范围及质量标准

（1）侧梁无破损。

（2）侧柱、角柱无破损，车门及车窗无脱落、丢失。

（3）车门折页及座无折断，圆销无丢失。

（4）侧墙板、门板无破损。

（5）车门锁闭装置配件齐全、无破损。

（6）绳栓、柱插无破损、丢失。

（7）脚蹬、车梯扶手及车端护栏无折断、丢失。

（8）罐车卡带无折断，圆销无丢失。

任务 8.4　TFDS 动态检查车体侧面Ⅳ及其他作业

1. 敞车车体侧面Ⅳ（其他）

目前全路运行的主型敞车主要有 $C_{70(H)}$、$C_{70E(H)}$、$C_{64K(H)}$、C_{62BK}、C_{80}、C_{96}、C_{76} 等，本作业指导书以 C_{70} 型车为例，其余车型参考 C_{70} 型车进行检查。

1）作业流程

车体侧面Ⅳ采用“一”字检查法，图上部为列车运行方向左侧车体侧面，图下部为列车运行方向右侧车体侧面，虚线为鼠标运行轨迹，见图 8-34。

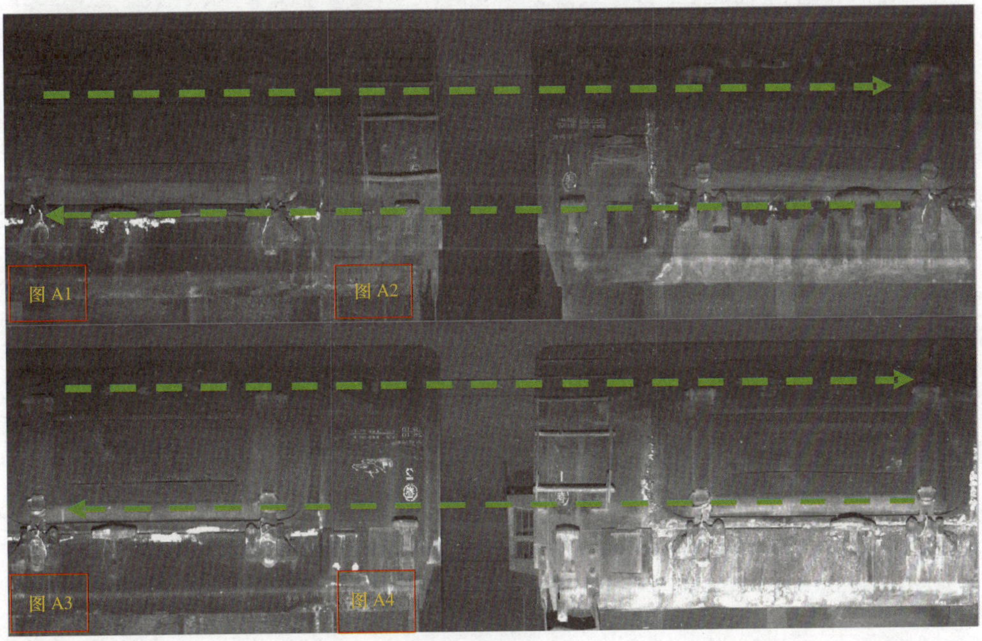

图 8-34　车体侧面Ⅳ采用“一”字检查法

车体侧面Ⅳ作业流程：下侧门 1—下侧门折页及座 1—车梯 1—角柱 1—角柱 2—下侧门折页及座 2—下侧门 2—绳栓 1—门搭扣 1—绳栓 2—绳栓 3—门搭扣 2—下侧门 3—下侧门折页及座 3—角柱 3—车梯 2—下侧门折页及座 4—下侧门 4—绳栓 4—门搭扣 3—绳栓 5—绳栓 6—门搭扣 4。

2）检查范围及质量标准

车体侧面Ⅳ合计由 6 张小图（其他车型不定）组成，图上部为左侧车体侧面，图下部为右侧车体侧面，最右侧两张为后车图片。现将图片进行分解，具体如下：

（1）图 A1 检查范围及质量标准，见图 8-35。

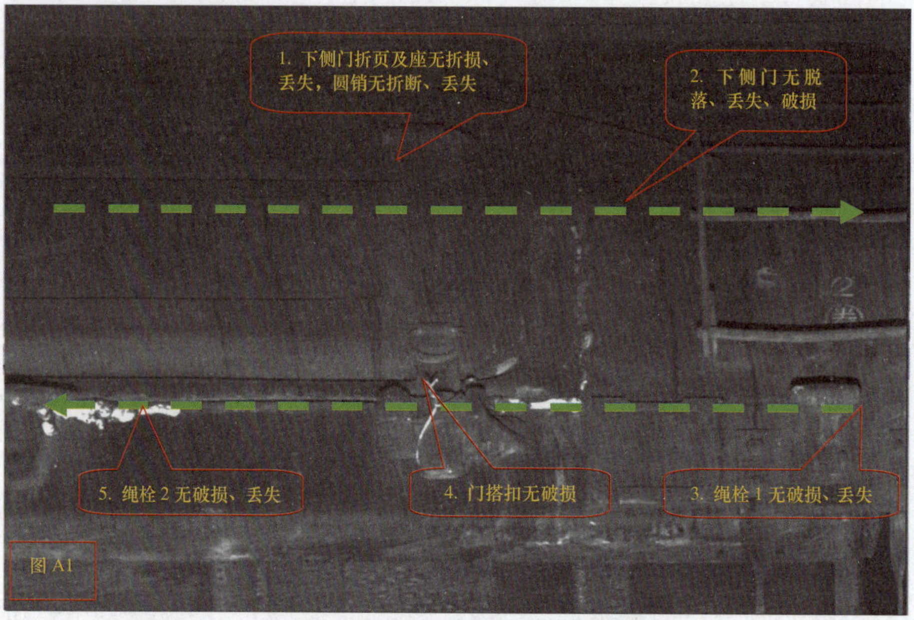

图 8-35　图 A1 检查范围及质量标准

⚠ 该部位存在的安全风险为车门折页折损、车门脱落、货物散落危及行车安全。

故障表征具体如下：

下侧门折页及座折损、丢失，圆销折断、丢失：折页及座折损、丢失时，车门发生倾斜，折页发生破损，部分车门有损伤痕迹；圆销丢失时为缺失状。

下侧门脱落、丢失、破损：车门破损时有不规则裂痕，破损面外观呈黑色或灰白色，并伴有形变；脱落时车门发生倾斜。

绳栓破损、丢失：绳栓破损时发生扭转、变形，部分有缺损痕迹。

门搭扣破损：门搭扣破损时发生扭转、变形，部分有缺损痕迹。

角柱破损：角柱呈凹陷状，有黑色或灰白色的不规则破损痕迹。

车梯破损、丢失：破损时发生弯曲、变形或裂损。

（2）图 A2 检查范围及质量标准，见图 8-36。

⚠ 该部位存在的安全风险为车门折页折损、车门脱落、货物散落危及行车安全。

故障表征具体如下：

下侧门折页及座折损、丢失，圆销折断、丢失：折页及座折损、丢失时，车门发生倾斜，折页发生破损，部分车门有损伤痕迹；圆销丢失时为缺失状。

下侧门脱落、丢失、破损：车门破损时有不规则裂痕，破损面外观呈黑色或灰白色，并伴有形变；脱落时车门发生倾斜。

车梯破损、丢失：破损时发生弯曲、变形或裂损。

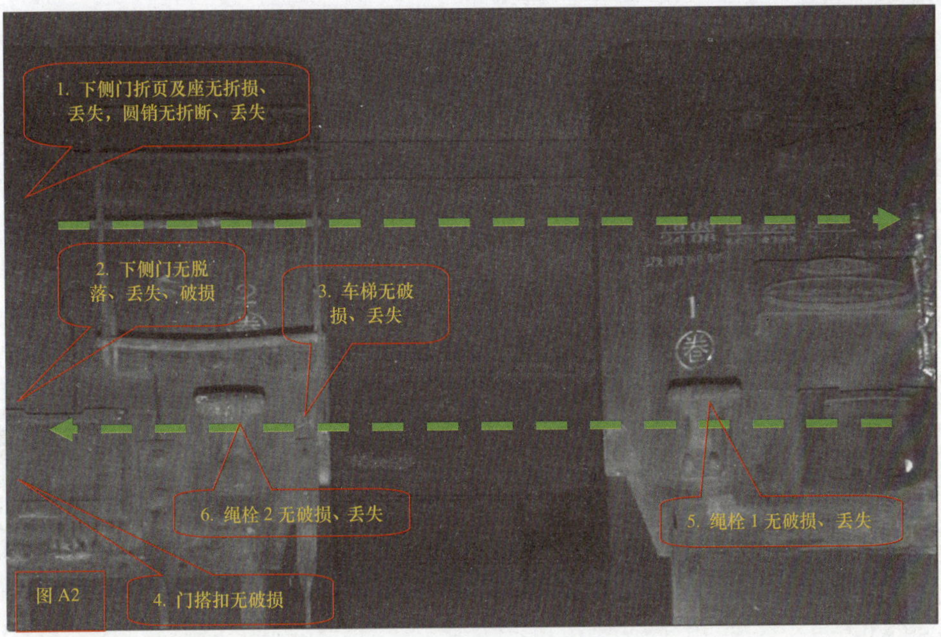

图 8-36　图 A2 检查范围及质量标准

门搭扣破损：门搭扣破损时发生扭转、变形，部分有缺损痕迹。

绳栓破损、丢失：绳栓破损时发生扭转、变形，部分有缺损痕迹。

（3）图 A3 检查范围及质量标准，见图 8-37。

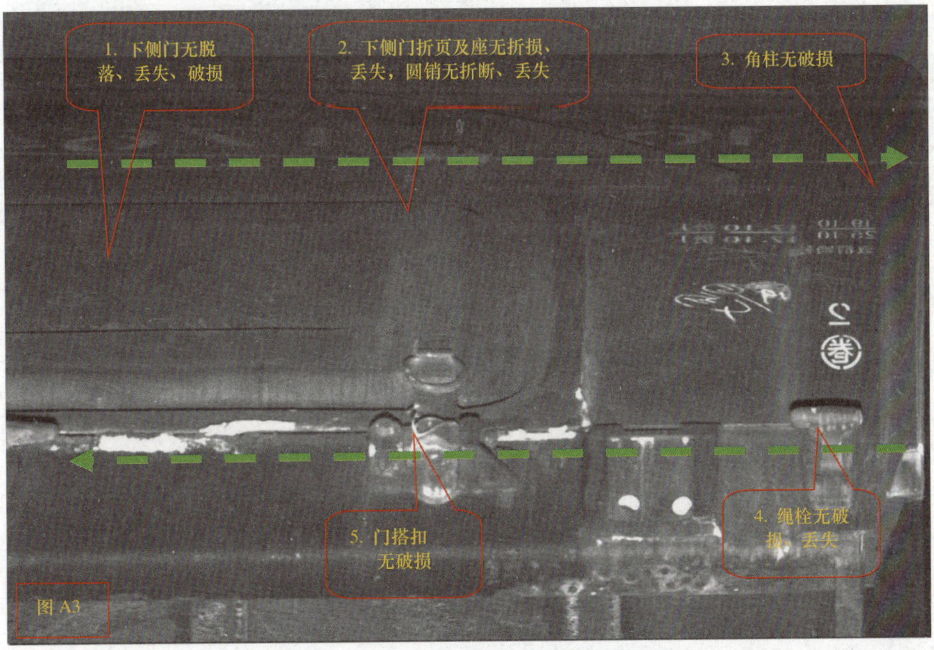

图 8-37　图 A3 检查范围及质量标准

⚠ 该部位存在的安全风险为车门折页折损、车门脱落、货物散落危及行车安全。

故障表征具体如下：

下侧门脱落、丢失、破损：车门破损时有不规则裂痕，破损面外观呈黑色或灰白色，并伴有形变；脱落时车门发生倾斜。

下侧门折页及座折损、丢失，圆销折断、丢失：折页及座折损、丢失时，车门发生倾斜，折页发生破损，部分车门有损伤痕迹；圆销丢失时为缺失状。

角柱破损：角柱呈凹陷状，有黑色或灰白色的不规则破损痕迹。

绳栓破损、丢失：绳栓破损时发生扭转、变形，部分有缺损痕迹。

门搭扣破损：门搭扣破损时发生扭转、变形，部分有缺损痕迹。

（4）图 A4 检查范围及质量标准，见图 8-38。

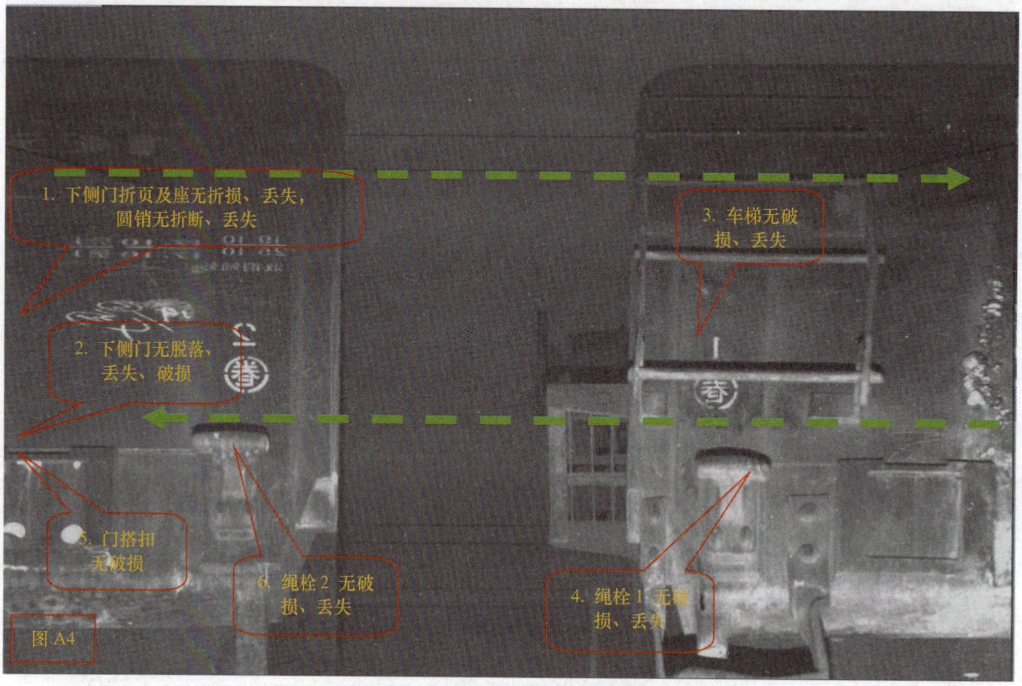

图 8-38 图 A4 检查范围及质量标准

⚠ 该部位存在的安全风险为车门折页折损、车门脱落、货物散落危及行车安全。

故障表征具体如下：

下侧门折页及座折损、丢失，圆销折断、丢失：折页及座折损、丢失时，车门发生倾斜，折页发生破损，部分车门有损伤痕迹；圆销丢失时为缺失状。

下侧门脱落、丢失、破损：车门破损时有不规则裂痕，破损面外观呈黑色或灰白色，并伴有形变；脱落时车门发生倾斜。

车梯破损、丢失：破损时发生弯曲、变形或裂损。

绳栓破损、丢失：绳栓破损时发生扭转、变形，部分有缺损痕迹。

门搭扣破损：门搭扣破损时发生扭转、变形，部分有缺损痕迹。

2. 棚车车体侧面Ⅳ（其他）

目前全路运行的主型棚车主要有 $P_{70(H)}$、P_{65}、PB、$P_{64A(G)K}$、$P_{62(N)K}$、P_{63} 等，本作业指导书以 P_{70} 型车为例，其余车型参考 P_{70} 型车进行检查。

1）作业流程

车体侧面Ⅲ采用“一”字检查法，图上部为列车运行方向左侧车体侧面，图下部为列车运行方向右侧车体侧面，虚线为鼠标运行轨迹，见图 8-39。换长较长的车辆，须拖动页面下方滚动显示条，查看后部图片。

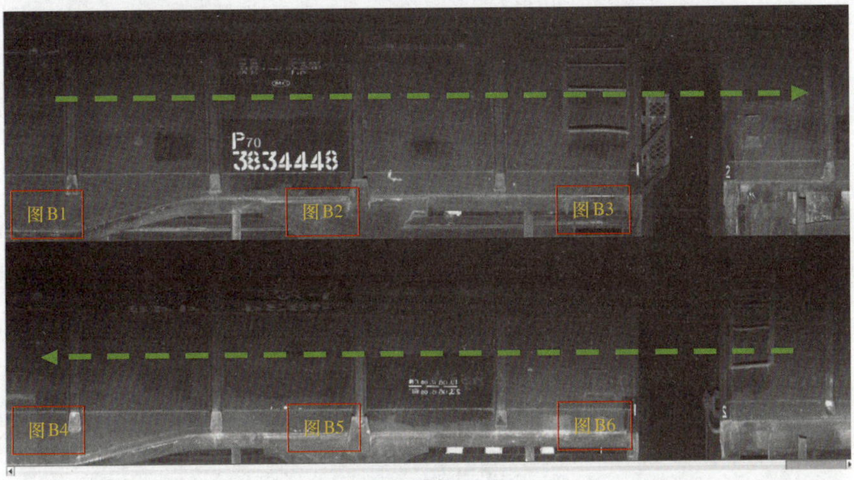

图 8-39　车体侧面Ⅲ采用“一”字检查法

车体侧面Ⅳ作业流程：侧柱 1—侧墙板 1—侧柱 2—侧墙板 2—侧柱 3—侧墙板 3—侧柱 4—侧墙板 4—车梯—角柱 1—角柱 2—侧墙板 5—侧柱 5—侧墙板 6—侧柱 6—侧墙板 7—侧柱 7—侧墙板 8—侧柱 8。

2）检查范围及质量标准

车体侧面Ⅳ合计由 6 张小图组成，现将左侧图片（左右侧相同）分解如下：

（1）图 B1 检查范围及质量标准，见图 8-40。

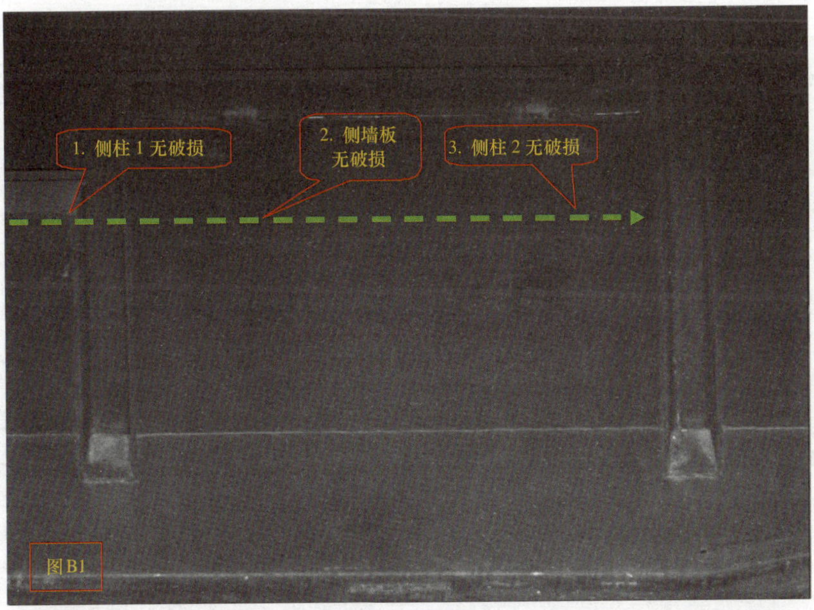

图 8-40　图 B1 检查范围及质量标准

故障表征具体如下：

侧柱破损：侧柱呈凹陷状，有黑色或灰白色的不规则破损痕迹。

侧墙板破损：破损为局部呈黑色或灰白色，有明显不规则的破损痕迹。

（2）图 B2 检查范围及质量标准，见图 8-41。

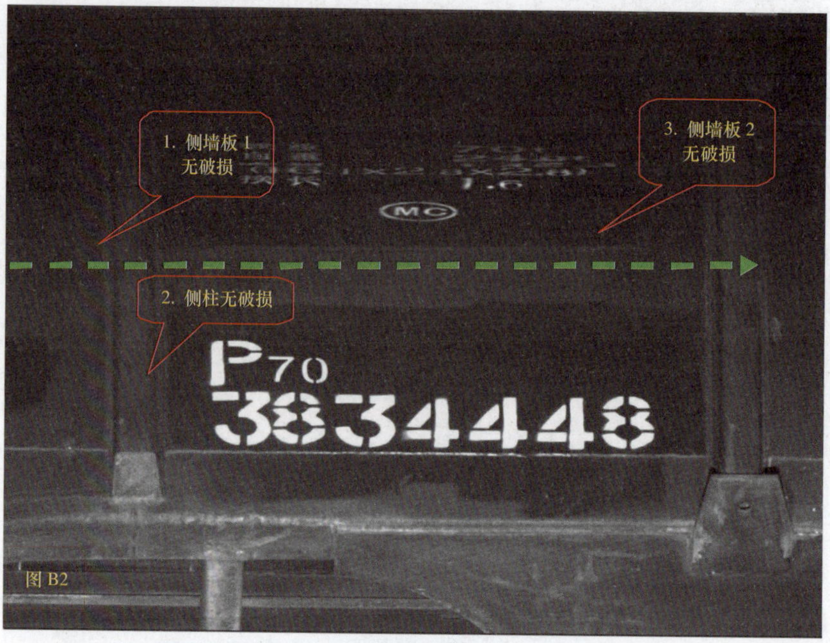

图 8-41　图 B2 检查范围及质量标准

故障表征具体如下：

侧墙板破损：破损为局部呈黑色或灰白色，有明显不规则的破损痕迹。

侧柱破损：侧柱呈凹陷状，有黑色或灰白色的不规则破损痕迹。

（3）图 B3 检查范围及质量标准，见图 8-42。

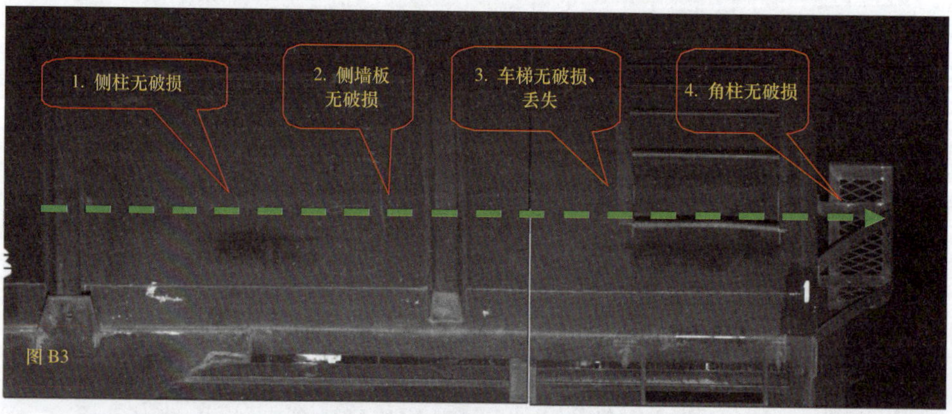

图 8-42　图 B3 检查范围及质量标准

故障表征具体如下：

侧柱、角柱破损：侧柱、角柱呈凹陷状，有黑色或灰白色的不规则裂痕。

侧墙板破损：破损为局部呈黑色或灰白色，有明显不规则的痕迹。

车梯破损、丢失：破损时发生弯曲、变形或裂损。

3. 罐车车体侧面Ⅳ（其他）

目前全路运行的主型罐车主要有 GQ_{70}、GL_{70}、GN_{70}、G_{60K}、G_{17K}、U_{61WK} 等，本作业指导书以 G_{60K} 型车为例，其余车型参考 G_{60K} 型车进行检查。

1）作业流程

车体侧面Ⅳ采用“一”字检查法，图上部为列车运行方向左侧车体侧面，图下部为列车运行方向右侧车体侧面，虚线为鼠标运行轨迹，见图 8-43。

图 8-43　车体侧面Ⅳ采用“一”字检查法

车体侧面Ⅳ作业流程：罐车卡带 1—罐车卡带 2。

2）检查范围及质量标准

车体侧面Ⅳ合计由 2 张小图组成，现将左侧图片分解如下：

（1）图 C1 检查范围及质量标准，见图 8-44。

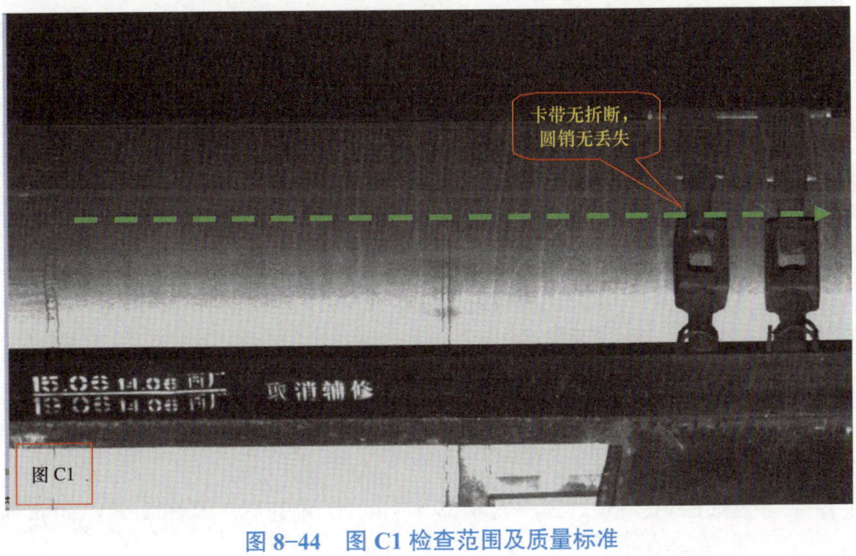

图 8-44　图 C1 检查范围及质量标准

故障表征具体如下：

卡带折断，圆销丢失：卡带折断时有裂纹或裂痕，部分发生断裂；圆销丢失时配件缺失。

（2）图 C2 检查范围及质量标准，见图 8-45。

图 8-45　图 C2 检查范围及质量标准

故障表征具体如下：

卡带折断，圆销丢失：卡带折断时有裂纹或裂痕，部分发生断裂；圆销丢失时配件缺失。

4. 其他型货车车体侧面Ⅳ（其他）

1）作业流程

车体侧面Ⅳ（其他）采用“一”字检查法，图上部为运行方向左侧车体，图下部为运行方向右侧车体。

2）检查范围及质量标准

（1）侧梁无破损。

（2）侧柱、角柱无破损，车门及车窗无脱落、丢失。

（3）车门折页及座无折断，圆销无丢失。

（4）侧墙板、门板无破损。

（5）车门锁闭装置配件齐全、无破损。

（6）绳栓、柱插无破损、丢失。

（7）脚蹬、车梯扶手及车端护栏无折断、丢失。

（8）罐车卡带无折断，圆销无丢失。

工装设备

检查工装设备包括微机主机 1 台，显示器 1 台，键盘 1 个，鼠标 1 个，如表 8-1 所示。

表 8-1 工装设备

序号	名称	规格型号	单位	数量	备注
1	微机主机		台	1	
2	显示器		台	1	
3	键盘		个	1	
4	鼠标		个	1	

项目9　TFDS 动态检查一列作业过程

作业介绍

1. 作业地点

各路局集团公司货车车辆段管辖运用车间动态检车室及各高等职业院校建设的 TFDS 动态检车（测）实训室。

2. 适用范围

适用于各路局集团公司货车车辆段管辖各列检作业场、动态检查作业场执行动态检查的作业人员、各高等职业院校铁道车辆技术等相关专业学生。

3. 人员要求

能够熟练掌握 TFDS 动态检查一列作业过程技能，从而满足 TFDS 动态检车员岗位需求。

4. 作业要点

系统接车提示后，动态检车组长根据编组辆数、作业人数进行分车；动态检车员根据分车情况浏览图，检查发现故障时，添加故障信息；动态检车组长检查核对提报故障，并将故障信息通知列检值班员预报现场检车员检查确认；动态检车组长收到列检值班员反馈故障信息，确认上传；如图、设备异常无法恢复时，动态检车组长通知列检值班员，列检值班员通知现场检车员进行人工检查。

TFDS 动态检查一列作业流程

TFDS 动态检查一列作业流程：

① 过车提示—开始作业—浏览图片—图片正常—分析图片—故障加载—故障确认—图像分析完毕—故障信息填报—故障信息收集上传—作业完毕；

② 过车提示—开始作业—浏览图片—图片异常—调整恢复—分析图片—故障加载—故障确认—图像分析完毕—故障信息填报—故障信息收集上传—作业完毕；

③ 过车提示—开始作业—浏览图片—图片异常—无法恢复—动态检车组长通知列检值班员—列检值班员通知现场检车员进行人工检查—作业完毕。

TFDS 动态检查一列作业流程，如图 9-1 所示。

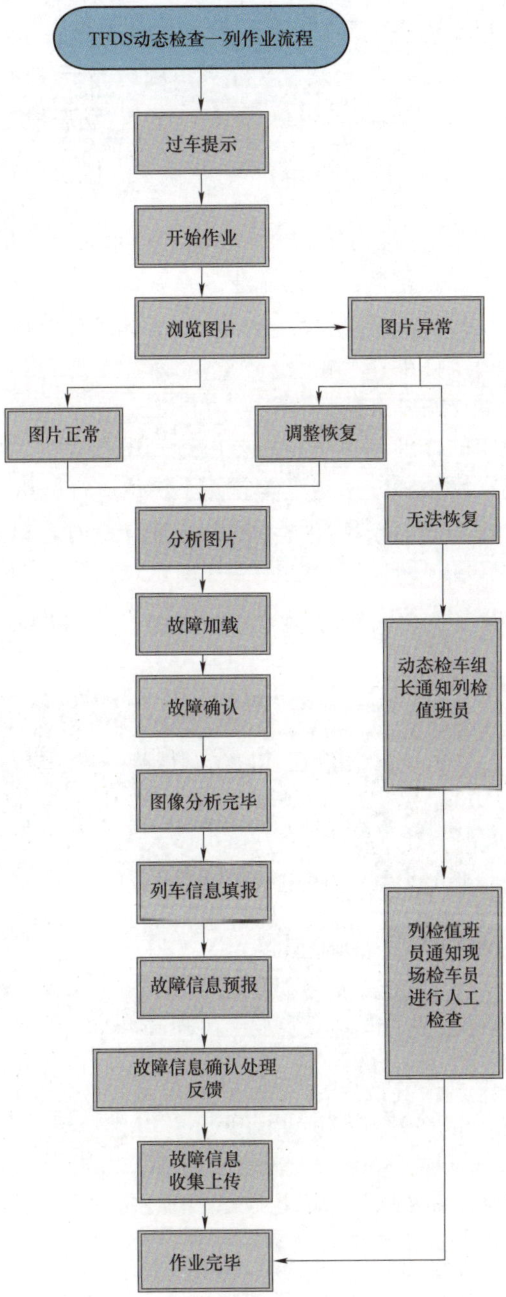

图 9-1　TFDS 动态检查一列作业流程

作业程序、标准及示范

1. 过车提示

动态检车组长接到系统来车信息提示时，通知动态检车员“××组，××方向准备接车”，并通过监控视频监控过车情况。

2. 开始作业

动态检车员接到动态检车组长“××组，××方向准备接车”的口令后，做好接车准备。

动态检车组长待车辆全部通过探测站后，在列车到达提示窗口下选择列车性质，进入接车主界面，发布作业指令“××组，××次，开始作业”。动态检车员立即回复“××工位，收到”，并开始作业。

动态检车员单击 TFDS 动态检车界面右下角“选择”按钮，弹出过车详细信息列表界面，在左侧选定所要作业的列车车次，在右侧列表中选定该列车自己负责辆序的第一位车辆车号，单击“确定”按钮，确认图像正常后，进行作业。

动态检车组长打开检车监控，对动态检车员作业情况进行监控，发现未及时作业或看错车的，及时提醒动态检车员按标准作业。

3. 浏览图片

依次按照作业系统设定的作业部位的检查范围逐辆进行分析，负责检查尾部最后一辆车的动态检车员还需对车尾车钩钩缓、车尾互钩差两个部位进行分析。

动态检车员浏览图片过程中，发现图片不清晰影响分析时，单击客户端主界面左边的图像调整工具栏，调整图片亮度、对比度，如图 9–2 所示。

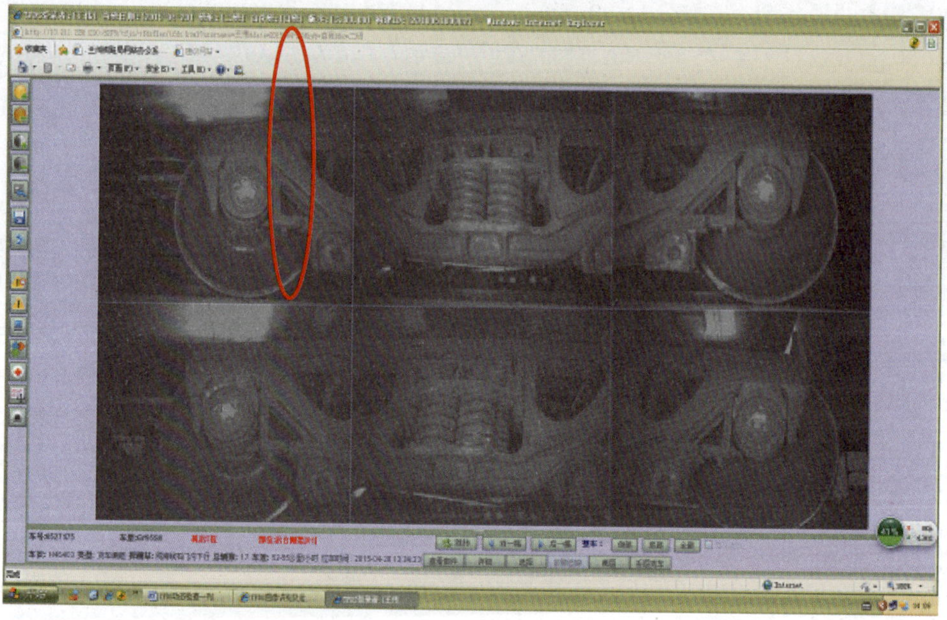

图 9–2 调整图片亮度、对比度

动态检车员浏览图片过程中，如果出现窜图现象，立即通知动态检车组长，动态检车组长对异常图片进行调整。

动态检车组长单击“拼图信息的调整”菜单内“窜图调整”菜单项对应位置提示的“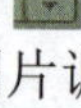”来进行调图，如图 9–3 所示。图片恢复正常，则保存调图配置，并通知动态检车员“图片调整完毕，可以继续作业”，动态检车员继续分析图片。

发生窜图且无法调整恢复，动态检车组长通知列检值班员，列检值班员通知现场检车员对停车作业的列车相应车辆或部位进行人工检查，动态检车组长填写《TFDS 丢图、窜图、错位、曝光、漏探、车号错误统计表》。

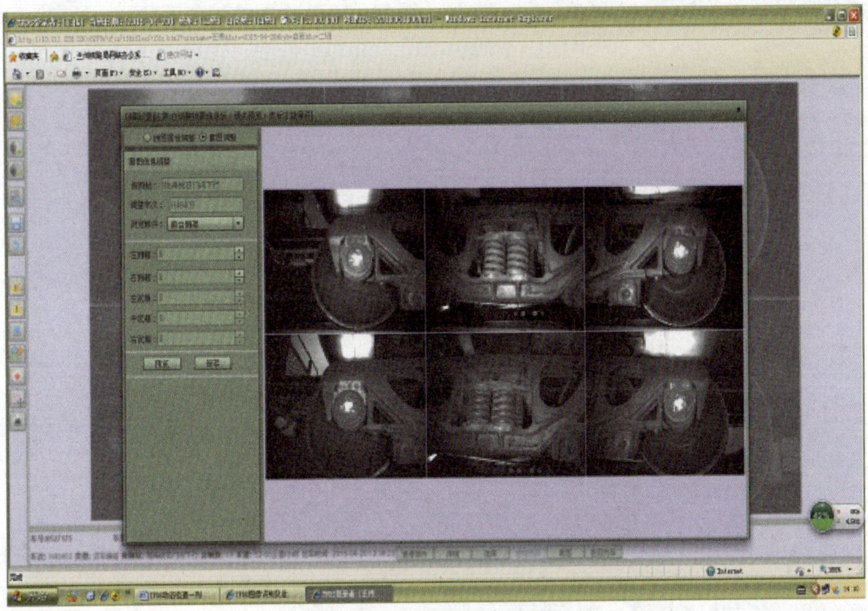

图 9–3　拼图信息的调整

因 TFDS 客户端计算机无法正常工作或由于光线干扰及其他因素造成动态检查时图像不全、不清晰、丢图，以及编挂有长大铁路货车、机械冷藏车等车辆动态检测系统无法正常检测，动态检车员无法分析判断时，动态检车员要立即通知动态检车组长，动态检车组长通知列检值班员，列检值班员立即通知现场检车员对停车作业的列车相应车辆、部位进行人工检查。动态检车组长填写《货车安全防范系统预报信息确认情况记录簿》及《TFDS 丢图、窜图、错位、曝光、漏探、车号错误统计表》。

⚠ TFDS 图片无法正常分析时，应立即通知列检值班员要求现场检车员进行人工检查。

动态检车组长发现设备异常或故障影响正常动态检查时，立即通知动态检测车间维修人员进行处理，并在《货车安全防范系统、AEI 故障报修记录簿》及《TFDS 丢图、窜图、错位、曝光、漏探、车号错误统计表》填写信息。

当 TFDS 发生设备故障停机、未上传图或其他原因影响正常动态检查时，动态检车组长通知列检值班员启动应急预案，并立即报告车间值班干部。动态检车组长填写《货车安全防范系统、AEI 故障报修记录簿》及《TFDS 丢图、窜图、错位、曝光、漏探、车号错误统计表》。

⚠ 5T 设备发生故障时，未及时通知现场列检值班员启动应急预案，易造成车辆故障漏检漏修，引发行车设备故障。

4. 分析图片

动态检车一辆作业标准见“TFDS 动态检查一列作业流程”。

5. 故障加载

动态检车员接车作业浏览图片发现车辆故障时，双击该图，放大进行分析，确认故障后按住鼠标左键拖动，在故障部位处画上红框，如图 9–4 所示。

图 9-4　在故障部位处画上红框

动态检车员在故障图上单击鼠标右键，弹出“提交故障”对话框，如图 9-5 所示。

图 9-5　“提交故障”对话框

动态检车员在“提交故障”对话框中，正确选择故障部位、具体故障名称、严重程度，有需要时调节右上角“亮度”和“对比度”按钮，使显示图清晰，单击“提交”按钮，将发现故障信息保存到系统故障数据库中，如图 9-6 所示。

动态检车员发现系统故障库中无故障名称的故障时，选择“其他故障类”，并在备注栏进行具体描述后提交。

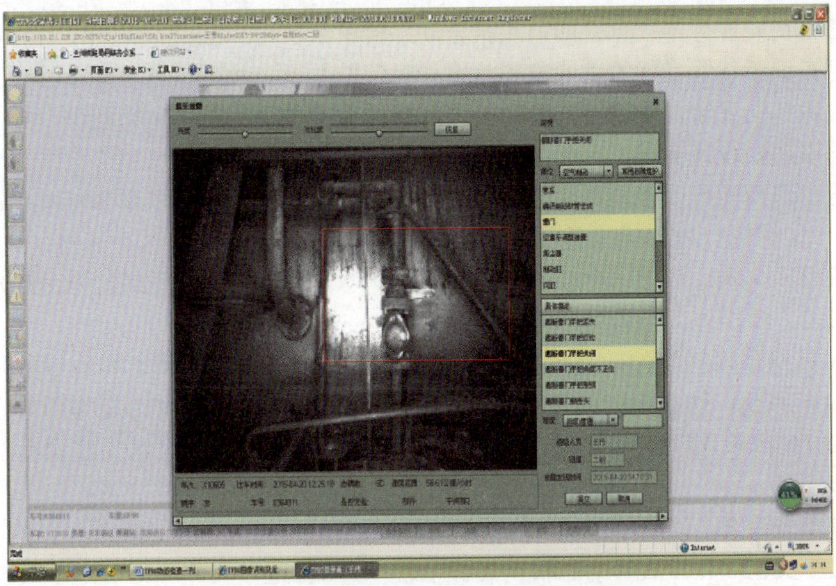

图 9–6　故障信息保存到系统故障数据库

分析作业中，动态检车员检查发现符合 TFDS 拦停范围内的故障时，立即口头通知动态检车组长车次、机次位数、车号、故障部位及名称，然后加载故障。

⚠ 动态检车员在作业过程中，对于拦停故障，若未执行“先报告后提交”的规定，易造成事故。

6. 故障确认

动态检车组长在开始作业后，在“TFDS 作业平台”主界面下，单击菜单栏“TF 组长管理”下的“故障确认上传”→“选择车次列表”，进入动态检车员预报故障信息列表界面，对提交故障进行确认。

动态检车组长在故障确认上传界面下，对该条故障信息的图片进行确认，对于确认属实的故障信息，单击“预报现场”预报给列检值班员。重复以上操作，完成该列车故障信息的确认预报。

动态检车组长对故障信息的图片进行确认，对于属误报的故障信息，单击“删除”完成对误报故障的删除。

7. 危及行车安全故障（非拦停类）预报

动态检车组长将危及行车安全故障（非拦停类）信息确认核对完毕，立即将故障信息通过路电预报给列检值班员，预报故障信息包括车次、车号、编组位数、故障名称、位数等，由列检值班员预报现场检车员确认处理。

TFDS 动态检查作业发现的可疑电子产品和各类异物要及时预报现场进行清理，对发现的可疑定位装置等电子产品要及时向工长、值班干部汇报，由值班干部确认后再向段调度员汇报。

8. 拦停类故障预报

TFDS 动态检查作业发现拦停类故障，按照“先报告后提交”的原则，向所属路局集团公司红外线调度员进行预报拦停，办理拦停手续。

动态检车员发现拦停故障立即口头报告动态检车组长，由动态检车组长快速判断确认后，立即使用语音记录装置良好的直通电话将需要拦停的车次、故障铁路货车编挂位置和车种车型车号、故障等情况通知所属路局集团公司红外线调度员（用语“立即拦停”或“前方站拦停”），并同步通知段调度科值班调度员。

动态检车组长向所属路局集团公司红外线调度员进行拦停报告的参考标准用语：我是××段××车间（列检）TFDS 动态检车组长×××，××次列车在×点×分通过××列检 TFDS 探测站，编组××辆，机后××位，车号×××××××，TFDS 发现拦停故障××××，立即拦停或前方站拦停，报告完毕。

列检人员将预报拦停的故障确认、处理结果反馈给列检值班员，列检值班员报段调度员和动态检车组长，动态检车组长将故障处理方式、处理人、处理时间等内容，自故障发生时刻起 24 h 内录入 TFDS 系统，段调度员报所属路局集团公司红外线调度员和车辆调度员。

9. 图像分析完毕

动态检车员作业完毕后向动态检车组长报告“××工位作业完毕”，动态检车组长收到整组动态检车员作业完毕的口令后，查看检车监控，确认全部车辆作业完毕，回复“××组作业完毕”。

10. 列车信息填报

动态检车组长在“TFDS 作业平台”主界面下，单击菜单栏“TF 工长管理”下的“列车信息”进入所有探测列车信息列表界面。

在列车信息“编辑”界面下，对货物列车车次、通过类型等信息进行添加或修改，在“备注”栏内填写列车通过探测站情况，包括：接入实际车次、图像质量、未探测车辆数、无车号车辆、接入作业场等信息。

11. 故障信息确认处理反馈

现场检车员对预报确认的车辆故障进行确认、处理，并通过手持机或对讲机反馈确认处理的情况给列检值班员，再由列检值班员通过作业系统或路电的方式将处理人及处理方式反馈给动态检车组长。

对上一个列检作业场 TFDS 预报跟踪的故障，列检值班员负责向现场检车员预报，现场确认、处理并反馈给本场列检值班员，本场列检值班员向上一个列检作业场动态检车组长反馈。

12. 故障信息上传

动态检车组长接到预报故障的反馈信息后，在“故障确认上传”界面，逐一对每条故障信息的“处理方式、处理人”进行填写确认后，单击“保存”按钮，再单击“确认上报”按钮，完成故障上传。

在动态检车组长遇到 TFDS 图像显示故障特征明显，但现场反馈良好时，需立即通知列检值班员，列检值班员再次通知现场检车工长进行复核确认，并及时收集复核确认信息，在《货车安全防范系统预报信息确认情况记录簿》“备注”栏内注明复核人信息。

13. 作业完毕

动态检车员作业完毕后，查看检车监控，确认作业无遗漏车辆，返回接车界面，等待接车。

工装设备

检查工装设备包括工作服 1 套，工位计算机 1 台，铁路自动电话 1 部，打印机 1 台，传真电话 1 台，数字语音记录仪 1 套，如表 9-1 所示。

表 9-1　工装设备

序号	名称	规格型号	单位	数量	备注
1	工作服		套	1	
2	工位计算机		台	1	
3	铁路自动电话		部	1	
4	打印机		台	1	
5	传真电话		台	1	
6	数字语音记录仪		套	1	

参考文献

[1] 时蕾，智雷勇，李伟. 车辆检测技术［M］. 成都：西南交通大学出版社，2022.

[2] 岳建海. 轨道车辆检测技术［M］. 北京：科学出版社，2016.

[3] 张维，李新东，于文涛. 铁路无损检测与地面安全检测技术［M］. 成都：西南交通大学出版社，2008.

[4] 梁森，王侃夫，黄抗美. 自动检测与转换技术［M］. 北京：机械工业出版社，2019.

[5] 中国铁路总公司. 货车检车员［M］. 北京：中国铁道出版社，2017.

[6] 中国铁路总公司. 动态检车员［M］. 北京：中国铁道出版社，2017.

[7] 中国铁路总公司. 列检值班员［M］. 北京：中国铁道出版社，2017.

[8] 王德明. 铁路货车重要零部件技术及典型故障［M］. 北京：中国铁道出版社有限公司，2021.